古代歷史文化研究輯刊

二六編

王明蓀 主編

第22冊

晚清「文化家族」的構建
——以瑞安孫氏為中心（上）

淩一鳴 著

國家圖書館出版品預行編目資料

晚清「文化家族」的構建——以瑞安孫氏為中心（上）／淩一
鳴 著 -- 初版 -- 新北市：花木蘭文化事業有限公司，2021〔
民 110 〕
序 4+ 目 4+160 面；19×26 公分
（古代歷史文化研究輯刊 二六編；第 22 冊）
ISBN 978-986-518-605-0（精裝）
1. 孫氏 2. 家族史 3. 清代
618   110011830

ISBN-978-986-518-605-0

古代歷史文化研究輯刊
二六編　第二二冊　　　　　ISBN：978-986-518-605-0

晚清「文化家族」的構建
——以瑞安孫氏為中心（上）

作　　者　淩一鳴
主　　編　王明蓀
總 編 輯　杜潔祥
副總編輯　楊嘉樂
編　　輯　許郁翎、張雅淋、潘玟靜　美術編輯　陳逸婷
出　　版　花木蘭文化事業有限公司
發 行 人　高小娟
聯絡地址　235 新北市中和區中安街七二號十三樓
　　　　　電話：02-2923-1455／傳真：02-2923-1452
網　　址　http://www.huamulan.tw 信箱 service@huamulans.com
印　　刷　普羅文化出版廣告事業
初　　版　2021 年 9 月
全書字數　285312 字
定　　價　二六編 32 冊（精裝）台幣 88,000 元　　　版權所有‧請勿翻印

晚清「文化家族」的構建
——以瑞安孫氏為中心（上）

淩一鳴　著

作者簡介

凌一鳴，男，1987 年生，安徽淮南人，現為天津師範大學古籍保護研究院講師。安徽大學管理學學士，復旦大學管理學碩士，浙江大學歷史學博士，天津師範大學在站博士後。2019 年 11 月 2 日～2020 年 6 月 26 日，應邀赴美國普林斯頓大學東亞系與東亞圖書館訪學，參與該校中文古籍編目。主要研究方向書籍史、古典文獻學，版本目錄學。發表《晚清士人的書籍往還網絡建構與地方文化權威的樹立——以瑞安孫氏為例》等學術論文若干篇。

提　　要

　　明清時期，許多地方士紳以家族形式在內部建立學術文化的傳承機制，並向外產生輻射影響，在地方上形成了所謂「文化家族」的形象。時至晚清，隨著環境的急劇變化，一些後起的士紳家族難以完全沿用長期以來的成功模式，謀求家族發展，故而根據時局和自身的特性因勢調整，以期迅速崛起並長久延續，溫州瑞安的孫氏家族即其中一例。

　　瑞安孫氏興於晚清孫衣言、孫鏘鳴兄弟的科舉成功，依賴二人的官方身份而實現地位的迅速提升，並在太平天國前期達到頂點。金錢會事件爆發後，孫衣言兄弟在地方勢力博弈中積累的隱患暴露無遺。在眾叛親離之下，不但孫衣言兄弟苦心經營的成果付之東流，孫鏘鳴的仕途也走向了終點。

　　經此重創，孫衣言開始反省家族建設策略，放棄了以政治為中心的規劃，引導家族建設的路線向學術文化方向偏移。儘管在鄉學脈絡構建層面，孫氏無甚創見，甚至為了獲得更廣泛的認可，有意混同文脈與學脈的意涵。但借由長期大量的鄉邦文獻整理工作，孫衣言依然逐步夯實了自己的鄉學權威地位，並沿著由個人而家族的取徑，實現「鄉學家學化」的進程。為了配合家族的轉向，瑞安孫氏也在家族設施上做了相應的調整。通過新居的營建和族譜的修訂，孫氏力圖填補自己單薄的家史。出於凸顯家族以文化為傳承的特性，瑞安孫氏積極建立家族教育機構，以及藏書樓。

　　孫衣言死後，其子孫詒讓為了順應時代需求，對家族發展策略作了一些修正，但其由文教切入重新介入地方政局的計劃最終未能實現。隨著時間的推移，瑞安孫氏文化家族的形象愈趨穩定。新一代的地方士紳掌握了地方文化的話語權，他們承認並利用孫衣言、孫鏘鳴、孫詒讓作為歷史人物的地位，以統合地方各勢力的博弈。孫氏家族本身反而喪失了對於逝去不久的家族成員的闡釋權，成為新鮮的歷史記憶和「活著的紀念碑」。

關於「紀念碑」的歷史

杜正貞

　　一鳴君的博士論文即將出版，囑我寫幾句話在前頭。一鳴君從復旦大學碩士畢業後，即在龍泉司法檔案整理項目中任職，期間我們都知道他抱有純粹的學術理想，也知道他一定會繼續在求學路上更進一步。2013 年，我剛因為學校的新政而忝列博導不久，非常惶恐，心底裡根本不覺得自己有指導學生寫作博士論文的能力。一鳴君不棄，來申請攻讀博士學位。我至今認為，這對他絕不是最優的選擇。在 4 年有餘的時光裡，我教得懵懵懂懂，一鳴君也因此學得倍加辛苦和努力。所幸的是，最後的學位論文在評審和答辯中都獲得了專家的肯定，並且這次獲得推薦出版，我很為他高興。但是說到寫序這回事，我仍然是頗為忐忑的。一鳴君是一位溫和恭謙、知書識禮的好青年，每次書信、問候文辭雅馴，執弟子之禮甚恭，但我卻從來隨便散漫、不習禮儀，這時常讓我心生內疚，覺得愧為人師。但一鳴君以其一貫的誠懇真摯，邀我作他求學生涯的見證人，一起回憶這部著作的緣起和寫作過程，這倒是讓我覺得責無旁貸。

　　一鳴君在本科和碩士階段培養了紮實的文獻學功底，其最初的興趣在清代的思想史、經學史，但彼時我自己的研究方向主要在社會史上，所以我和他的討論，就自然會走向如何將這兩種研究結合起來的思路上去。一鳴君選擇了晚清瑞安孫氏為研究對象。這其實是一個頗有挑戰性的選題，一方面孫衣言、孫詒讓父子作為清代著名的學者，學界對其生平活動、經學思想已有不少定見；另一方面從區域社會史的角度，浙南溫州地區的社會文化也是學界關注的熱點之一。一鳴君獨闢蹊徑地從「文化家族的構建」這個角度進入，試圖將晚清學人的思想文化實踐活動與地方社會的近代轉型結合起來，給這

個課題的研究帶來新的思路。論文的不少亮點正是來自於一鳴君浸淫頗深的文獻學和思想史、社會史的結合。

論文所關注的晚清近代，正是中國士大夫階層及其文化價值觀發生重大變化的時期，瑞安孫氏在這種巨變之下迅速崛起，在學術、政治的中心和鄉里地方社會中輾轉騰挪，在危機中踐行傳統士大夫的經世理想，並最終以學術文化的成就和「文化家族」的形象進入到近代學術史和地方史的脈絡。瑞安孫氏的這個故事說起來並不複雜，但歷史的魅力有時候就是在過程和細節之中。例如，孫衣言在《永嘉叢書》編纂過程中的書籍交流問題。《永嘉叢書》的編纂本身，既寄託了孫氏對紹續和復興永嘉之學的理想、又包含了他們借此樹立、修復其在學界和鄉黨之地位的希望，而這些目的的達成又多少依賴於期間書籍交流構建出的人際網絡。這樣的個案雖小，卻把孫氏作為士大夫個人的思想、活動，與孫氏家族在地方社會權力競爭中的作為，以及地方歷史文化傳統在近代的傳承復興等多個層面的歷史勾連並生動呈現出來。論文對金錢會事件、詒善祠塾、玉海樓的研究，都是在這樣的理路下，通過一個個案展示近代士人活動豐富鮮活的面向。

論文以「文化家族」來定義瑞安孫氏，讀者會注意到書名的「文化家族」這個詞上是加了引號的。一鳴君在文中對於文化家族的概念有闡釋，但對這個引號的意義，卻不曾說明，這樣讀者就不妨自加揣摩了。在我看來，這個引號的意思至少有如下兩個方面。首先，論文強調了「文化家族」的建構性。家族的建構性本來在明清家族史的研究中幾乎已漸成共識，但在瑞安孫氏的個案中，家族的建構不僅僅是血緣系譜的建構，還包括了對於家族文化的經營和建構，特別是這種家族文化的建構還被有意識地與永嘉學術譜系的建構結合起來，這樣，這個「文化家族」個案的意義就更加豐富了。其次，論文還提出「文化家族」這個標籤的製造，是孫氏家族內外共謀的結果，其中既包括孫衣言父子及其同時代的人，也包括在他們故去之後的數代家人、學人；既包括溫州當地的學術文化群體，也包括溫州之外的、更大的學術群體。這個文化家族建構史的後半部，用一鳴君在文中使用的概念來說，是地方文化「紀念碑」的構建。這個「紀念碑」的說法來自於巫鴻的著作，但也難免會讓人想起列文森的「博物館」。但我想，不論是「紀念碑」還是「博物館」，它們從建成之日開始，就有了它們自己的生命，它們的生命會在後來者的改造和詮釋、觀看者的注視和思考中一直延續下去。一鳴君這本討論「紀念碑」如

何鑄成的大作，同樣也一定會成為「紀念碑」上新的一部分。

　　我很榮幸曾經和一鳴君一起觀察過這座紀念碑上的磚瓦，討論過它的結構，並看著他怎樣在其上留下屬於自己的痕跡。博士論文的寫作是一個不斷錘煉的過程。今天我打開硬盤裡以一鳴君的名字命名的文件夾，裡面保存著一小部分他博士階段的習作，很多主題他都經過多次反覆打磨，例如關於書籍交流網絡的那篇論文，僅僅在我這裡就留有 5 個修改的版本。我從他的寫作中學到很多，其間可能也有我的誤讀和謬見，不知道當年是否給一鳴君帶去過困擾？以他的溫良恭謙，他大概也是不會讓我知道的。當然，我也一直認為，正是對同一事物、同一條史料的不同角度的理解、討論，才是學問進階的正途。差不多 20 年前，我自己讀博士，朱鴻林師時常提醒我們說：「以水濟水，豈是學問？」我一直銘記於心。這話引自黃宗羲的《明儒學案》：「此編所列，有一偏之見，有相反之論。學者於其不同處，正宜著眼理會，所謂一本而萬殊也。以水濟水，豈是學問？」不知道以前有沒有和一鳴君說起過，在此與君共勉。

杜正貞

2021.5.15

目

次

導 言

一、選題背景

    近年來，文化家族研究漸成熱點，但是許多相關研究常默認文化家族存在的天然性和客觀性，把焦點集中在家族成員的個人成就之上，相對忽略了家族在掌握和使用文化元素這一工具時的主動性和目的性。「文化家族」這一形象是如何在家族成員的塑造下成型，並逐漸融入社會和成為大眾印象，被某一地域和領域的人們普遍接受？解決這個問題是本研究展開的動機。本研究擬通過對瑞安孫氏家族個案的考察，梳理上述現象出現的動因，釐清其在時代變遷的過程中如何被認知與改造的。

    本研究所討論的溫州瑞安孫氏家族以光緒間官至太僕寺卿的孫衣言（1814～1894）及其弟孫鏘鳴（1817～1901）為事實上的開端，經過幾十年發展，逐漸成為地方名族。該家族受到關注的主要原因，是孫衣言之子孫詒讓（1848～1908）的學術成就。目前學界對瑞安孫氏的研究，從純粹學術史角度逐漸擴展到社會史視野。前者偏重孫詒讓等的學者身份，以其著作為主要材料進行論述，後者則側重孫氏家族作為士紳在地方上的社會身份與社會關係。但是兩種思路都認同孫氏作為「文化家族」的地位，並沒有充分注意到這一形象的塑造與完善與孫氏家族策略之間的關係。

    回溯孫氏在地方建立文化權威的過程，作為家族的核心人物，孫衣言個人的思想與家族建設策略起到了重要作用。沉浮宦海、輾轉各地的經歷使他的家族觀處在不斷調整之中，經營鄉族的具體策略也從以組織鄉團、營築堡壘為中心，調整為以文教事務介入並進而影響地方的文化教育事業。在早期

利用自己的官方身份獲取地方話語權後，孫衣言兄弟亦官亦紳、辦團築堡的鄉族經營策略，因捲入地方各勢力博弈的漩渦中而難以施展，並在隨後的金錢會事件中遭遇重大挫折。在此重創後，孫衣言兄弟對家族發展的道路和面臨的處境進行了反思，引導了家族策略上的轉移。他們有意淡化自己身上科舉與官職的光環，突出家族的文化底蘊，並通過大量的地方文獻整理出版工作，實現了血緣、學緣、地緣的交匯和扭合。在此基礎上，孫衣言有選擇性的剔抉地方文化傳統——南宋永嘉之學，樹立文化權威的形象。而他之所以以發掘數百年以來隱而不彰的鄉學作為突破口，除了出於謀求地方認同的功利動機，更源於其對時局動盪與學術趨勢流變的預判。

在這一過程中，孫衣言早期積累的文名為其提供了發揮的資本，他在銜接與構建學脈的過程中，往往是混同「文脈」與「學脈」這兩個不同概念的。為了把鄉學權威和永嘉學術繼承者的身份從孫衣言個人擴展到家族層面，實現鄉學家學化，瑞安孫氏在孫衣言等人的領導下參與到了地方學術的建設中。孫衣言對於文化權威的構建體現了傳統社會政治與文化在地方相互交織的關係，反映了地方精英在變革時代的策略調整與變通。圍繞著藏書、刻書乃至修撰地方志的一系列活動，孫衣言鞏固了其發掘地方歷史資源與文化記憶的成果，瑞安孫氏也成為永嘉學派在地緣、學緣甚至血緣上的當然繼承者，得到了鄉邦士紳和學界人士的一致認可，起到了預想中的「鄉學家學化」的成效。

為了充實家族的文化內涵，充分吸取金錢會中的經驗教訓，瑞安孫氏有步驟地強化了家族設施建設，從修族譜、訂族規、築新祠等一般性措施開始，針對自家根柢薄弱、血脈單一的弱勢做了一系列補救工作，緩和金錢會事件後與其他族人緊張關係的同時，保持了自己一支的相對獨立性。同時在一定程度上開放家塾——詒善祠塾，形成對地方士人的文化向心力與輻射力，而原本只是孫氏私家藏書樓的玉海樓也逐漸成為地方知識集合的具象，固化為地方文化的標的。

在孫衣言兄弟苦心經營的基礎上，孫詒讓等子輩在維護「文化家族」形象的同時，也試圖以個人活動參與到新時期的地方事務中。基於孫詒讓的學養見識和個人興趣，他應對當時的文化趨向做出調整，對以《周禮》為代表的非鄉學資源更為倚重，作為其展開一系列社會活動的理論基礎。孫詒澤、孫詒譆、孫詒棫等人在個人成就上也頗值稱道，但即使如此，瑞安孫氏對地

方文化的把控權還是逐漸旁落。雖然孫衣言兄弟及孫詒讓依然被視作近時鄉賢的代表加以揄揚，但對他們身份的解釋和繼承權卻從孫氏族人轉移到後輩士紳的手中。這些現象均有進一步考察和分析的必要。

　　文化現象的出現非一朝一夕，更非一成不變。地方上的文化精英如何認識這一現象，並且利用所掌握的話語權改造地方文化乃至社會記憶，也是有待討論的問題。文化家族多以家族成員的活動為表現形式，在同時代人的認知中，這些家族成員的個人行為被泛化成家族行為的一部分。這種表徵之下隱藏著地方文化體系乃至晚清學界對於「文化家族」的需求，而這種需求往往出於各自不同的目的，故而掌握話語權的文化精英會有意識的對這一形象的某一側面進行宣傳與修正。而隨著時間的推進與社會文化結構的變化，文化家族的有關描述在不斷的修正中，逐漸穩定為一個固態的符號。

二、研究綜述

1. 地方文化精英研究

　　目前而論，學界對地方精英的研究大致沿著社會性與學術性兩條路徑進行：一條側重於探討地方精英的社會認同及與其相牽連的各種社會關係；另一條側重從地方精英的知識體系，研究其思想學術的貢獻及譜系。

　　前者肇起於早期西方學者對士紳階層的濃厚興趣乃至馬克斯·韋伯（Max Weber）等由此深入的社會分析，經由費孝通、何炳棣、張仲禮、蕭公權等前輩學人的開拓，士紳研究逐漸成為社會史研究的重要課題。這一課題強調「士紳」的社會身份意涵，默認士紳「具有人們所公認的政治、經濟和社會特權以及各種權力，並有著特殊的生活方式」〔註1〕，通過探討士紳階層介入國家管理的機制，來解析中國社會尤其是基層社會的結構。

　　在早期研究成果的基礎上，後起的學人開始反思早期研究中的疏漏。卜正民（TimothyBrook）即認為「1975 年前的中國士紳研究，傾向於把士紳作為一個一般的類別，而不是作為一個具體的歷史的產物來考察」〔註2〕。他提倡將士紳研究從深受馬克斯·韋伯的社會分析模式影響的「本質性的定義」向「歷史主義的具體分析」擴展，強化「士紳與社會及國家相關的境

〔註1〕 張仲禮：《中國紳士——關於其在 19 世紀中國社會中作用的研究》，上海：上海社會科學院出版社，1991 年，第 1 頁。

〔註2〕 （加）卜正民著，張華譯：《為權力祈禱——佛教與晚明中國士紳社會的形成》，南京：江蘇人民出版社，2005 年，第 5 頁。

域的考察」〔註3〕，同時也重視國家、士紳、民眾的互動關係。在類似觀點的引導下，「地方精英」（local elite）的概念越來越多的出現在相關研究中。「地方精英」這一概念更強調該群體構成、資源及策略上的複雜性〔註4〕，不再對「士紳」做出約化處理，更為具體而精細。杜贊奇（Prasenjit Duara）的《文化、權力與國家——1900～1949年的湖北》〔註5〕、蕭邦奇（R.Keith Schoppa）的《血路——革命中國的沈定一（玄廬）傳奇》〔註6〕、韓明士（Robert Hymes）的《官宦與紳士：兩宋江西撫州的精英》〔註7〕等均為「地方精英」面向的相關成果，雖然敘述主題與線索不盡相同，但上述論著均試圖通過「地方精英」來尋找透視士紳本身與基層社會的新途徑。

社會史路徑以外，從學術思想路徑研究士紳或精英階層也是相關研究的常用視角。此類研究的前提在於士紳階層文化上的特權，因此常被冠為「知識分子研究」之名。相比社會史學者高度重視士紳與地方盤根錯節的複雜糾葛，知識分子研究或「文化精英」的相關研究更注目於知識階層的超越關懷。造成這一區別的原因，除了觀察視角與研究取徑的差別，更重要的是有中國傳統社會中「士」的多重身份。一些學者使用「知識階層」這一包含抽象意蘊的概念，部分代替強調實體性的「士紳階層」。余英時認為，「士」是「知識階層在中國古代的名稱」，並考鏡「士」蛻變為現代意義上的知識階層的漫長過程，得出了結論：「士民的出現是中國知識階層興起的一個最清楚的標幟」〔註8〕。該論斷將文化與知識上的優勢地位作為士階層身份的首要識別，相較於社會史視閾中的「士紳階層」，這類研究淡化了「士」的社會經濟因素，強化了禮樂傳統等文化因素。

「知識分子」意涵的可擴展性為「精英」研究提供了更多的可延伸性。如薩義德（Edward Said）所說，西方視野下的知識分子是以「代表藝術」

〔註3〕《為權力祈禱——佛教與晚明中國士紳社會的形成》，第12頁。
〔註4〕李培林等：《20世紀的中國：學術與社會·社會學卷》，濟南：山東人民出版社，2001年，第86頁。
〔註5〕（美）杜贊奇著，王福明譯：《文化、權力與國家——1900～1949年的湖北》，南京：江蘇人民出版社，2010年。
〔註6〕（美）蕭邦奇著，周武彪譯：《血路——革命中國的沈定一（玄廬）傳奇》，南京：江蘇人民出版社，2010年。
〔註7〕參見 Robert Hymes: Statesman and Gentlemen: The Elite of Fu-Chou, Chiang-his, in Northern and Southern Sung(Cambridge University Press, 1986).
〔註8〕余英時：《士與中國文化》，上海：上海人民出版社，1987年，第2頁。

（art of presentation）為業的個人〔註9〕，其存在本身即具有象徵意義，在物化的社會生活範疇外，精神上的使命感與思想上的訴求是其構成的重要側面。基於對西方「知識分子」理念的消化與吸收，余英時對中國「知識階層」的存在深信不疑，他在比較世界各文明系統的演進後，將「哲學突破」與「內向超越」（inward transcendence）等觀念嵌入其思想史研究框架內，凸顯上層文化與下層文化在知識階層的共存、互動與衝突。龔鵬程等試圖從界限已不甚清晰的士階層中再析出一個「文人階層」，他描繪了「文人」作為創作者的神聖性，並將其與「士」的社會地位相掛鉤〔註10〕。儘管這種看法為相關研究提供了一個新穎的突破點，但其對「文人階層」基本特點、存在基礎及「階層性」均無有力證據落實。鑒於構築知識甚至「才性」等非物質同一性之上的階層的難度，學界更多選擇將社會場域作為舞臺與背景，沿著更近似於思想史的理路對文化精英進行具體的個案研究，如田浩（Hoyt Tillman）的朱熹研究、史華慈（Benjamin Schwartz）的嚴復研究、姜義華的章太炎研究、耿雲志的胡適研究、艾愷（Guy Alitto）的梁漱溟研究、王汎森的傅斯年研究乃至桑兵、楊國強等人的近代學人群體研究等。這些研究均試圖打通文化與社會二元身份認同隔絕的壁壘，但是具體研究中「學人」身份還是常與社會角色相孤立。為解決這一問題，更為緊密的聯繫社會與文化元素，展現兩者的互動關係，學界嘗試引介與改造各種理論工具，如杜贊奇的「權力的文化網絡」〔註11〕、徐茂明的「文化權力」〔註12〕、羅志田的「思想權勢」〔註13〕、楊念群的「儒家地域化」〔註14〕，乃至許紀霖等近年來處理城市知識分子交往問題時所借用的「公共空間」〔註15〕。

〔註9〕　（美）薩義德著，單德興譯：《知識分子論》，上海：生活·讀書·新知三聯書店，2005年，第17頁。

〔註10〕　參見龔鵬程《中國文人階層史論》（蘭州：蘭州大學出版社，2004年）。

〔註11〕　參見（美）杜贊奇著，王福明譯《文化、權力與國家——1900～1949年的湖北》（南京：江蘇人民出版社，2010年）。

〔註12〕　參見徐茂明《明清以來蘇州文化世族與社會變遷》（北京：中國社會科學出版社，2011年）。

〔註13〕　參見羅志田《權勢轉移——近代中國的思想與社會》（北京：北京師範大學出版社，2014年）。

〔註14〕　參見楊念群《儒學地域化的近代形態——三大知識群體互動的比較研究》（上海：生活·讀書·新知三聯書店，2011年）。

〔註15〕　參見許紀霖主編《公共空間中的知識分子》（南京：江蘇人民出版社，2007年）。

儘管深度不同，他們大多注意到文化這一看似抽象的意涵在變革時代各種勢力博弈中的深刻意義，以及文化精英在創造與改造文化方面得天獨厚的優勢。新的理念為精英研究社會史、思想史「雙管齊下」的局面提供了一條文化史的「曲徑」，它以「凸現思想觀念的社會性和社會化的向度」〔註16〕為目標，更有利於連接與融合兩者的成果與優勢。

　　近年來，以社會文化史為旗幟的著作層出不窮，以蕭鳳霞、劉志偉合作的《文化活動與區域社會經濟的發展——關於中山小欖菊花會的考察》〔註17〕與梅爾清（Tobie Meyer-Fong）所著《清初揚州文化》〔註18〕為例，二者均以文化現象的歷史淵源為主題，分析文化現象在地方精英的有意建構下形成與固定於地方意識內的過程。由於二者立意不盡相同，其成果也特色鮮明：蕭、劉以文化象徵的內蘊為線索考察區域社會發展；梅氏則更貼近文化史的旨歸，通過考察地方精英篩選文化符號進行選擇性建構的行為，揭示符號背後的種種隱義。

　　同樣以貫通社會和思想的界域為職志的還有艾爾曼的《經學、政治和宗族——中華帝國晚期常州今文學派研究》。艾氏對政治話語與學術話語的互涉極為敏感，他基於此構築了經學、宗族與政治的「三向互動」。他試圖還原歷史場景，脫離線性敘述，回歸晚清今文經學的「開端」人物——常州莊存與、劉逢祿，給予作為文化現象的「今文經學復興」一個較為切近的觀察角度。更需要注意的是艾氏把家族置於上述三向互動的框架內，他認為「常州今文經學是一種家族學術理念的體現，它的傳衍仰賴於特定社會、政治環境中的宗族紐帶」〔註19〕，而「常州的思想史反映出儒學一旦要解決國家或地方性難題時，必須仰賴自身沒有自覺意識到的社會結構。」〔註20〕艾氏將家族與地方社會的互動納入社會文化史的研究軌道，勾勒出另一條綿延的學術流向。這一轉向受到學界高度重視，有學者認為以家族為切入點是「近代學術思想

〔註16〕　黃興濤：《文化史的追尋——以近世中國為視域》，北京：中國人民大學出版社，2011年，第33頁。

〔註17〕　蕭鳳霞、劉志偉：《文化活動與區域社會經濟的發展——關於中山小欖菊花會的考察》，《中國社會經濟史研究》，1990年第4期，第51～56頁。

〔註18〕　（美）梅爾清著，朱修春譯：《清初揚州文化》，上海：復旦大學出版社，2004年。

〔註19〕　（美）艾爾曼著，趙剛譯：《經學、政治和宗族——中華帝國晚期常州今文學派研究》，南京：江蘇人民出版社，1998年，第7頁。

〔註20〕　《經學、政治和宗族——中華帝國晚期常州今文學派研究》，第7頁。

史研究的新方向」〔註21〕。

2. 文化世家與家學研究

　　家族史研究是史學研究的重鎮，作為一個相對獨立的系統，家族個案的研究常側重於某一具體方面。作為其中最常用的標籤之一，「文化家族」的研究近年來受到越來越多的關注。文化家族，亦有文化望族、文化世族、文化世家等表述，雖然缺乏準確義界〔註22〕，但憑藉「家族」隱含的血緣關係的天然性，「文化家族」在社會文化系統中的存在似乎無可置疑。目前對於文化家族的研究，也都進行在遞代相繼的順承關係的前提下。文化作為家族精神的核心，似乎貫穿其始終，雖有層累與發展，其主流卻清晰且不隨時變易。這樣，文化家族便成了血緣、地緣、學緣三種人際紐帶相糅合的交點，受到學界重視。現有文化家族研究成果頗豐且各成體系，如黃興濤主編《文化名門世家叢書》、梅新林等主編《江南文化世家研究叢書》、《浙江望族家族史研究系列叢書》、王志民編《山東文化世家研究書系》，其他尚有一些個案研究，如王玉海等《江南文化世家研究——以無錫秦氏和崑山徐氏為例》、凌郁之《蘇州文化世家與清代文學》、洪水鏗《海寧查氏家族文化研究》等。

　　上述研究大多以逐代介紹或論述主要家族人物的文化成績為主要內容，從而梳理家族文化發展的軌跡。這種敘述模式近似於名人傳記，主要人物相對獨立，與家族的關係不甚緊密。鑒於羅列式描述的弊端，一些學者在研究方法與觀察角度等方面做了許多創新。徐茂明所著《明清以來蘇州文化世族與社會變遷》以其區域社會史範疇內的士紳研究為知識積澱，將文化家族作為家族史研究中的特例展開探討〔註23〕。徐氏以區域文化互動、社會網絡、國家與地方關係、家風與世風關係等為著眼點重審文化世家，還原文化世家作為家族的「本相」。儘管文化面向不甚凸顯，徐氏的研究路徑還是改變了相關研究人物紀傳式的格局。此外，「文化家族」相關領域又有若干新進展。邱

〔註21〕邱巍：《從家族角度切入：近代學術思想史研究的新方向》，《中國文化報》，
　　　　2010 年 2 月 5 日，第 3 版。
〔註22〕萬宇曾在《文化世家》一文中給出文化世家的標準：「在科舉仕宦、文化素質、
　　　　道德規範等方面表現突出，才能成為被廣泛認可與稱道的文化世家。」（劉士
　　　　林編《江南文化關鍵詞》，上海：上海音樂學院出版社，2008 年，第 167 頁）
　　　　這種解釋雖仍然不甚具體，但已注意到文化世家是需要被「認可」和接受的
　　　　文化現象。
〔註23〕徐茂明：《明清以來蘇州文化世族與社會變遷》，北京：中國社會科學出版社，
　　　　2011 年。

巍《吳興錢家——近代學術文化家族的斷裂與傳承》試圖放大家族文化的視域，使之與近代文化轉折接軌，但由於主題、材料的限制，其宏大目標難以與其實踐相契符。〔註24〕馬曉坤等《兩晉南朝琅邪王氏與陳郡謝氏比較研究》展開跨家族間的比較研究，以內、外兩個維度窺探文化家族在靜態構成與動態演進上的不同類型。除了以家族發展為主線的陳述模式，尚有羅時進等以文化網絡中的家學化為主線的論述。〔註25〕

　　以家族承繼為主線的文化家族研究，便於逐代逐人陳述家族成員的文化成果，卻不利於展現家族內部的學術與文化傳承關係，所以部分學者選擇以「家學」為核心概念展開論述。這一概念強化了學術脈絡在家族中的具現，多關注於綿延數代所從事的相同或相關學術領域，以分析其學術延續與變化的軌跡為主要內容。

　　與文化家族相似，「家學」這一概念同樣模糊不清。錢穆認為家學源自於中古世族對家族成員「經籍文史學業之修養」的重視。〔註26〕近年有學者試圖為家學做出一個定義，他認為家學「是指學術、思想、文學、藝術等在一個家庭或家族內部的長期傳承，家學的作用主要是培養子弟的文化修養和才能技藝，從而保持家庭或家族在上列各方面的優越地位，以利於其延續與發展。」〔註27〕該定義儘管在家學傳承憑依的渠道上有所疏漏，但基本體現了家學在家庭中的紐帶作用，並特別強調了家學的實用目的。但此定義尚未得到學界普遍接受，大多數研究仍將家學的存在視作當然，未對具體個案中家學的產生、維繫、繼承等問題展開考察。

　　早期家學研究，與文化家族研究相同，也廣泛存在著「學譜化」或「家譜化」的情況〔註28〕。隨著相關研究的深化，一些學者不再滿足於僅將家族作為學術史回顧的單位，他們針對文化家族研究往往流於傑出人物紀傳的弊

〔註24〕邱巍：《吳興錢家——近代學術文化家族的斷裂與傳承》，杭州：浙江大學出版社，2009年。

〔註25〕馬曉坤、孫大鵬：《兩晉南朝琅邪王氏與陳郡謝氏比較研究》，北京：中國社會科學出版社，2011年。

〔註26〕錢穆：《中國學術思想史論叢》，合肥：安徽教育出版社，2004年，第3冊，第159頁。

〔註27〕汪仕輝：《唐代士族家學研究——以京兆韋氏、趙郡李氏、吳郡陸氏為例》，武漢大學博士學位論文，2011年，第2頁。

〔註28〕蘭秋陽：《近20年清代家學研究之回顧與展望》，《河北北方學院學報（社會科學版）》，2011年第1期，第42～44、52頁。

端，冀圖從學術流變的趨勢中剔抉出學術思想在家族脈絡中的組織形式與內在理路。李真瑜將沈璟、沈自晉、沈時棟等代相接續的曲學理論劃分為兩個階段，並認為在家學傳遞的形式下暗含著一種「文化指向」。〔註29〕儘管李氏對「文化指向」的發掘略顯粗糙，其已注意到文化精英利用家學引領與改變學術走向的種種行為。錢慧真則以打通學術的地緣關係與血緣關係為目標，她選取了清代江蘇十八家「經學世家」為樣本，用統計學方法對這些家族的經學涉獵領域進行類分，並認為清代江蘇以地域為識別依據的學術派別（吳派、揚州學派、常州學派）均是以家族為中心逐漸發展起來的。〔註30〕錢氏的研究為反省學術乃至文化的地緣性聚合與血緣性傳承提供了新思路，然而統計學方法的使用也不無可借鑒之處。羅檢秋則把家學傳衍作為一個文化現象進行解析，他認為家學傳承、發展的表象下，隱伏著舊有學術格局的裂變與學術新潮的形成。為輔證其觀點，羅氏把「家學傳衍」嵌合入清中後期學術的幾大轉變趨勢（「漢學領域大幅擴展，今文經學悄然而興，漢宋調融之勢增強，經世致用色彩逐漸凸顯」）中，掙脫了家學研究固守於「家」的侷限，但在與學術流變的互動上尚未及深入。同樣試圖將家學研究糅入時代學術趨向的還有郭院林的儀徵劉氏《左傳》研究，所不同的是，郭氏建構劉氏《左傳》學這一相對獨立的學術系統，是通過文獻考辨劉文淇、劉毓崧、劉壽曾、劉師培四代學人對此系統的增益充實來投射學術大勢，更強調不同時代學者的因時制宜。如郭氏自述，其最終目的是「由此個案考察學術走向」，跳出家族的局囿。〔註31〕

　　上述不同程度的創新為文化家族研究帶來了深入發展的潛力與空間。然而複雜的家族構建與發展過程會被約化為「文化家族」這一模糊的概念，並被大眾廣泛接受，似乎不僅是家族中出了個別文化精英使然。當事人及其族人如何用心經營，借助了何種資源與方法，社會印象的逐漸形成經歷了如何的過程，這一文化現象又被家族以外的各界人士怎樣的認知、接受乃至改造利用，在現有研究中仍較欠缺。

〔註29〕李真瑜：《沈氏文學世家傳承及其文化指向──關於文學世家的家族文化特徵》，《中國社會科學院研究生院學報》，2004 年第 1 期，第 96〜98 頁。
〔註30〕錢慧真：《清代江蘇的經學世家及其家學考論》，《蘇州大學學報（哲學社會科學版）》，2010 年第 6 期，第 115〜118 頁。
〔註31〕郭院林：《從「以禮治左」到「援古經世」──清代儀徵劉氏左傳家學研究》，北京大學博士學位論文，2007 年。

3. 相關人物研究

中國傳統家族往往以家族核心人物的各類活動為途徑，進入地方社會文化系統並發揮輻射作用。這類人物以自身學術、思想的卓然成就為業內外人士矚目，並通過具體專業領域內的權威地位逐步成為某一場域內的文化權威。其中部分人物更通過提煉自身形象的文化意涵，作用於地方社會，強化家族文化的存在感與象徵意義。在本研究所選案例的目前研究中，「核心人物」的相關研究也主要集中於探索其生平經歷及學科範圍內的成績，人物在社會環境中的作為則漸漸成為新的關注點。這使得此專題研究從單純的學術史、思想史領域向社會史領域偏移，基於此，也有學者著眼於發掘人物的專業身份與社會身份的兼容，並取得一定成果。

瑞安孫氏所以聞名於世，孫詒讓的影響無疑是其主因。故而在孫氏家族成員乃至晚晴至民國時期溫州地區的文化精英中，對於孫詒讓的研究也最為豐沛。

蔡尚思於《清代學術概論》中曾將孫詒讓與黃以周、俞樾、章太炎、劉師培等並列為「清代樸學的殿軍」〔註 32〕，這種化約式的處理主要基於梁啟超以降對清代學術史的分段，把上述數人作為時代變革下舊有學術的結點，使得學術理路呈流暢的線性發展，易於被人理解與接受，故而類似表述在孫詒讓研究乃至清代學術史研究中也頗為常見。對孫氏的「樸學大家」身份的強調，自然使對孫氏學術研究上的成績與特色成為了孫詒讓研究的重心。

因孫氏著作等身，條錄書目成為探討其學術的重要路徑。1927 年，顧頡剛、陳槃曾合撰《瑞安孫詒讓著述考》〔註 33〕，此後又有雪克《孫詒讓學術要著述略》〔註 34〕、董朴垞《孫詒讓著述考略》〔註 35〕等。此類研究，多以目錄、文獻、考證為主要方法，通過徵文考獻呈現孫詒讓所涉學術領域的分布，大致括清孫氏的著述體系。

基於對孫詒讓學術著作的整理工作，其龐博的學術體系逐漸為大眾所認

〔註 32〕蔡尚思：《中國文化史要論》，長沙：湖南人民出版社，1979 年，第 84 頁。
〔註 33〕顧頡剛、陳槃：《瑞安孫詒讓著述考》，《中大圖書館報》，1929 年第 7 卷第 5 期。
〔註 34〕雪克：《孫詒讓學術要著述略》，《溫州師範學院學報》1988 年增刊《孫詒讓紀念論文集》，第 163～178 頁。
〔註 35〕董朴垞：《孫詒讓著述考略》，《溫州師範學院學報》，1980 年第 2 期，第 72～79 頁。

知。各界對其學術的概述累累，其較豐贍且具影響者，為姜亮夫《孫詒讓學術檢論》〔註36〕。是篇乃姜氏為杭州大學語言文學研究室刊布孫氏紀念冊所作的發刊詞，其中除承認孫氏「清儒主流中的最後一位大師」的判斷外，更強調孫氏在甲骨文等「現代學術研究」中的開創地位。上述見解，既源於姜亮夫對清代學術的深厚積澱與獨到見解，也反映了姜氏作為敦煌學專家，對於新材料研究的特別強調。姜氏文中將孫詒讓的學術成就類分為「文字訓詁、《周禮》、諸子的整理與目錄學」四條路子，學術方法類分為「三種工夫」，即「目錄學是基礎工夫」「文字訓詁（包括校勘考證）、典章制度是材料工夫」「八種重要著作是建設工夫」。此外姜氏還對孫詒讓與清儒學術特點的區別進行了探討，並得出結論：「孫先生治學方法已較清儒大大前進了一步。」姜氏的上述觀點在很大程度上得到後來學者的沿襲與發揮，也隨著學者興趣與焦點的偏移發生縮小與擴展，如「諸子的整理」即主要集中於對孫詒讓《墨子閒詁》在墨學史中的卓然地位，目錄學則從孫氏的文獻工作研究延伸到考論孫氏玉海樓的藏書、目錄乃至建築。

　　在姜氏奠定的「四條路子」的基本框架下，近二、三十年來，對孫詒讓學術的研究不斷細化。余雄所著《孫詒讓傳論》〔註37〕所附《百年來孫詒讓研究之回顧》及《孫詒讓研究論文分類輯目》曾以孫氏的幾種著作（《周禮正義》、《墨子閒詁》、《契文舉例》等）為主要標的，對學界相關研究進行劃分。這種分類一定程度上延續了姜氏的「四條路子」，同時因循孫詒讓的學術視角，更易於學界追溯孫氏各著述在學術史中的位置，關注點也更集中。由於對孫詒讓展開專門研究的需要，俞氏的學術史回顧重點在爬梳孫氏生平及著作，並羅列了孫氏著作的相關篇目，包括各種簡介、序跋、略論，務求其全，以資後學參考。俞文較之其他「孫學」研究綜述最為詳盡，其所及者，此處不予贅述。

　　近年來，對孫詒讓的研究，仍聚焦於其學術活動者，主要沿著研究領域與研究方法兩種思路進行，如許嘉璐主編《孫詒讓研究叢書》（含朱瑞平《孫詒讓小學謅論》〔註38〕、汪少華《中國古車輿名物考辨》〔註39〕等）以《周

〔註36〕姜亮夫：《孫詒讓學術檢論》，《姜亮夫全集》第二十輯《史學論文集》，昆明：雲南人民出版社，2002年，第528～567頁。
〔註37〕俞雄：《孫詒讓傳論》，杭州：浙江人民出版社，2008年。
〔註38〕朱瑞平：《孫詒讓小學謅論》，北京：商務印書館，2005年。
〔註39〕汪少華：《中國古車輿名物考辨》，北京：商務印書館，2005年。

禮正義》為核心、方向東著《孫詒讓訓詁研究》〔註40〕以孫氏訓詁方法為經緯，因學界研究基礎的不斷積累，相關研究也不斷深化，其中相互參差重複者不可避免，研究空間與潛力也漸趨狹小。於是有學者選擇把比較研究作為學術創新的一條路徑，如袁靚《王念孫、俞樾、孫詒讓〈荀子〉校注研究》〔註41〕、杜國慶《畢沅與孫詒讓〈墨子〉校勘比較研究》〔註42〕等，更有學者試圖把學術比較研究置於「近代學術思潮」的流變中，如潘靜如《金文考訂與近代學術思潮——以莊述祖、吳大澂、孫詒讓〈說文〉古籀研究為中心》〔註43〕等。上述比較研究立足文本，以文字與文獻學方法為主要手段，考辨孫氏與其他學者的區別並探究其原因，儘管在推論闡發方面有所欠缺，在個案研究層面均可圈可點並各具特點。如袁文強調從各學者自身淵源出發探討其《荀子》研究的不同，杜文強調畢、孫二人校勘方法之異，潘文則志在借個案研究觀察「古文字學的內在演變軌跡」。

　　西學東漸是近代學術史書寫的核心議題，以樸學大師為主要形象被認知的孫詒讓有怎樣的西學觀也成為孫詒讓研究的突破口。從八十年代俞雄《孫詒讓維新思想及其實踐》〔註44〕等涉及孫氏對西學的態度的研究開始，此方面研究逐漸深入，至陳安金、陳邦金合撰《論孫詒讓的禮學研究與中西政治文化觀》〔註45〕一文，以《周禮正義》、《周禮政要》為主要文本討論西學對於孫氏學術的作用及在其著作中的反映。該文雖尚未將西學與孫詒讓社會活動的聯繫詳加展開，但已從思想層面進行了較為詳實的論證，總結出孫氏作為「傳統知識分子希望通過融合中西方文明來維新中國的文化志業」的心態。

　　從讀其文到知其人是學人研究的基本理路，自孫氏歿後，因其顯著聲名，各種紀傳、年譜乃至學譜層出不窮，此類文章因其立意不同而良莠不

〔註40〕方如東：《孫詒讓訓詁研究》，北京：中華書局，2007年。
〔註41〕袁靚：《王念孫、俞樾、孫詒讓〈荀子〉校注研究》，吉首大學碩士學位論文，2013年。
〔註42〕杜國慶：《畢沅與孫詒讓〈墨子〉校勘比較研究》，溫州大學碩士學位論文，2010年。
〔註43〕潘靜如：《金文考訂與近代學術思潮——以莊述祖、吳大澂、孫詒讓〈說文〉古籀研究為中心》，《中國典籍與文化》，2014年第3期，第18～25頁。
〔註44〕俞雄：《孫詒讓維新思想及其實踐》，《溫州師範學院學報（哲學社會科學版）》，1997年第2期，第29～35頁。
〔註45〕陳安金、陳邦金：《論孫詒讓的禮學研究與中西政治文化觀》，《哲學研究》，2012年第9期，第53～58頁。

齊，其佳者多側重於孫詒讓的地方名人定位，以考訂事實為形式，釐清孫詒讓的生平學術走向為主要目的，於「知其人」並展開進一步研究有所助益。其中，尤以孫詒讓子孫延釗所著、徐和雍等編《孫衣言、孫詒讓父子年譜》最為學界認可，常被作為重要的資料來源使用。此外對孫氏多元的身份認同不及深入。其中，洪煥椿所撰、載於《東方雜誌》1945 年第四十四卷的《孫仲容先生生平與學術》為筆者所見最早的較完善的綜論孫詒讓生平學術的專文，該篇為紀念孫氏逝世四十年而作。作者同為瑞安人，文中除簡介孫氏家世、生平、學術外，同樣將重心放在了其對瑞安文化及公共事業的積極參與，強化了孫氏地緣認同的渲染，可以看出作者鄉賢塑造下明確的鄉邦關懷。以此為先聲，發展出姜氏學人基調以外的另一條線索，從探討孫詒讓的政治思想等側面逐漸強化對孫詒讓的「入世意識」的觀照，把孫氏的社會身份與社會活動作為切入點，論述其在晚清背景下參與地方社會建設的方式。此類論著甚夥，尤以近年來李世眾的研究為代表。其研究強調孫詒讓的士紳身份，以社會史方法研究孫氏等地方精英參與地方社會權力角逐的途徑及其與地方政府的矛盾，探討其在晚清地方政治中的角色。〔註 46〕李氏的研究為孫詒讓研究提供了新的視角和理論深度，超越事實的證實和現象的觀察，以士紳為著手點辨析清末地方社會權力格局中各種勢力博弈的狀況。然而這種方法側重在以孫詒讓作為工具窺測社會權力結構，不得不割裂孫詒讓的文化身份與社會身份，淡化士紳的文化身份在地方場域的權威性與輻射作用。

　　相較於社會史範疇內的開拓，在家族史面向的孫詒讓研究依然比較單薄且多作為觀察孫氏學術的一個背景出現，以此追溯其學術淵源，如蘭秋陽《孫詒讓學術淵源辨析》〔註 47〕等。此類研究多借用「家學」標籤指引孫氏學術的來源，未對孫氏「家學」及家族文化的內涵詳加條辨。其中較有新意者，有潘德寶《孫詒讓家族文化演變與地理軌跡試探》〔註 48〕，該文把孫詒讓父輩孫衣言、孫鏘鳴的仕宦履跡作為觀照孫氏學術與思想形成與發展的主線，以

〔註 46〕李世眾：《清末士紳與地方政治——以孫詒讓興學活動為中心的考察》，《歷史教學問題》，2006 第 6 期，第 15～20 頁。

〔註 47〕蘭秋陽：《孫詒讓學術淵源辨析》，《河北北方學院院報（社會科學版）》，2010年第 3 期，第 24～28 頁。

〔註 48〕潘德寶：《孫詒讓家族文化演變與地理軌跡試探》，《浙江師範大學學報（社會科學版）》，2013 年第 2 期，第 39～45 頁。

展示家族體系、地域變遷及交遊網絡等「歷史現場」中的孫詒讓，為相關研究提供另一維度。

　　相較於孫詒讓研究的系統與規模，孫氏家族其他人員的關注度相對較低，大多作為孫詒讓研究中的「家學」背景出現，這種粗略的描述使其文化家族的構建成為了一個似乎理所當然卻又界限模稜的存在。目前專門針對孫衣言、孫鏘鳴兄弟的研究尚較匱乏，大多流於介紹。其較具學術價值者，有周夢江《談孫衣言著葉適年譜的問題及其他》〔註49〕、胡珠生《〈孫鏘鳴集〉前言》〔註50〕、張如元《〈甌海軼聞〉前言》〔註51〕等數篇。周文主要從文本角度辯證《葉文定公年譜》作者為誰，對是書為孫衣言所撰的說法提出質疑。胡文、張文均是為《溫州文獻叢書》零種所撰寫的《前言》，綜述了孫氏昆仲的生平、學術、仕宦與思想，二文均懷著對鄉賢與鄉邦文獻的熱情展開敘述。胡文較詳，對孫氏政治、文學、樸學、永嘉學各方面的基本見解分別作了概論與評價，並以馬克思主義史觀對孫鏘鳴思想的「精華」與「糟粕」做了「甄別」。張文主要內容是簡述《甌海軼聞》的題材，對孫衣言的專門敘述不是其重點，但儘管未加闡發，從作者對《甌海軼聞》的分析中亦可看出作者對孫衣言所構建的甌海文化框架的基本看法。對孫氏家族其他成員的研究相對更少，較詳實者如刊登於《溫州日報》的周立人所撰《孫延釗與溫州鄉邦文獻》，該篇大致回顧了孫延釗整理鄉邦文獻的功績。

　　隨著晚清社會史研究成為近代史研究的重要領域，孫氏家族作為以血緣為維繫紐帶的地方士紳集團也得到了學界的注目。如李世眾《19世紀中葉士紳階層的分裂──以溫州社會為考察中心》〔註52〕、侯俊丹《俠氣與民情──19世紀中葉地方軍事化演變中的社會轉型》〔註53〕等以咸豐年間金錢會民變為晚清地方社會內部角力的平臺，分別通過孫氏家族等經營鄉團的上層士

〔註49〕周夢江：《談孫衣言著葉適年譜的問題及其他》，《溫州師範學院學報（哲學社會科學版）》，1997年第4期，第82～83頁。

〔註50〕（清）孫鏘鳴著，胡珠生編注：《孫鏘鳴集》，上海：上海社會科學院出版社，2003年，第1～13頁。

〔註51〕（清）孫衣言著，張如元校箋：《甌海軼聞》，上海：上海社會科學院出版社，2005年，第1～20頁。

〔註52〕李世眾：《19世紀中葉士紳階層的分裂──以溫州社會為考察中心》，《歷史教學問題》，2004年第6期，第4～9頁。

〔註53〕侯俊丹：《俠氣與民情──19世紀中葉地方軍事化演變中的社會轉型》，《社會》，2014年第3期，第61～91頁。

紳與下層士紳及與所謂「遊俠義團」的矛盾衝突窺探晚清地方社會的權力結構。李文重在觀察上、下層士紳的分裂並探討其原因，試圖改變學界將士紳作為整體的同一化認識。侯文則嘗試從作為社會實體的「望族團練」與「遊俠義團」之間的較量，昇華到兩者精神趨向上的歧異，並總結出20世紀初中國社會和政治的基本走向：「民權政治替代皇權政治成為建制的基本原則；如何調整地方社會與國家之間的關係以形成普遍政治秩序成為民初共和政體轉型中的核心問題；社會的一般化意味著社會治理開始成為現代國家的建設基礎」。儘管上述二文中，孫氏的特異性在很大程度上被士紳階層的共性替代，但其研究為孫氏家族研究提供了社會環境的基調，而較之李文，侯文更試圖把「任俠之氣的精神倫理」的風行與晚清時期傳統身份認同及等級結構的崩潰相勾連，更接近文化研究的視域。此外，徐佳貴《地方士人與晚清地方教育轉型》雖然同樣從社會史角度出發，卻強調孫詒讓等地方士人對外界文化動向的認知及由此轉化而生的帶有地方色彩的經世意識，通過興辦教育這一具體行為來分析「地方精英回應時代風潮之能力與方式。」〔註54〕

　　在孫氏家族以外，晚清溫州其他文化精英也在學界受到關注，其中同樣以文化家族著稱於世的瑞安黃氏家族成員也常以個體或集體的形式被提及。黃氏家族以所謂「五黃」（黃體仁、黃體立、黃體芳兄弟及體立子黃紹第、體芳子黃紹箕）知名，孫、黃家族常被並列為瑞安望族，更有學者使用「籀廎學派」這一不甚明晰的概念囊括黃氏乃至宋恕、陳黻宸等近代學者〔註55〕。與孫氏相同，黃氏「文化世家」的形象也似乎在「敦儒重教」的瑞安自然形成〔註56〕，其建構過程同樣不甚清晰，而所謂「籀廎學派」的構成也似空中樓閣，無基成岑。

　　對於孫、黃家族以外的溫州學人的相關研究，以東甌三先生——宋恕、陳虬、陳黻宸為核心，主要圍繞他們的思想展開討論，在此不作展開。

4. 溫州地域文化研究

　　自2001年啟動的《溫州文獻叢書》整理出版工作對北宋晚期至民國時期的溫州地區重要歷史文獻做了系統整理工作，儘管在選材上不無可商榷之處，但不可忽視的是，該工程在重新校刊已出版的重要文獻同時，首次校注、彙

〔註54〕參見徐佳貴《地方士人與晚清地方教育轉型》（復旦大學碩士學位論文，2012年）。

〔註55〕王曉清：《中國地域學派敘論》，武漢：湖北人民出版社，2013年，第89頁。

〔註56〕邱永君：《百年滄桑話翰林——晚晴翰林及其後裔》，北京：中國社會科學出版社，2010年，第204頁。

編了大量此前未經出版的稿本、抄本，為進一步研究奠定了基礎。此次文獻整理工作為從不同維度觀察溫州地區重要歷史時期的事件、人物提供了重要的資料來源，而編者挑選的整理書目往往具有相當的連續性和相關性，有助於避免孤立的視角。

由於溫州通史的編纂工作仍在進行中，對於溫州地域歷史和文化脈絡尚未勾勒出清晰的線索。近年來溫州史研究的關注焦點與本研究關係較近者，在永嘉學派研究、金錢會研究兩個方面，下面即試略述這兩方面研究的主要特點。

對於永嘉學派的興起與發展軌跡，學界已有許多探討，一般認為，永嘉學派從濂洛未起前的王開祖，到以周行己為代表的「元豐九先生」，再到宋室南渡以後的鄭伯熊、薛季宣、陳傅良，直至葉適，形成了較為清晰的演進路線。〔註57〕這種以人物為主要線索的觀察方式建立在對專人研究的基礎上。目前對永嘉學派主要成員的研究以葉適為中心，其側重角度主要分為考察其人生平事蹟與哲學思想兩方面。前者如周夢江《葉適年譜》〔註58〕、張義德《葉適評傳》〔註59〕等等，後者如徐洪興《論葉適的「非孟」思想》〔註60〕、符丕盛《葉適心理學思想初探》〔註61〕、董平《葉適對道統的批判及其知識論》〔註62〕等。在匯總兩個角度的觀察所得後，有學者試圖將兩者結合，以更綜合性的視角觀察葉適，如周夢江等《葉適研究》〔註63〕等。近幾年，又有學者嘗試擺脫「哲學家」身份的束縛，就葉適著稱於時的文學造詣出發，引申出「永嘉文派」的概念，並力圖證實這一新概念與永嘉學派的聯繫〔註64〕。

〔註57〕參見陸敏珍《宋代永嘉學派的建構》（杭州：浙江大學出版社，2013 年）、周夢江《葉適與永嘉學派》（杭州：浙江古籍出版社，2005 年）。

〔註58〕周夢江：《葉適年譜》，杭州：浙江古籍出版社，1996 年。

〔註59〕張義德：《葉適評傳》，南京：南京大學出版社，1994 年。

〔註60〕徐洪興：《論葉適的「非孟」思想》，《浙江學刊》，1994 年第 3 期，第 50～54 頁。

〔註61〕符丕盛：《葉適心理學思想初探》，《溫州師專學報（社會科學版）》，1980 年第 1 期，第 75～82 頁。

〔註62〕董平：《葉適對道統的批判及其知識論》，《孔子研究》，1994 年第 1 期，第 67～74 頁。

〔註63〕周夢江、陳凡男：《葉適研究》，北京：人民出版社，2008 年。

〔註64〕參見陳安金《論水心辭章之學和異化》（《學術界》，2006 第 3 期，第 137～141 頁）、朱迎平《永嘉文派考論》（《古典文學與文獻論集》，上海：上海財經大學出版社，1998 年）、劉春霞《「永嘉文派」論略》（《山西師範大學學報（社會科學版）》，2005 年第 6 期，第 58～60、74 頁）、馬茂軍《「永嘉文派」研究》（《宋代散文史論》，北京：中華書局，2008 年）、楊萬里《從永嘉文體到永嘉文派》（《江海學刊》，2011 年第 1 期，第 197～202 頁）等。

　　雖不及葉適研究的論著數量之多、涵蓋領域之廣，但其他人物研究如陳傅良、鄭伯熊、薛季宣等也各有發展，此處不擬贅述。人物研究以外，學界對作為整體的永嘉學派的總體認知趨勢，正逐漸擺脫早期將永嘉學派與理學截然對立的預設，將永嘉學派置於儒家傳統中，以觀察永嘉學派與其他學術流派的互動〔註65〕。如陸敏珍《「違志開道」：洛學與永嘉元豐九先生》〔註66〕追溯永嘉學派與洛學的淵源，並注意到永嘉士人學習洛學的過程中「永嘉學子」這一集體身份認同的形成，為觀察永嘉學派提供了新的進路。而王宇等則更關注永嘉學派與溫州區域文化發展的關係，把宋代制度轉型與知識流動作為永嘉學派發生的歷史語境，以各種因素之間的合力與斥力解釋永嘉學派興起及衰落的過程。〔註67〕

　　金錢會事件是晚清時期浙南一次重要事件，對此事件的性質，向來眾說紛紜，長期以來，大多將其表述為金錢會起義〔註68〕。關於其組織及背景劃分，有人認為是天地會系統，有人則認為其屬於「農民的魔教團體」，有人甚至認為其為自發成立的革命組織。饒懷民考辨以往各種說法，並得出結論：「金錢會既不完全屬於天地會的支脈和流派，也不是所謂農民的魔教團體，更不是一個單純的土生土長的革命組織，而是會黨與教門兩個系統，天地會與白蓮教兩個組織互相融合、互相滲透的產物，是一個亦教亦會的秘密社會團體。」〔註69〕近來更多研究不糾結於事件本身，而是通過金錢會事件透視晚清時期地方社會各種勢力的抗衡。如上述李世眾、侯俊丹等人的相關研究。以李著第二章為例，該章節概述金錢會事件的始末，解析了事件中會黨、士紳和地方政府等各自的角色與彼此間的博弈，其目的在於窺測地方「政治生態」的變化。

　　目前金錢會相關研究的主要關注點在於各種地方政治勢力的角逐，著重

〔註65〕參見王宇《從對立到整合——近100年永嘉學派研究綜述》（《永嘉學派與溫州區域文化》，北京：社會科學文獻出版社，2007年，第1～12頁）。

〔註66〕陸敏珍：《「違志開道」：洛學與永嘉元豐九先生》，《中山大學學報（社會科學版）》，2009年第6期，第108～114頁。

〔註67〕參見王宇《永嘉學派與溫州區域文化》（北京：社會科學文獻出版社，2007年）。

〔註68〕史學界較早稱之為起義的，有宋炎《太平天國革命時期浙南金錢會的起義》（《浙江師院學報》，1955年第1期）等，近年來仍有沿用，如謝一彪《浙江近代會黨史》（北京：中國社會科學出版社，2013年6月）等。

〔註69〕饒懷民：《金錢會性質新論》，《益陽師專學報》，2000年第4期，第50～55頁。

解析孫氏在地方權力格局中所扮演的角色。此事件對於孫氏家族形象的影響與孫氏自我建構策略的轉移則相對被忽視，如何將這一轉折點置入孫氏家族發展的路徑中，仍有很大的發掘空間。

三、研究思路

　　通過對現有相關研究的回溯可以發現，目前對於瑞安孫氏之類「文化家族」的研究，仍缺乏從社會文化史角度切入展開的深度考察。有鑑於此，本研究以這一形象的建立與固化過程為主要線索，觀察此過程中相關因素的互動模式。圍繞這一主題，本研究探討他們是如何在較短的時間內充實家族文化的內涵，填補家族史的空白。「文化家族」這一現象的形成，不僅囊括了其主要倡導者與參與者的積極構建、推動過程，也涵蓋了地方社會及其文化體系對該現象的接受史。因此，本研究集中論述孫衣言家族經營策略的轉變及其原因，以及孫氏家族如何借助包括鄉學傳統在內的各種學術資源，充實家族的文化內涵以至建立地方文化權威的過程；同時也將論及孫氏同時期及以後人對於孫氏家族形象的認識與利用，並分析其原因。

　　本研究主要依據晚清溫州地區尤其與瑞安孫氏相關的史料展開分析論述，主要包括官方史書、私修史書、文集、傳記、方志、日記、書信以及相關人物的著述，以期展現在「文化家族」形象成型並穩固的過程中，溫州地區內外各方的反應與表現。

　　本研究第一章主要介紹瑞安孫氏興起的背景。本研究從兩方面展開：溫州的地理文化環境和孫氏兄弟的個人境遇及社交情況。清中後期溫州文化場域的特性，是孫氏家族產生、發展並因以調整的外在環境，對其進行考察並梳理孫氏家族出現前地方主要的文化認同，能夠對孫氏家族的具體行為及策略有更好的把握。孫衣言、孫鏘鳴所屬的盤谷孫氏歷來不以功名著稱，家族史散亂不清，孫衣言兄弟一支自其父以上三代單傳，與其他各支關係疏遠。瑞安孫氏之所以一躍跳入地方歷史舞臺中央，完全是憑藉孫衣言兄弟的科舉得第。歷史人物的思想認識與自身遭際的起落沉浮關係密切，孫衣言及其弟孫鏘鳴出仕後均非一帆風順，宦途蹭蹬與對時事的失望為其轉而以經營家族為重心奠定了基礎。尤其孫鏘鳴以京官身份經營鄉團，身兼官紳二重身份，自恃既有官方權威庇護，又具地緣支撐。孫氏兄弟把安鄉固族的期望寄予築堡辦團的行動上，冀圖借紛爭擾攘的時代背景一舉奠定瑞安孫氏作為後起的

士紳家族在地方權力格局中的領導地位，謀求家族長遠穩定的發展。

　　第二章通過聚焦孫氏家族發展上的轉折性事件——金錢會，以窺探孫氏兄弟及其主導的鄉團在地方權力格局中的處境與地位。孫氏鄉團收攏了一部分地方士紳，並對非其黨者予以打壓，在地方形成了頗具勢力的士紳集合力量，對地方政府的政治權威構成了相當程度的威脅，加劇了象徵國家權威的地方官員與以地方精英代表自任的孫氏兄弟之間的矛盾。該矛盾與地方士紳內部的派系糾葛相扭結，在金錢會事件中徹底爆發，同時也暴露了孫鏘鳴辦團期間掩蓋在其二重權威之下的各種疏失與誤判。該事件中，孫氏家宅被毀，團堡被焚，孫衣言長子孫詒谷也在一系列相關的民變中陣亡。更讓孫氏兄弟失望的是，付出如此大的代價，卻沒有為他們贏得在金錢會事件後重歸地方政治權力中心的機會。孫鏘鳴被包括左宗棠在內的一眾官紳認為是致亂的原因，幾番申訴無效，最終被勒令休致。這讓孫衣言兄弟意識到，曾國藩經營鄉團以騰達的道路對於他們難以實現，也加劇了孫衣言兄弟對地方官員的不信任，使得時任京官的孫衣言在官仇官，不再通過政治渠道介入地方事務。孫衣言撰寫《金錢會匪紀略》以獲取歷史記述權，在回溯事件始末、控訴地方官府不作為的同時，他也在完成對家族發展策略的反思與調整。

　　第三章主要討論瑞安孫氏如何建構與南宋永嘉之學的關係，並實現鄉學家學化的。這是建立在金錢會事件後，孫氏家族領導者對家族發展策略進行反思的基礎之上的。永嘉學派勃興於宋代，數百年來隱沒不彰，消失於主流學術思潮外。作為永嘉學派肇起之地，溫州士紳並未完全忘卻永嘉之學曾經的興盛，但卻逐漸含混其具體思想主張，逐漸將其泛化為「事功」的簡單符號。他們儘管不精研永嘉之學的思想內核，卻毫不懷疑葉適等作為地方歷史名人的地位。孫衣言的鄉賢建構之路以清中期瑞安名儒孫希旦為發端，憑藉血緣、學緣、地緣的三種紐帶，對孫希旦這一人物加以闡發，步步接近永嘉學派。孫衣言對於永嘉學派的推重隱含了他的南宋想像，在他的構想中，南宋是溫州學術文化的巔峰，是以在其詩文裏常常流露出對於乾淳之治的無限嚮往。這種觀念，體現了他已經將地方認同置於其文化構建的核心，默認其家族文化建設的最主要受眾是地方社會，並把盛世的理想模型縮小到具體的地理界域內。除了鄉邦認同，孫氏還試圖發掘永嘉學派在學術譜系中對於學術主流的輔正作用，在這一維度上，他們側重於突出永嘉學派與清代經世學風的契合，以及對於調和漢宋之爭的作用。而鑒於時局正處於變革期，永嘉

學派長久以來被固定的「事功」印象,也成了孫氏發揮其現實意義的憑據。

文化家族的遞代傳承,經歷了修正與加工,其側重也有偏移。孫衣言對於永嘉學派的興趣源自於其作為文人對於葉適、陳傅良等行文的鑒賞,這從其對葉、陳文體的評價與對《水心文集》的批校可見一斑。這不僅僅是孫衣言個人文學取好的體現,也是他對於自己文學權威身份的充分利用,最終目的是統合文脈與學脈,獲得永嘉學派的發揚權與繼承權。在此基礎上,孫衣言還有意實現鄉學的家學化,把家族血統的延續與地方學統的維繫聯繫在一起,實現其文化家族的建構。但其子孫詒讓側重卻有所不同,他雖然也揄揚永嘉之學,但更多還有留意於其《周禮》研究與闡發中,試圖以此為方略展開社會活動,這在其附和西學、提倡改革的《周禮政要》等書裏及其具體行動中有所體現。

第四章主要闡述瑞安孫氏家族策略的轉向在家族建設方面的體現。金錢會事件中的教訓,讓孫衣言致力於完善殘斷不全的家族史和家族關係。他一方面組織修纂族譜,一方面則制定了較為詳細的族規。孫衣言將家塾──詒善祠塾向地方青年學子開放,將葉適、陳傅良的著作作為誦讀的教材。舊式私家藏書樓是士人知識特權的實體化,也常常作為文化交往的憑依。孫氏與晚清一些藏書家一樣,打破嚴守家藏的陳規,使其成為凝聚一方文人士子尤其新興後學的紐帶,藉以鞏固自身權威。在這一系列活動的作用下,詒善祠塾、玉海樓逐漸昇華為地方文化的符號。質量可觀且規模完備的文獻保藏為孫氏進行基於此的整理與出版工作提供了可能,傳統的文獻編纂沿著孔子「述而不作」的教訓,以文獻的復現與堆積為表現形式,將編者的偏向與意圖隱藏在材料的選擇去取裏。從孫衣言對《永嘉集》《甌海軼聞》等文獻的編纂工作中,可以體察他對原始資源的認知與調配,管窺其對地方歷史的重構。

第五章主要探討在「文化家族」形象漸趨穩固之後,家族的繼承者和地方的後起士紳分別如何從血緣、地緣維度接受並改造這一文化符號。孫衣言兄弟創造出的文化家族形象因為孫詒讓等子輩的個人成就得到了承認。但孫詒讓等人家族與個人活動的風格及效用與父輩則大相徑庭。在孫衣言兄弟乃至孫詒讓、孫詒燕等亡故後,瑞安孫氏在地方社會中的文化權威地位也發生了動搖,並在某種程度上被取代。尤其清末民初,以項、黃為代表的新一代大族子弟對地方事務的影響力超越了孫詒澤、孫詒諲、孫詒棫等孫氏後人,而以陳虯、陳黻宸等為代表的「布衣士紳」迅速崛起,對地方紳民同樣具有

吸引力。宋恕等與雙方都關係曖昧的士紳則需要從中斡旋，緩和衝突，以至有「溫州三黨」之說。在這樣相互角力的過程中，「吾鄉孫太僕」及其家族作為近世鄉賢已不再具有強大競爭力，然而其文化地位反而得到了公認，成為了地方權力博弈中的緩衝。

　　時代變革對地方社會的文化格局造成巨大的衝擊，孫氏雖然仍有孫延釗這樣富有學養且具有一定地方知名度的後人，其家族在地方輿論中還是逐漸成為了「活著的紀念碑」。新興的士紳群體看重孫氏作為文化家族對於地方文化形象的象徵意義。他們出於不同動機引介和闡釋孫氏家族，強調其家學淵源與發掘地方文化傳統的作為，淡化了其曾烜赫一時的文化權威地位。

第一章　瑞安孫氏的興起

第一節　清代溫州的文化環境

一、溫州建置沿革概述

溫州，古名東甌，地處浙江東南，東臨東海，南接福建。總體呈西南高、東北低之勢，境內地形複雜，雁蕩山幾乎貫穿整個溫州。甌江、飛雲江等均是從西北向東南，給下游帶來一片狹長的沖積平原，形成了溫州環山面海的整體地形。

據現有考古發現，地處海濱的溫州文化發源甚早，在春秋時期已出現青銅文明。〔註1〕戰國時期，越國遭楚國攻滅，越國貴族後裔遷徙至東甌之地。秦建立後，以東甌屬閩中郡。秦朝速亡，戰端四起，閩中郡長安朱之子騶搖亦起兵相應。漢代秦後，漢惠帝封騶搖為東海王，世俗號為東甌王〔註2〕。因東甌靠近距離漢朝統治中心較遠的閩越地區，朝廷不僅政治管理力度上較為薄弱，心理距離上更是疏遠，對閩越之人有「不居之地，不牧之民」、「不足以煩中國」〔註3〕之謂。國家行政區劃的限定與地理位置的相對獨立，為當地居

〔註1〕參見黃舟松《先秦甌族史初探》（浙江省博物館編《東方博物（第22輯）》，杭州：浙江省博物館，2007年，第36～40頁）。

〔註2〕（漢）司馬遷：《史記》卷一百十四《東越列傳》，北京：中華書局，2013年，第3885～3892頁。

〔註3〕（漢）劉安：《諫伐閩越書》，（漢）班固《漢書》卷六十四《嚴朱吾丘主父徐嚴終王賈傳》，北京：中華書局，1962年，第2777頁。

民形成地域認同提供了條件。有學者即認為，西漢東甌王時期是浙南人「東甌」認同成型的時期〔註4〕。為了籠絡與這些「化外之人」的關係，加強對此地區的瞭解與掌控，同時也避免東甌之民受到閩越人的一再騷擾，漢王朝除東甌國之制，以其故地為會稽郡之回浦縣地，東甌王廣武侯騶望舉國內徙至江淮廬江郡。東甌人內徙之後，此地屢經戰亂，終重歸漢治，漢武帝下詔再令東甌遺民內遷。

　　東漢時，今天的溫州地域先為章安縣東甌鄉，順帝時又分置永寧縣，於是溫州首次建縣。三國時溫州屬吳臨海郡。東晉明帝時，朝廷以溫嶠嶺南永寧、安固、橫陽、松陽及晉安之羅江為永嘉郡，治永寧縣。隋唐之際，重歸一統，溫州地區的行政界域處於朝廷郡縣制度的調整中，其範圍在變動中漸趨穩定。先是隋開皇年間廢郡，名此地為永嘉，屬處州。其後不久，又更名括州。大業三年（607），再更為永嘉郡，郡治在括蒼。此後唐興隋滅，時值鼎革，高祖武德四年（621）又把永嘉郡改回括州，次年析括州永嘉縣為東嘉州，下轄四縣。數年之後的貞觀元年（627），又廢東嘉州，使重歸括州。經過隋唐時期的一再立廢，最終在高宗在位時以永嘉、安固二縣置溫州。從此州名、州境都基本鞏固，更利於此地居民生聚。宋以後，溫州的行政建制漸趨穩定，有助於當地發展出相對獨立且自具特色的區域文化和集體認同。故而有學者認為溫州「大體經歷了兩個特點不盡相同的時期，即自秦漢以迄唐末五代，屬於郡（府、州）縣建置增減變動的敏感期，或不穩定期」，而宋代以後，則是「郡（府、州）縣行政建置增加、發展與穩定的時期」〔註5〕。

　　宋時，溫州屬兩浙路或兩浙東路，基本無大變更。惟宋度宗趙禥在位前曾為永嘉郡王，為表尊榮，於是登極後升溫州為瑞安府〔註6〕。度宗在位的咸淳時期也為後來的溫州人士推許懷念，以為溫州歷史上的文化盛世。元朝滅宋後，瑞安府被降改為溫州路總管府，其實基本沿用宋制。明朝建立後重設溫州府，屬浙江行省。終明一代，溫州基本穩定，經濟文化進一步發展。但據史記載，作為東南沿海的港口，溫州也未能從海盜、倭寇之患中幸免。溫州

〔註4〕林亦修：《溫州族群與區域文化研究》，上海：上海三聯書店，2009年，第37頁。

〔註5〕陳麗霞：《歷史視野下的溫州人地關係研究（960～1840）》，杭州：浙江大學出版社，2011年，第8頁。

〔註6〕（明）王瓚、（明）蔡芳編纂，胡珠生校注：《（弘治）溫州府志》，上海：上海社會科學院出版社，2006年，第3頁。

各縣都曾受到不同程度的衝擊〔註7〕，其中較嚴重者，如嘉靖三十四年（1556）倭寇來犯，溫州衛指揮祁嵩、守備劉隆等均戰死〔註8〕。

順治三年（1646）清軍入浙後，溫州地區有瑞安陳世亨起兵反抗，因頭裹白布，號曰「白頭軍」，四年後為清軍所敗。因鄭成功尚在臺抗清，朝廷對沿海地區控制嚴格。順治十八年（1661），清廷下令浙閩粵各省沿海居民內遷，溫州下屬永嘉、瑞安、平陽、樂清均牽涉在內，並立界石、修塞墩，是為溫州歷史上又一次大規模人口遷徙〔註9〕。康熙十二年（1673），耿精忠與釀三藩之亂，遣部署曾養性驅兵入浙。曾氏攻下溫州城，在此地推行剪辮蓄髮，恢復明朝服制，並採銅於民間，開局鑄錢，發行「裕民通寶」〔註10〕。直至康熙十五年，曾養性才奉檄撤離溫州，退居閩中。由於上述種種遷界、戰亂，兼以自然災害，到了清中期，溫州的統計人口反倒比明朝嘉靖時期少了近乎一半〔註11〕。鄭氏平滅後，海禁重開，康熙二十四年（1685）朝廷在溫州、瑞安、平陽三處均設有海關分口，允許沿海「百姓以裝載五百石以下船隻，往海上貿易、捕魚」〔註12〕，使得溫州的經濟得以加速發展。但數十年後，乾隆間溫州各海關口被關，對外貿易再受滯塞。

嘉、道以後，花會賭局在溫州流行，吸食鴉片的風氣也開始在溫州蔓延。而頻繁的水旱災害，給當地賴以生存的農業生產造成威脅。每逢災害，米價高漲，嘉道間出現嚴重的糧食危機，貧富矛盾尖銳，以致官府不能控制〔註13〕。

二、清代溫州文化形象的認知

本研究主要考察對象是活躍於清代咸豐、同治、光緒時期崛起於溫州瑞安的孫衣言兄弟及其家族。這一時期的溫州社會構成了孫氏崛起並調整家族發展策略的歷史環境與心理背景。

〔註7〕參見（明）姜淮《岐海瑣談》卷九（蔡克驕點校，上海：上海社會科學院出版社，2002年，第146～162頁）。

〔註8〕（明）劉方譽、（明）林繼恒等修，（明）王光蘊等纂：《（萬曆）溫州府志》卷十八《雜志·災變》，明萬曆三十三年（1605）刻本。

〔註9〕溫州市志編纂委員會：《溫州市志》，北京：中華書局，1998年，第317頁。

〔註10〕張鎮中：《鹿城文史資料第七輯：溫州地方史稿》，1993年，第248頁。

〔註11〕徐順平：《溫州歷史概述》，香港：新新出版社，2004年，第35頁。

〔註12〕（清）稽璜等：《清文獻通考》卷三十三《市糴考》，清文淵閣《四庫全書》本。

〔註13〕胡珠生：《溫州近代史》，瀋陽：遼寧人民出版社，2000年，第18頁。

溫州地處偏遠，在山海之間，長期為中原地區視作邊緣地帶。《山海經·海內南經》「甌居海中」之言未必確指〔註14〕，但直至唐朝，甌越地區的風貌仍被視作：「甌越間好事鬼，山椒水湄多淫祀」〔註15〕，其所指向的世相是蒙昧且游離於主流秩序之外的，也反映了外界人士對甌越地區的印象。心理與感情上的陌生，直接體現為敵視與防備，元人甚至有「溫賊臺鬼」〔註16〕的俗諺，對如是山海隔絕之地所抱有的偏見可窺一斑。

這種以中原為中心的認知，也被溫州本地人所接受，視作以對溫州地理的概括來暗示地方性的文化心理〔註17〕。直到明代，甌人仍自謂「溫在浙東極處，去杭千四百里有奇」〔註18〕，以此暗示文化的差異。這一表述不僅狀括了與國家認可的地域政治中心和地方管理中心在物理距離上的遙遠，也反映了與中原地區心理上的隔閡。有學者把這種顯著的文化認同感視作族群認同，並據以提出「溫州族群」的說法〔註19〕。雖然這種說法在族群的界定上尚有含混之處，但也在某一側面體現出溫州人的地域認同具有較為明顯的排他性。這在地方士民對地方官府的印象中也有所表露，其中顯例如明代曾任溫州知府的何文淵，在官方敘述中號稱「能吏」，但在溫州當地傳說中卻是為害地方的奸臣酷吏，這種針對外來官員的妖魔化傳說，其目的是通過塑造一個反面形象來強化與凸顯溫州的地域認同，是「明清以降溫州人族群認同的形象表述」〔註20〕。

對於溫州地域內外的雙方來說，對方都存在著某種程度的距離感甚至敵意。對於作為外來人士介入溫州事務代表的地方官員，則首當其衝地成為本

〔註14〕 參見梁岩華《「甌居海中」考》（李剛主編、浙江省圖書館編《東方博物》，杭州：浙江大學出版社，2006 年，第 84～92 頁）。
〔註15〕 （唐）陸龜蒙：《野廟碑》，《笠澤叢書》，清雍正九年（1731）刻本。
〔註16〕 （元）王惲，（元）楊瑀撰，楊曉春、余大鈞點校：《玉堂嘉話·山居新語》，北京：中華書局，2007 年，第 76 頁。
〔註17〕 「甌居海中」被諸多研究者作為溫州地理特徵的基調與起點加以引用。如陳瑞贊編注《東甌逸事匯錄》（上海：上海社會科學院出版社，2006 年，第 3 頁）、潘國森《甌與甌文化》（北京：中國民族攝影藝術出版社，2012 年，第 156 頁）、胡臻主編《溫州民俗中醫藥文化》（杭州：浙江工商大學出版社，2015 年，第 9 頁）。
〔註18〕 （明）王瓚：《重建按察分司記》，（明）王瓚、（明）蔡芳編纂，胡珠生校注《（弘治）溫州府志》，上海：上海社會科學院出版社，第 600 頁。
〔註19〕 參見林亦修《溫州族群與區域文化研究》（上海：上海三聯書店，2009 年）。
〔註20〕 參見邱國珍《在歷史與傳說之間——以何文淵傳說為例》（曹凌雲主編《明人明事——浙南明代區域文化研究》，北京：人民出版社，2012 年，第 12～24 頁）。

地人士排斥與仇視的對象，是以地方官員與當地人之間的關係常常是相當緊張的。外官來此欲施行治理，本地人則虛與委蛇，焦點事例如官府屢次治理溫人崇尚的淫祀，結果卻未得實效。外來的休寧人汪循對此曾有總結：

> 溫俗好鬼，多淫祠。凡市集鄉團居民，或百餘家或數十家，必設立一鬼以祀之。其有水旱、疾病、患難即爭操豚蹄、挈壺漿，祭禱以祈福，雖瀆不厭。每遇官府奉行朝廷簡汰之詔，輒匿其像僻室中，而掩以土谷神位，伺長人者防範少懈，復出祀之，其敬信如此。〔註21〕

> 奈何習俗之愚尚難盡變，前溫祀所當汰者，惟黜其像而存其祠，民心往往窺覦於上以圖潛復，漫不知其祀之為非也。〔註22〕

汪循於弘治間曾任永嘉縣令，其人篤信朱子理學，並在永嘉任上厲行《呂氏鄉約》，大辟淫祀，禁燬淫祠。同時全力移風易俗，在縣城開辦鹿城書院，擇取溫州歷史上「忠節理學」者樹碑立傳大行表彰〔註23〕。但是從上引文不難看出，汪循禁淫祠的行動並未得到地方紳民的支持響應。作為縣令，汪循對當地人的不配合心知肚明。他作為朝廷在地方的代表，以官方權威即所謂「朝廷簡汰之詔」為依傍，可謂名正言順。但是當地人以掩藏躲匿的形式迴避風頭，隨時復出祭祀，這種與地方官幾乎公開的對峙反映了雙方關係處於何等對立的狀態。以致畢生以朱學自勵的汪循最終也只得徒呼奈何，以「黜其像而存其祠」為權宜之法，也是對地方紳民意願的妥協。

這種態勢在清代依然延續，並在清後期愈趨嚴重。清人記載中繼續充斥著「溫州之俗，好巫而近鬼」〔註24〕這樣的表述，這種描繪異質文化的說法，彰顯著溫州對當時的主流文化來說是相對陌生的甚至互斥的。類似「晴雨無常，冷暖難測，人多時症，地鮮良醫，輒以為天時不正，瘟疫流行」〔註25〕之類的記述，都在強化著溫州之地遙遠偏僻、崇尚鬼祀、疫病流行、蒙昧無

〔註21〕　（明）汪循：《唐將軍廟碑記》，吳明哲編著《溫州歷代碑刻二集》，上海：上海社會科學院出版社，2006 年，第 49 頁。

〔註22〕　（明）汪循：《張忠惠侯廟碑》，吳明哲編著《溫州歷代碑刻二集》，第 50 頁。

〔註23〕　（清）施璜編：《紫陽書院志》，趙所生、薛正興主編《中國歷代書院志》，南京：江蘇教育出版社，1995 年，第 553 頁。

〔註24〕　（清）勞大與：《甌江逸志》，陳瑞贊編注《東甌逸事匯錄》，2006 年，上海：上海社會科學院出版社，第 30 頁。

〔註25〕　（清）孫同元：《永嘉聞見錄》，陳瑞贊編注《東甌逸事匯錄》，2006 年，第 39 頁。

知的印象。溫州地區頻發的盜匪、民亂、花會更讓朝廷委派的地方官頭痛不已，其中甚者如雍正年間溫州府有秘密教門，以「彌勒老佛」為領袖吸引組織信眾，被破獲後教門首領被杖斃，鄉民信眾被勒令具結改過〔註26〕。諸如此類事件的一再發生，進一步加劇了官、民雙方的互不信任。

明清時期，國家機器對東南地區的掌控仍有疏漏。如有學者所說，「官員們在該地區的核心地帶難以完全控制住精英，而在邊緣地帶問題就更為嚴重」〔註27〕。溫州也存在類似的情況。如是境況之下，來溫任官者作為直接接觸與介入溫州地理與文化環境者，常常流露出對自己「外人」身份的自我提示。地方官員一定程度上認可「溫民勤於稼穡，比他處遊惰較少」〔註28〕，並推許其「土地殷富，風俗質樸，非他郡所及」〔註29〕。但是，他們對溫州的風俗卻始終懷有陌生感，並對此處風俗與主流秩序的背離產生擔憂。溫州即使在東南其他地區人士眼中，也普遍存在著有違儒家道德，甚至「不慈」「不孝」的所謂惡俗，而且下至「僻陋鄉愚」，上至「詩禮之家」均「相率效尤」〔註30〕。清中期為官浙江、旅居甌地數年的郭鍾岳，儘管對甌地風土頗多稱讚，但作為地方官員，面對溫州風俗，仍抱有深深無奈。他列舉「溫多淫祠」，進而感慨「地方官亦不能禁，順輿情也」〔註31〕。可見地方官在這一區域控制力的薄弱，即使有依照儒家規範強制施行改革的想法也是有心無力。

對於這種情況，溫州當地人又別有看法。如瑞安士紳趙鈞所作《過來語》中即有比較明顯的表露。趙鈞生於乾隆五十一年（1786），死於同治五年（1866），其所耳聞目睹的瑞安及溫州地方官員是視民如仇的。尤其是鴉片戰爭至太平天國時期，沿海地區社會環境突變，溫州處於連年戰亂之下，社會經濟遭受巨大損失。浙江地方官為充盈府庫，應對危機，不得不提高稅賦。

〔註26〕 參見戴逸、李文海主編《清通鑒：世宗雍正二年起～世宗雍正12年止》（太原：山西人民出版社，1999年，第2780頁）。

〔註27〕 （美）韓書瑞、（美）羅友枝著，陳仲丹譯：《十八世紀中國社會》，南京：鳳凰出版傳媒集團，江蘇人民出版社，2009年，第172頁。

〔註28〕 （清）郭鍾岳：《甌江小記》，陳瑞贊編注《東甌逸事匯錄》，上海：上海社會科學院出版社，2006年，第28頁。

〔註29〕 （清）納蘭常安：《受宜室宦遊筆記》，陳瑞贊編注《東甌逸事匯錄》，2006年，上海：上海社會科學院出版社，第38頁。

〔註30〕 （清）梁章鉅撰，吳蒙校點：《浪跡叢談、續談、三談》，上海：上海古籍出版社，2012年，第196頁。

〔註31〕 （清）郭鍾岳：《甌江小記》，陳瑞贊編注《東甌逸事匯錄》，2006年，上海：上海社會科學院出版社，第41頁。

趙鈞對此則如是記錄：

> 邑令有父母之名，應有父母之情，乃藉勢肆毒，民不聊生，脂膏日竭，控告無門。以愚觀之，當今天下大勢，誤國家者，縣令也。時趙令景銘無政不酷，視民如仇，事事令人慾哭。而催科政急，糧價更增，又其餘也。〔註32〕

> 縣官承上官旨意，只圖取媚，不顧大體，時謂之勒捐，聞者駭異。〔註33〕

畢生未出溫州地界的生員趙鈞對父母官的驚懼痛恨並非出於一己私憤的孤例，孫衣言歷數他所聞所見的溫州瑞安地方官時也是貶抑遠遠過於褒揚：

> 自予為兒時常聞邑父老言嘉慶間貪吏史某，史蓋在數十年前。及稍長，有知識，所見瑞安官類無甚短長，其良吏曰廬江劉公禮章、楚雄孫公源，其貪者曰無錫楊某，庸者曰滇南孫某，而尤貪妄無狀曰桐城馬壽華。壽華初以軍功得瑞安，而其同時從軍周某者適為溫州守，與令比勢益張，務為狼戾以畏民，民抗不服，則據堂皇大言曰：「我即知府，知府即巡撫。」民懾不敢言，但時時偶語乎馬賊。……壽華去後十餘年，瑞安民言及壽華，猶戟手呼「馬賊」。〔註34〕

孫氏所述瑞安諸歷任官吏，所謂貪者、庸者比比。其所痛斥之馬壽華不僅貪妄暴虐，為禍瑞安，更與溫州知府相勾結為奸。「我即知府，知府即巡撫」之說更激化了瑞安乃至溫州人士與地方官的矛盾。值得注意的是，諸如孫衣言之類的地方士紳所期待的地方官員並不是能夠勵精圖治、致力地方的所謂能吏，而是不插手地方事務以期無為而治的地方官。孫氏即曾說「當其時，而官與民兩相忘若梁先生者，其無事之為福大矣」〔註35〕。這雖然也是因為求地方官員支持而不得的無奈，但也可看出，即使是孫衣言這種本身也曾歷官地方的士紳，也不希望外來官員過度干涉地方事務。這不僅是個人遭際的感慨繫之，也是建立在溫州地方勢力尤其是宗族對於地方事務的強大干預力之上的。

〔註32〕周夢江：《趙鈞〈過來語〉輯錄》，《近代史資料》，1979 年第 4 期，第 140 頁。

〔註33〕《趙鈞〈過來語〉輯錄》，第 159 頁。

〔註34〕（清）孫衣言：《梁先生墓表》，《遜學齋文鈔》卷五，清同治十二年（1873）刻本。

〔註35〕《梁先生墓表》，《遜學齋文鈔》卷五。

三、明清溫州家族建設概況

　　較之先前數代，明清時期的溫州地區雖然行政區劃上處於相對穩定的狀態，但其自然與文化環境仍難稱安穩。因地處海濱，颱風頻仍，溫州地區受自然災害影響比較嚴重。此外，倭寇、匪患甚至大規模兵變的此起彼伏使得地方安全依然飽受侵擾。享有官方授權的地方官員對於地方紳民來說，是具有隔膜甚或潛在威脅性的存在，難以完全信任。在面對天災人禍時，相對於求助地方政府的「遠水」，當地居民往往更趨向於依賴家族組織的保護與支持。這使得明清溫州地區的家族及宗族組織勢力相對穩固，且有各自較為明確的界域，形成所謂對外具有防禦性的宗族性「社區」〔註36〕，內化為區域內部常規的自治機制。另一方面，士紳階層在立場上追求仕進，很多都擁有官方身份，與地方官員達成一定程度的妥協和合作，以他們為中心的大型宗族的存在有利於地方官員緩和區域內部官民之間的緊張關係。

　　溫州地區的家族建設自宋代時即有展開，元代溫州宗族已出現了以族譜編纂、祠堂建設、定期性的祖先祭祀、開辦教育族人的族塾以及族人救濟等為主的各種宗族建設措施，並呈現出多樣化的特徵〔註37〕。明清時期，溫州地區家族的建設活動愈趨普遍，尤其重視「祠堂修建、族譜編修和族產置辦」三項內容〔註38〕，並為此制定規則，提供制度化的保障。在此基礎上，明清溫州家族在經濟方式上獲取了更大的開拓空間，得以擺脫「以單純的糧食種植為生存手段」的傳統發展模式，轉而「利用定居地特殊的環境、資源、文化」〔註39〕等作為資本，以圖實現家族結構和功能的最優化。期間宗族建設的內容與形式也受到地方官員引導的影響，明弘治間先後任職永嘉知縣、溫州知府的文林在溫州推廣鄉約，比較早地實踐以鄉約管理宗族，並制定族範、設立族長，開宗族鄉約化之先聲〔註40〕。這一事例證明

〔註36〕參見 Joseph W. Esherick / Mary Backus Rankin,eds, *Chinese Local Elites and Patterns of Dominance* (University of California Press, 1990, pp.21-22).
〔註37〕陳彩云：《元代溫州的宗族建設》，《浙江師範大學學報（社會科學版）》，2011年第2期，第33～37頁。
〔註38〕史獻浩：《溫州傳統家族近代轉型研究》，蘇州大學碩士學位論文，2015年，第38頁。
〔註39〕吳洋飛：《明清溫州傳統家族結構及功能研究》，蘇州大學碩士學位論文，2014年，第127頁。
〔註40〕常建華：《明代江浙贛地區的宗族鄉約化》，《史林》，2004年第5期，第35～41、123頁。

了即使在相對邊緣的東南沿海地區，官方引領作用的施用依然會影響宗族的運作。

更為明顯的情況出現在家族建設迅速發展的明代，頗為後來溫籍人士重視的永嘉場〔註41〕四大家族為其中翹楚，有學者認為由他們作為主體構成的「永嘉場」文化對明清溫州地域文化起到了強大的輻射力和一定程度的塑造作用〔註42〕，而忽視了他們的崛起或多或少都依賴官方授予的科舉光環。所謂「四大家族」分別為李浦王氏、普門張氏、英橋王氏、七甲項氏，他們均自宋時徙居溫州，由家族人士的科舉成績而崛起鄉里，並由累世簪纓而延續家族聲名及威望。科舉所賦予的官方身份使他們在當地獲得擴充與豐富家族建設策略及手段的政治資本，使他們有理由把自己家族立宗著約的行為與所謂「教化鄉里」相結合，從而在一定程度上作用於地方社會〔註43〕。這些行動，根本上無疑是為了保存與鞏固家族的發展。為了達到這一目的，士紳家族可以憑藉自己所擁有的經濟、政治、文化資本動用各種手段。其中最為明顯的，如明代中期普門張氏、英橋王氏、李浦王氏與當時衛所軍戶家族的通婚。據有學者統計，有明一朝，這些永嘉場的大族與衛所家庭之間婚娶不斷，無甚避忌〔註44〕。這一方面是「東南沿海衛所軍戶群體演變」並最終實現地方化的體現〔註45〕，一方面也是在倭寇隱患威脅下的大家族出於謀求家族安穩的現實考慮。這一過程中充分體現出宗族精英分子的個人凝聚力，他們所擁有的政治和知識權威「有利於把宗族成員匯

〔註41〕　永嘉場即永嘉鹽場，唐朝時始設。明清時期，永嘉場逐漸成為一個地域概念，據《（光緒）永嘉縣志》「永嘉場在郡東南三十里。為都四，並屬華蓋鄉。又得膺符鄉五都之半。北至茅竹山以嶺為界，南至一都梅岡，與瑞安為界。西北至東南，弦徑約四十餘里，東北至西南，延袤三十餘里」（（清）張寶琳修、王棻、戴咸弼總纂，永嘉縣地方志編纂委員會整理《（光緒）永嘉縣志》，北京：中華書局，2010年，第53頁）。

〔註42〕　參見方堅銘《「永嘉場」地域文化研究——以明代永嘉場為考察中心》（杭州：浙江大學出版社，2012年）。

〔註43〕　參見蔡克驕、劉同彪、周元雄《明代溫州民俗文化》第六章《宗族與嘉靖間溫州民間社會的秩序——以英橋王氏家族為例》（北京：知識產權出版社，2011年，第152～162頁）。

〔註44〕　參見張衛中《試論明代衛所軍戶的地方化——以永嘉場普門張氏、李浦王氏、環川王氏、英橋王氏的通婚為例》（曹凌雲主編《明人明事——浙南明代區域文化研究》，北京：人民出版社，2012年，第85～99頁）。

〔註45〕　林昌丈：《明清東南沿海衛所軍戶的地方化——以溫州金鄉衛為中心》，《中國歷史地理論叢》，第24卷第4輯，2009年，第115～124頁。

聚成一個團體,強化社區內驅力」〔註46〕。如有學者指出,士紳精英在政治上「會從利益的角度出發,在官僚體系的代表人物面前為村落說話……作為紳士的地方讀書人能夠拜見縣官,清除解決問題道路上的障礙,居住在市鎮的地方紳士與京畿的廣泛聯繫,使他們能夠從上峰獲得作用於縣衙的壓力。」〔註47〕

　　這一時期,士紳家族的核心成員在地方官員和紳民間扮演了中介人的角色,他們的出現和活躍儘管是出於自己和家族的利益,但由於其對銜接地方關係、協調地方秩序的作用,地方官民都對其形成一定程度上的信任和依賴。精英引領家族整體進入地方權力格局的核心,使得士紳家族成為地方權力博弈的主要參與者之一,也成為各方角逐中的重要制衡點。在角力之中,士紳家族建立權威的手段日趨豐富多樣,模式也日趨成熟穩定。

　　在通過科舉獲取政治身份、婚姻嫁娶編織血親網絡之外,溫州永嘉場家族還會動用他們所掌握的文化資源。其中最可依恃的乃當時正流行的王學,七甲鄭氏的代表人物項喬「學宗姚江」〔註48〕,英橋王氏的王叔杲、王叔果也對王學頗懷嚮往,皆有論述。他們在自有學術取好的同時,也在有意借助對永嘉之學這一概念來表示對鄉邦學術傳統的親近,但大多限於自己對鄉賢著作的見解〔註49〕,並對南宋的永嘉學派給予了高度評價,作為地方文化的財富引以為榮。但是這種推崇更多是把永嘉學派諸人作為鄉賢予以推廣,缺乏更為具體性的工作。與其說他們有意識地繼承永嘉學派所代表的鄉邦學術遺產,倒不如說他們更傾向於正統地位的程朱理學或是願意接受時興的王學思潮。而永嘉之學由於被排除出主流學術之列,更像是溫州士人彰顯自己鄉

〔註46〕Maurice Freedman: Sociology in China: A Brief Survey, William Skinner eds. *The Study of Chinese Society*. Stanford University Press., 1979, pp.373-379. 譯文參考周泓《市鎮宗族與圈層格局》,《學術研究》,2013 年第 1 期,第 31～41 頁。

〔註47〕(英)弗里德曼著,劉曉春譯:《中國東南的宗族組織》,上海:上海世紀出版集團,2000 年,第 85 頁。

〔註48〕(清)孫詒讓撰,潘猛補校補:《溫州經籍志》,上海:上海社會科學院出版社,2005 年,第 1176 頁。

〔註49〕對於永嘉學派在明代溫州名臣間的影響,參見方堅銘《「永嘉場」地域文化研究——以明代永嘉場為考察中心》第十一章第一節《永嘉經制之學的傳統促進地方才俊輩出》(杭州:浙江大學出版社,2012 年,第 287～313 頁)。該書概括了英橋王氏、沙城項氏的中心人物對永嘉學派的襃揚。然該書過於堅信地緣的天然性,默認永嘉學統的綿延不絕,把明代溫州地域文化的崛起當做「永嘉之學的再盛」,從學術史角度是值得商榷的。

邦身份和學術個性的工具。出於這種動機，士紳家族看重的是永嘉之學淡化學術分歧、謀求鄉人共識的作用。以項喬為例，有學者以為他的學術思想是王學在浙江地區的一種變異，甚而直接將項喬作為浙南陽明學者〔註50〕；有學者則認為項喬有明顯的永嘉之學相對於心學的特立獨行的特徵〔註51〕。其中原因，正是因為永嘉之學此時已被約化為「經世實用之學」，使項喬等奉行「以實行為主，而輔以理義」〔註52〕者可以借之緩和此時朱學與王學非此即彼的對立情況。其實，考察項喬著述，他對永嘉之學的表述與引介仍然有欠深入。

　　隨著士紳及士紳家族對學術文化研究與推廣工作的深度參與，士紳所具有的「讀書人」身份突顯了他們在政治特權以外的文化學術特權，他們把個人學術的偏好融匯入家族文化，使家族傳承多了幾分文化賡續的色彩。雖然在這一時期，這種傾向尚不甚清晰，如果斷言他們的家族建設中隱伏著學術脈絡甚至明顯的文化理念，則未免過於武斷。但是無論如何，從這一時期溫州地區家族把理學思想統合進家族教育與禮儀祭祀的嘗試中可以看出，豐富家族的文化內涵、塑造家族文化並予以傳遞已經被士紳家族的主要人物們所接受並付諸實踐。明代溫州宗族的發展在一定程度上印證了有學者對同時段東南家族社會的判斷：「隨著理學宗法倫理觀念的庶民化及其文化規範的程式化及可操作化，東南的家族社會也在自覺或不自覺地活用理學的文化象徵資源」〔註53〕。但是對於掌握文化象徵資源闡釋權的士紳及其家族來說，謀求家族發展路徑的最優化才是最終目的，這也決定了他們不需要對官方倡導的文化傾向一成不變地亦步亦趨，而是能夠注意和動員更多的文化元素，這一點在後來的家族身上體現尤為明顯。

　　到了清中期，社會弊端漸趨暴露，暴亂運動甚至武裝對抗屢見不鮮。東南沿海地區又屬於在如此敏感的境況下，宗族的作用就更為突出。如清道光

〔註50〕參見錢明《王陽明及其學派論考》第十七章《王學之變異——浙學考》（北京：人民出版社，2009年，第442～451頁）。

〔註51〕張如元：《明代中期永嘉之學述略》，曹凌雲主編《明人明事——浙南區域文化研究》，北京：人民出版社，2012年，第240頁。

〔註52〕（明）羅洪先：《甌東先生墓表》，（明）項喬撰，方長山、魏得良點校《項喬集》，上海：上海社會科學院出版社，2006年，第815頁。

〔註53〕陳進國：《理性的驅馳與義理的兼容——宋明理學與東南家族社會經濟變遷簡論》，《東南學術》，2001年第6期，第30～37頁。

間溫州爆發糧食危機，貧富矛盾激烈，政府對此失去了控制力，甚至惡化了社會危機，最終由宗族組織起到了「減震器」的作用，促使事態走向穩定。〔註54〕由此可見，在地方官與地方紳民關係緊張甚而日漸惡化的前提下，宗族組織在地方上的輻射力反而得到凸顯，甚至能起到改變地方政治與文化生態的作用。這一複雜的局勢下，借助科舉迅速壯大的後期士紳格外重視強化鄉邦的地緣關係與家族的血緣紐帶，以之為鞏固其在地方上的地位並謀求進一步延續與傳承的手段。

第二節　孫衣言兄弟的仕宦起伏

一、淵源與崛起

　　據《盤谷孫氏族譜》記載，瑞安孫氏由五代時從閩南長溪遷徙至浙南，定居溫州瑞安盤谷，故稱作盤谷孫氏。盤古孫氏自遷入瑞安後，再未整體遷出。據現存族譜史料，孫氏先世「譜牒散佚」〔註55〕，及至近世，孫衣言輩對非自己一脈的同姓人士的瞭解也僅限知曉姓名，甚而生卒何時均屬茫然無可考。孫衣言祖父均屬單傳，血緣上也無甚親支近脈。正因孫氏宗族內部聯繫不甚緊密，其家雖舊有宗祠，但在孫衣言訂立祭祀程序前，並未形成所謂穩定的祭祀日程與規範。

　　孫衣言兄弟之前，孫氏素不以功名著稱，累世祖先中罕見科考得意者。孫衣言父希曾雖號稱好學善書，但於科考無甚進取。孫希曾原配項氏，為其母之姪女，未幾而亡。後續弦張氏、胡氏，均因病而死，三任夫人均未生子，僅有一女，連三喪偶之後方娶孫衣言兄弟之母丁氏。嘉慶二十年（1815），孫衣言出生，譜名克繩。兩年後，其弟孫鏘鳴出生，早名克昌。孫氏家族於舉業之道無甚先例，孫氏兄弟的祖父早逝，祖母項氏對其讀書督促甚殷。孫氏兄弟幼時即入家塾讀書，塾師孫廷爵，字榮堂，戚屬孫氏兄弟之從叔祖。道光四年（1824），孫氏幼弟孫嘉言出生，譜名克謨。

　　孫氏兄弟的早期知識結構被嚴格限制在正統的科舉框架內，據孫鏘鳴之婿宋恕言，孫氏兄弟幼時讀書，以舉業為第一要務，「師例禁閱子史、諸集及

〔註54〕參見李世眾《清中葉的宗族、政府與地方治理——透視溫州糧食危機引發的騷亂及其消弭》（《歷史教學問題》2005年第6期，第4～9頁）。

〔註55〕（清）孫衣言：《盤谷孫氏族譜》卷三《世系表序》，清光緒間刻本。

朱蔡等外經說」，以至孫氏兄弟偶得《綱鑒易知錄》即大喜，假歸私閱〔註56〕。是以孫衣言早期對子集之學是相對陌生的。道光十一年（1831），曹應樞主玉尺書院，情況有所改觀。在曹氏指導下，孫衣言昆仲得以開始學習古今體詩，並參與曹氏引導的詩文交遊活動。孫氏兄弟被曹應樞視作少年英才，大為欣賞，贊其「年未逾冠，並能精深風雅」〔註57〕。正是曹氏將二孫引入了詩文的道路，使其得到了除科舉序列外另一種介入士紳文化圈並獲取聲名的途徑。

道光十二年（1832），孫氏兄弟第一次步入科舉考場，以童生身份一同參加了縣試、府試。結果孫衣言縣試第一、府試第四，孫鏘鳴縣試第五，府試第一。這使得孫氏兄弟在鄉邦名聲鵲起，時人憶及，頗有驕傲之意：「壬辰六月初二日，府試榜出，冠軍孫鏘鳴，余同窗友希曾次子，即縣試榜首孫衣言胞弟，少年兄弟一齊出頭，鄉里榮之，實亦我邑自來所未有」〔註58〕。

道光十九年（1839），孫衣言終於得中鄉試副榜，二十一年（1841）考選國子監琉球教習。是年會試，鏘鳴中式第一百十五名進士，殿試二甲三十四名，朝考一等第八。道光二十四年（1844），孫衣言舉順天鄉試第三十九名舉人，正大光明殿覆試，欽定二等第一名。仕途上的成就讓孫氏兄弟成為科舉制度的既得利益者，實現了家族世代的夙願。

時值多事之秋，身處官場的孫氏受到巨大震撼，也對時勢產生了憂慮之情，形成了初步的時局觀念。孫氏曾賦詩若干，其中反映了戰爭過程中他對形勢認識的逐步加深。初時，他「窺邊卉服敢稱兵，國法天誅未可輕……自古王靈須震疊，豈容魏絳擅勳名。」〔註59〕作為並不暸解敵我力量的士大夫，孫衣言堅信應對外來的「島夷卉服」予以「天誅」，對主和者嗤之以鼻。隨著戰局的發展，孫衣言發現戰事遠非其想像般輕鬆，他一面盛讚「努力平夷主將士，九重宵旰獨憂勤」〔註60〕，認為過不在當朝天子與前線將士；一面指

〔註56〕宋恕：《外舅孫止菴師學行略述》，邱濤編《中國近代思想家文庫：宋恕卷》，北京：中國人民大學出版社，2014年，第247頁。

〔註57〕（清）曹應樞：《〈供硯山房詩草〉題辭》，（清）孫鏘鳴著，胡珠生編注《孫鏘鳴集》，上海：上海社會科學院出版社，2003年，第667頁。

〔註58〕（清）趙鈞：《談後錄》，轉引自孫延釗《孫衣言孫詒讓父子年譜》，上海：上海社會科學院出版社，2003年，第2頁。

〔註59〕（清）孫衣言：《秋感之二》，《遜學齋詩鈔》卷七，清同治三年（1864）刻本。

〔註60〕（清）孫衣言：《秋感之三》，同上。

斥「蜃臣終自挹貪泉」〔註61〕，「大帥仍無策，忠魂恐不平」〔註62〕，將罪責歸於幾位地方高級官員。由此也可見孫衣言對地方官的一貫態度，這也貫穿其一生，在其發展與調整家族發展策略的過程中發生了關鍵作用。

在京任職期間，孫衣言詩文之作逐漸增加，聲名漸著，也進而參加了更多文人交遊活動〔註63〕。如是活動的展開，使得孫衣言文人之形象漸趨穩固，也幫助其形成了以詩文交流為中心話題的較穩定的長期交往圈。

詩文酬唱之餘，孫衣言最終於道光三十年（1850）取得殿試二甲第三名、朝考二等第十三名的成績，被選為翰林院庶吉士，得以被曾國藩賞識。與曾國藩的結識，為孫衣言一生的功業乃至經營鄉邦的方式提供了個可資借鑒的模板。咸豐二年（1852），衣言散館二等，授職翰林院編修。得入翰林之後，孫衣言參與的官場集會愈加頻繁，但仍堅持以詩文為志，尤與林壽圖、張金鏞等相友善，同為在京官員中知名的文學之士。由於善於文學的長處，孫衣言也得到了文宗的賞識，咸豐三年（1853）正月，得以從駕祭祀西陵。六月，充實錄館協修，旋改纂修，於是預修《宣宗實錄》，而獨編《夷務書》，成稿百卷。同年充國史館纂修。咸豐五年（1855），衣言充咸安宮總裁、文淵閣校理。同年四月，有旨命衣言及翰林院侍讀殷兆鏞、編修李鴻藻，在上書房行走。五月，衣言入上書房，授惠邸諸子讀。咸豐六年（1856）二月，充會試同考官，闈中有《春闈日錄》，同年十一月十一日，以實錄議敘，賞加五品銜。這種提拔力度與速度，對於以文史為主業的官員，雖無實權，也算頗受恩寵了。

其時，實錄館管理上頗多缺漏，如有學者指出，館中諸臣「責任與權利不相稱，導致實錄館業務出現無人負責和勞逸不均的局面」，且因「革職和待罪官員都到實錄館效力」，「實錄館成為投閒置散之所」〔註64〕。孫衣言對實錄館各位同僚的工作能力與態度心懷蔑視，甚至賦詩直言心中不快：

> 四門談史輒色變，今者邊患何其多。上堂朱墨坐雲霧，左史右
> 史肩相摩。太倉食米盡十斛，便許校書入天祿。承明職司令我慚，

〔註61〕（清）孫衣言：《秋感之四》，同上。
〔註62〕（清）孫衣言：《定海二忠詩（知縣姚懷祥、典史史全福）》，《遜學齋詩鈔》卷七，清同治三年（1864）刻本。
〔註63〕參見孫延釗：《孫衣言孫詒讓父子年譜》，上海：上海社會科學院出版社，2003年。
〔註64〕謝貴安：《清實錄研究》，上海：上海古籍出版社，2013年，第88~89頁。

或有下士守寂寞。大師祭酒稱老儒，奮筆似學東家書。豈無缺陋襲
訛謬，氣嚴不受人支吾。姬公生知造《周禮》，吐哺朝見七下士。神
堯拱默臣予知，嗟嗟此風何日始。〔註65〕

兩年之後，孫衣言結束其自覺難以施展才華的京官生涯，奉旨外任安徽
安慶知府。同年，孫衣言抵達安徽定遠，並於此地初遇廬州守馬新貽，兩人
相見甚歡，「極稱刺史趨向正而論事知根本，引為良友」〔註66〕。

在孫衣言入職翰林的時間內，孫鏘鳴的仕途也頗有進展。在孫衣言任琉
球教習之際，孫鏘鳴得中道光二十一年（1841）殿試二甲第三十四名，點為
翰林院庶吉士。

孫氏兄弟科舉中第，給瑞安當地帶來了相當的名人效應，成為了當地儒
生相互砥礪的標杆。當地塾師、孫希曾的同學趙鈞曾引時人言「孫秀枝說，
孫薲田弱冠成名，外人無不以為才不易及。而其受業師謝君蘭謂伊兄弟質亦
猶人，但求進之志高出群輩，每一藝成，兄弟交相評論，必求稱心而後已。」
〔註67〕可見，地方所謂讀書人眼中，孫氏的能力與勤奮均得到認可與推崇。
亦可說明，科舉上的成功為孫氏兄弟乃至孫氏家族帶來了可資繼續挖掘利用
的文化資本。即使遠離家鄉，二孫也依然表露出強烈的鄉邦意識，功成返鄉
措施於地方始終是其最終訴求，是以孫鏘鳴發出「極似吾鄉耕釣地，笠簑蓑
袂夢江湖」〔註68〕的感慨。

道光三十年（1850），時任廣西學政的孫鏘鳴以一副言官姿態，對當時盡
現危機的朝政大聲疾呼，一年之內數上奏摺。「三四月間，上《請罷斥穆彰阿
疏》；五月，上《廣西會匪猖獗請飭嚴辦疏》及《臚陳張宗祥滋事疏》；六月，
上《兩廣盜匪充斥疏》；七月初一，上《應詔陳言疏》；九月，上《廣西匪徒滋
擾情形疏》。」〔註69〕所涉內容，由尚屬其職分之內的廣西匪患，到直陳時弊，
彈劾重臣，可見孫鏘鳴自許之高之嚴。尤其劾穆之舉，不僅使得在政壇初露頭

〔註65〕（清）孫衣言：《初入史館作》，《遜學齋詩鈔》卷四，清同治三年（1864）刻
　　　　本。孫延釗《孫衣言孫詒讓父子年譜》作「四門談史則色變」。
〔註66〕孫延釗：《孫衣言孫詒讓父子年譜》，上海：上海社會科學院出版社，2003年，
　　　　第39頁。
〔註67〕周夢江：《趙鈞〈過來語〉輯錄》，《近代史資料》，1979年第4期，第145頁。
〔註68〕（清）孫鏘鳴：《回京日記》，胡珠生編注《孫鏘鳴集》，上海：上海社會科學
　　　　院出版社，2003年，第284頁。
〔註69〕胡珠生：《孫鏘鳴年譜》，（清）孫鏘鳴撰，胡珠生編注《孫鏘鳴集》，上海：
　　　　上海社會科學院出版社，2003年。

角的孫鏘鳴一時之間聲名大噪，也與道光懲辦穆彰阿的念頭相契合。同年十月，上諭「大學士柔佞竊位，傾排異己，沮格戎機，罔恤國是，即行褫職」〔註70〕。孫鏘鳴中是更受鼓舞，以學政之職務，卻屢屢關注上疏地方變亂情況。正當其時，太平天國事起，對於廣西巡撫鄭祖琛尚未引起重視的會黨，本以按試為務的孫鏘鳴卻認為其將成大患，「勢非合兩省之兵力不足以清其源」〔註71〕。這一判斷因為鄭祖琛「姑息粉飾」〔註72〕而被敷衍，事後卻被孫鏘鳴自矜為先知先覺的資本。咸豐元年，鄭祖琛因被剛登基的咸豐皇帝革職〔註73〕。咸豐二年（1852），桂林解圍以後，先覺孫鏘鳴「以學政助防守」〔註74〕的事蹟流傳頗廣，為書生參與軍事的一楷模。正是在廣西的際遇讓孫鏘鳴產生了對經理地方事務的信心，咸豐三年（1853），孫鏘鳴借廣西學政任滿請假歸鄉，準備在自以為了若指掌的溫州瑞安辦團，實現其兄弟二人對鄉邦的理想與情懷。

二、輾轉與沉浮

然而，地方上的權力博弈把孫鏘鳴、孫衣言乃至孫氏家族捲入了詭譎的政治漩渦，隨後而起的金錢會更是幾乎給孫氏家族帶來毀滅性的打擊。金錢會及其後續事件中遭遇重創的孫衣言兄弟一方面思考調整家族的轉型方向，一方面也不得不面對事件為各自的仕途帶來的衝擊。同治元年（1862）七月，衣言、鏘鳴一同攜眷出門，鏘鳴回京，衣言赴皖，均繞道閩贛。清穆宗登極覃恩，鏘鳴以翰林侍讀學士，貤贈三代考皆中憲大夫，妣皆恭人，生母丁氏則為淑人。朝旨恤死於平亂的孫詒谷為雲騎尉世職，閏八月入祀文廟忠義祠。同治二年（1863）十一月二十二日，衣言奉節相曾國藩飭署廬鳳穎道〔註75〕。金錢會事後的孫氏兄弟似乎依然頗受重用，然而金錢會後的責任清算中，孫

〔註70〕趙爾巽等：《清史稿》卷二《文宗本紀》，長春：吉林人民出版社，1998 年，第 470～471 頁。

〔註71〕（清）孫鏘鳴：《與鄭夢白中丞書》，胡珠生編注《孫鏘鳴集》，上海：上海社會科學院出版社，2003 年，第 60 頁。

〔註72〕（清）汪士鐸：《汪悔翁乙丙日記》，臺灣：文海出版社，1966 年，第 71 頁。

〔註73〕參見《咸豐元年四月初八日上諭》，新疆社會科學院歷史研究所編《「清實錄」新疆資料輯錄‧道光朝、咸豐朝卷》，烏魯木齊：新疆大學出版社，2008 年，第 229 頁。

〔註74〕劉禺生撰，陸丹林注，謝其章編：《世載堂雜憶續篇》，北京：海豚出版社，2013 年，第 52 頁。

〔註75〕孫延釗：《孫衣言孫詒讓父子年譜》，上海：上海社會科學院出版社，2003 年，第 47 頁。

鏘鳴最終還是被勒令休致，結束了政治生涯〔註76〕。同治四年（1865），努力為孫鏘鳴開脫而不得的李鴻章留其授課紫陽書院半年〔註77〕，由此孫鏘鳴開始了其在沈葆楨、李鴻章等人幫助下轉任鍾山、惜陰、蓮池等各書院教職的生活，再未能踏足仕途。

　　孫衣言因未直接參與辦團事宜，得以免於處分。他雖為仲弟鳴冤不已，也不得不接受現實，履任安徽。由於曾國藩、喬松年、馬新貽的欣賞，還在憂心家族發展的孫衣言在仕途上反倒獲得了期待已久的施展空間。同治三年（1864），就任盧鳳道的孫衣言數發《勸學箚子》《襃美箚子》《通飭申明法紀》，以加速安徽地區的戰後恢復工作。又有鳳陽守胡玉坦冊報所屬壽州、鳳臺各死事者姓名，請恤於朝。孫衣言上其事於大府，而採取其死之尤烈者，別為一編，曰《淮陽正氣錄》。凡此種種，都是剛剛經歷過金錢會事件、心尚有餘悸的孫衣言對於遭受戰亂的皖北所產生的感同身受。金錢會事件後對地方官員極度失望的他，在出任地方官時有機會履踐自己理想的地方官紳關係。自謂「本署道入境以來，務求民隱，兼訪人才，每與士大夫從容議論，言及郡邑長官之善，即為吾民欣慶，其或不然，往往蹙額相向」〔註78〕在他所向往的地方政局中，地方官應虛心以求士紳的意見，而士紳則具有相當的參與度和自主權，以及對地方官有監督的權力。

　　這一時期，目睹戰亂情況、親歷劫後餘生的孫衣言對於地方管理的觀念逐漸成型，集中體現在對曾國藩的上書之中：

> 皖北吏治之闓茸，無異皖南，其病總在正途太少，而營員佐雜承乏其間，往往不學無術。……而各州縣紛紛皆言善後，請設局，以營繕興造為詞，以設卡勸捐為事。某以皖省殘破之餘，譬如大病初起，有力之家繼以參茸大補，充壯固速，否則節飲食，慎起居，不使再受風寒，元氣亦當漸復。若惡氣肩背之疤瘁，而刲髀肉以益之，豈不愈加痛楚，而卒至於不可救藥哉。〔註79〕

〔註76〕詳見本書第二章。

〔註77〕（清）孫衣言：《顯考魯臣府君姚丁太淑人行述》，《遜學齋文鈔》卷六，清同治十二年（1873）刻本。

〔註78〕孫延釗：《孫衣言孫詒讓父子年譜》，上海：上海社會科學院出版社，2003年，第52頁。

〔註79〕孫延釗：《孫衣言孫詒讓父子年譜》，上海：上海社會科學院出版社，2003年，第53～54頁。

　　面對向來服膺又對自己有知遇之恩的曾國藩，在金錢會事件後為弟申辯屢碰釘子的孫衣言終於能夠剖白對於地方管理的見解。孫衣言對地方官吏素無好感，集中痛斥「俗吏」「酷吏」「貪吏」「庸吏」之處俯拾皆是，他曾在表彰戰亂中死難義民時痛陳「吾浙之吏無異於粵西也，人抵務虐善良以自逞，而獨不敢治亂民」〔註80〕，悲憤之餘又有無權無力整頓鄉邦吏治的無助與無奈。在職責分內的安徽，面對自覺信任的曾國藩，他痛斥基層地方官吏素質之低劣，指其「不學無術」。對於戰後各州縣「設卡勸捐」的主張提出反對，以老中醫的姿態為安徽開出藥方，請求曾國藩「安靜省事，專意務農」。這一用寬、用緩、重農的主張構成了孫衣言地方管理的核心理念。時過不久，孫衣言又對曾國藩、喬松年再上第二書。如果說早期其弟尚將矛頭對準廟堂上穆彰阿這樣的頭面人物，此時的孫衣言則是集中火力抨擊地方官吏，「自巡道委員以至胥徒走卒」，都是孫衣言眼中的民害〔註81〕。不再滿足於「不學無術」的概括性定位，他總括國史，認為國之積弊正在官吏，而吏又是誘官取利的禍根，甚至吏才是獲大利者，官不過稍得小利。於是，打破危局的關鍵就是解決胥吏問題。他建議曾國藩、喬松年能夠嚴格約束胥吏設卡取利的行為，但也深知胥吏之弊的根深蒂固，難以一日盡除，是以自薦，請求曾、喬的支持與信任。除了治吏，孫衣言治理地方的另一大事是興農安民，在與時任安徽按察使英翰的書信中，他曾有言「此間善後事宜，訖難動手，再四思維，總以興農為第一要義」〔註82〕。然而安徽工作小有成效的孫衣言未及繼續實踐其抱負，便因丁母丁太夫人之憂返鄉。期間應浙江巡撫馬新貽之邀主講杭州紫陽書院〔註83〕，再次回歸了詩文交遊、兼課後學為主的生活，也開始留意鄉邦文獻，進一步反思家族發展的前景。同時，由於深得馬新貽賞識，也為後來的仕途轉折埋下伏筆。

　　同治七年（1868），服闋進京的孫衣言迎來政治上又一次大展身手的機會。對孫衣言甚為賞識的馬新貽移節兩江總督，欲對其委以重任。孫衣言安

〔註80〕（清）孫衣言：《杭州崇義祠記》，《遜學齋文鈔》卷二，清同治十二年（1873）刻本。

〔註81〕孫延釗：《孫衣言孫詒讓父子年譜》，上海：上海社會科學院出版社，2003年，第54～55頁。

〔註82〕孫延釗：《孫衣言孫詒讓父子年譜》，第55頁。

〔註83〕孫延釗：《孫衣言孫詒讓父子年譜》，第62頁。

民的建議也與馬氏「江皖之被兵最久，安民道在養民」〔註84〕的主張若合符契。於是馬新貽上疏力薦孫衣言，贊其「實有處為名儒、出為名臣之志。」〔註85〕對於剛剛到任兩江總督、身處是非之地的馬新貽來說，在皖數載頗有心得的孫衣言可堪成為其倚重的左膀右臂，而出身曾國藩門下、甚受曾國藩青睞的背景又有助於馬氏緩和與曾氏舊部之間的關係。這次被馬新貽舉薦，是孫氏在政壇上更進一步的機緣，不僅孫氏自己滿懷希望，連密友間也多以為「東山復出，為同譜光」〔註86〕。

　　事實也似乎如此，孫衣言甫到兩江，便被馬新貽請入督幕並委以經辦善後局的重任。孫衣言之孫孫延釗在述及此事時，極言馬新貽對孫衣言所擬《善後十要》的內容盛讚不已〔註87〕。《善後十要》現已不可見，但根據前述孫衣言的觀點，其善後之法，中心當也在治吏、安民、興農、撤關，不僅與馬新貽的一貫看法與做法相一致〔註88〕，也符合調赴兩江的馬新貽重建秩序的需求。獲得上級信任的孫衣言此間頗有如魚得水之意，案牘之餘偕子詒讓與彼時雲集金陵的各位知名學者文人張文虎、莫友芝、劉毓崧等集會宴遊，交流學問，形成新的交往圈，同時又繼續搜括鄉邦文集，展開其家族性文獻工作。

　　同治八年（1869），在馬新貽的大力奏薦下，孫衣言再升為候補江蘇道。然而同年八月刺馬案事發，馬新貽死於當場，孫衣言的政治生涯再遭變故。孫衣言與袁保慶作為馬新貽最為信賴的幕客及下屬參與了曾國藩、鄭敦謹主導的會審。在一番疑點重重的審理後，事情草草作結。孫衣言、袁保慶大為不滿，拒絕為此案書諾具結。

　　孫衣言的不妥協態度，自然也引起其他與事者的注意。作為孫氏畢生尊崇的老師與榜樣，曾國藩在與孫衣言的私信中，一面恭維馬新貽「和平中正，

〔註84〕（清）馬新貽：《補授兩江總督兼通商大臣謝恩摺（同治七年八月十九日）》，高尚舉編《馬新貽文案集錄》，北京：中央民族大學出版社，2001年，第199頁。

〔註85〕（清）馬新祐：《清馬端敏公新貽年譜》，臺北：臺灣商務印書館，1978年，第131～132頁。

〔註86〕（清）俞樾：《與孫琴西》，張燕嬰整理《俞樾函札輯證》，南京：鳳凰出版社，2014年3月，第355頁。

〔註87〕孫延釗：《孫衣言孫詒讓父子年譜》，上海：上海社會科學院出版社，2003年，第84頁。

〔註88〕參見（清）馬新貽《裁撤宿遷早關專征水關片》、《請停止皖省清江兩捐片》、《酌擬應辦事宜六款摺》等（高尚舉編《馬新貽文案集錄》，北京：中央民族大學出版社，2001年）。

簡畀方隆」，一面撇清關係，自曰「相距較遠。未便再有瀆陳」，並指示孫衣言「朝廷飾終之典至優極渥，亦不宜更有干請」〔註89〕。在馬新貽遇刺前，孫衣言對曾國藩最為尊服，五月間還曾呈書曾氏，不但極稱曾國藩的勳業之盛、文辭之工，是堪比歐陽修、司馬光的「天下偉人」；還向時任直隸總督的曾國藩彙報了兩江的情況，語間儘管襃揚馬新貽「持重有體，嗜好之正，實乃天資過人，可為地方之幸」，也不乏微詞：「苦於求取太多，無復餘力以待地方緩急，去歲潦後，工賑並舉，城內外河道、東西兩水關上、上方橋、七甕、九龍、內外五龍積年壅底之處，一旦豁然，而靡錢亦將五六萬緡矣」〔註90〕。但在刺馬案後，曾氏在內的各位大臣態度讓其頗感失望。馬氏入土，孫衣言當仁不讓，為撰《馬端敏公神道碑銘》。之前馬新貽曾囑孫衣言為其父撰《贈資政大夫馬府君神道碑銘》，不料時過不久又為其自己作碑銘。悲慟之下，孫衣言剖露心跡：「賊悍且狡，非酷刑不能得實，而叛逆遺孽刺殺我大臣，非律所有，宜以經斷用重典，使天下有所畏懼，而獄已具且奏，衣言遂不書諾。嗚呼，衣言之所以奮其愚戇，為公力爭，亦豈獨為公一人也。」〔註91〕語間透露出對時局的沮喪失望之情。

馬氏之死儘管沒有直接影響孫衣言的仕途，卻動搖了其仕宦之志。雖然此後，四督兩江的曾國藩依然奏請孫衣言為江南鹽巡道、安徽按察使，其對政治的熱情還是大受挫折。直至七旬為詩自壽，孫氏依然懷念「馬端敏公趣向極正，論事獨知根本」〔註92〕。馬氏死後三年，孫衣言最為信服的天下偉人曾國藩也卒於任上。曾國藩一直是孫衣言理想中的人臣典範，如其為曾氏所撰輓聯所言「人間論勳業，但謂如周召虎、唐郭子儀，豈知志在皋夔，別有獨居深念事；天下誦文章，殆不愧韓退之、歐陽永叔，卻恨老來湿軾，更無便坐雅談時。」〔註93〕為臣能經略一時，為文能流傳百世，正是孫衣言心目中

〔註89〕（清）曾國藩：《復孫衣言》，《曾國藩全集．書信》，長沙：嶽麓書社，1994年，第7302頁。

〔註90〕孫延釗：《孫衣言孫詒讓父子年譜》，上海：上海社會科學院出版社，2003年，第93～94頁。

〔註91〕（清）孫衣言：《〈馬端敏公神道碑銘〉》，《遜學齋文鈔》，清同治十二年（1873）刻本。

〔註92〕（清）孫衣言：《光緒甲申，予行年七十矣，少時羸弱，幸老猶頑健，然追念平生，亦多有可歎愕者，輒以杜公句為引首成詩二十章，粗述鄙懷，兼示同志》，《遜學齋詩續鈔》卷四，清光緒間刻本。

〔註93〕杜就田：《曾文正公榮哀錄》，上海：大達圖書供應社，1935年，第20頁。

儒生的最高境界，在其鄉族經營上，辦理團練、校刊書籍都或多或少受到曾國藩的影響。曾對其數次保奏舉薦的馬新貽、曾國藩先後過世，對孫衣言來說也是政治上升期漸趨尾聲的信號。

三、終結與返鄉

　　光緒元年（1875）正月，新君即位，孫衣言以現官貤贈三代考皆通奉大夫，妣皆夫人。藉此，孫衣言回鄉營造家族設施，營新居、築祠塾、修族譜，其返鄉主持家族發展之意甚濃。次年，奉上諭離開熟悉的江淮，履任湖北布政使。在鄉閒居數年的孫鏘鳴也以省兄同往。三年（1877）孫衣言又因與時任湖廣總督李瀚章矛盾，調江寧布政使〔註94〕，兄弟二人又一同離鄂，輾轉江寧。重返兩江的孫衣言依然篤信安民興農之道，奏議減賦，獲兩江總督沈葆楨允許，「將江寧府一屬，除高淳、溧水二縣向完折色不計外，其上元、江寧、句容、六合、江浦五縣額徵漕糧等米，一律減免十分之三」〔註95〕。此後孫衣言數發議論，沈葆楨也都基本認可，雙方度過一段和諧期。直至光緒五年，因為性格不同、政見相左，兩人的矛盾日漸積累，終於爆發，並直接導致孫衣言的仕宦生涯走向終結。

　　兩者的矛盾固然取決於立場觀念，根深蒂固，日積月累，但其愈演愈烈以致最終無可挽回，則可通過幾件事窺其端倪。首先於私人關係與個人性格上，兩人恰相衝突。有一故事流傳，以見兩人私交之惡：

> 沈葆楨任兩江總督時，初抵任日，孫衣言先生為江寧藩司，自居老輩，既未迎迓，亦未蒞衙，意欲葆楨先往拜也。衣言之兄渠田先生為葆楨會試房師，免官來寧，居其弟藩司衙中，先差帖往督署賀葆楨履新，葆楨見帖，禮不能不先謁老師，不得已往藩司衙門，以門生禮先謁見。渠田先生肅客，而衣言未出。葆楨詢之，衣言始以藩司謁見總督。葆楨頗懷怨，憾其終能遂總督先拜藩司之願也。〔註96〕

　　據此段記錄，孫衣言重返江寧後，頗以前輩自居，而沈葆楨又出於孫鏘

〔註94〕孫延釗：《孫衣言孫詒讓父子年譜》，上海：上海社會科學院出版社，2003年，第144頁。

〔註95〕（清）沈葆楨、吳元炳：《擬請援案減漕疏》，（清）葛士濬輯《皇朝經世文續編》卷三十一，清光緒十四年（1888）刻本。

〔註96〕劉成禺撰，錢實甫點校：《世載堂雜憶》，北京：中華書局，2006年，第26頁。

鳴門，於是孫衣言更一派「世叔」姿態，對於長官不盡恭謹〔註97〕。這類故事往往把孫、沈二人的矛盾歸結於性格，孫衣言在其中的形象近似古之狷狂儒士，又有老資格官吏久居地方官場的色彩，既恃才傲物，又倚老自矜。以下屬身份要壓總督沈葆楨一頭，此事姑不論真假，孫衣言對沈葆楨的為人為官確抱有深深異見當是確實存在的。時沈葆楨方銳意禁煙，孫衣言則嗜好鴉片，礙於孫鏘鳴面子，沈氏不便相劾，卻難免不悅〔註98〕。而傳說孫衣言在得知沈葆楨欲屬行禁煙之時，竟命人往沈氏府上言「比日為肝氣所苦，在署不能治事，醫言以阿芙蓉膏解之」〔註99〕，沈氏亦無可奈何。

時南京清涼山下有祭祀宋時鄭俠的一拂先生祠，時有人建議以林則徐、林天齡配享，孫衣言深感不滿，認為「林文忠江南名宦，固無事此祠；學使林公果有造於庠校，亦當別為之祠」〔註100〕。待阻之不及，孫衣言心懷憤懣，深以沈葆楨妄尊鄉人，不合規制。激憤之下，孫氏將其事本末繫之於詩，詩曰：「一拂清風自澁然，如何簪組集群賢。今年更比去年好，又有閩來郎罷前」〔註101〕。詩中幾乎直斥此事背後有沈葆楨指使，痛諷「孝子賢孫」，世人看來「近乎醜詆，失詩人敦厚之旨矣」〔註102〕，亦可見孫衣言與沈葆楨罅隙之深、怨念之重。

當然，兩人嫌隙的關鍵還是為政觀念的歧異。與前任諸位兩江總督不同，沈葆楨為政剛猛，清史稿曾贊許其「精楷吏事，治尚嚴肅，屬吏凜凜」，「尤嚴治盜，蒞任三月，誅戮近百人」〔註103〕。如是之法有效於時，卻與倡導寬政

〔註97〕徐珂：《清稗類鈔》，北京：中華書局，1986年，第1613頁

〔註98〕（清）文廷式：《禁煙有名無實》，孫文光編《中國歷代筆記選粹》，上海：華東師範大學出版社，1998年，第115頁。

〔註99〕黃濬撰，李吉奎整理：《花隨人聖庵摭憶》，北京：中華書局，2008年，第891頁。

〔註100〕（清）孫衣言：《書鄭一拂祠配享詳稿後》，《遜學齋文鈔》卷十一，清同治十二年（1873）刻本。

〔註101〕（清）孫衣言：《金陵清涼山麓舊有一拂先生祠祀宋監門鄭公俠，己卯之春予以病在假，有受當道意旨者請以閩二林公配食，予欲以尼之而不果，今年得新修江寧續志，閱之則所謂當道者亦與末坐矣，為一笑，口占二十八字，寄金陵士大夫（辛巳）》，《遜學齋詩鈔》卷四，清同治三年（1864）刻本。

〔註102〕（清）龍顧山人纂，卞孝萱、姚松點校：《十朝詩乘》，福州：福建人民出版社，2000年，第844頁。

〔註103〕趙爾巽撰，許凱標點：《清史稿》卷十三《沈葆楨傳》，長春：吉林人民出版社，1998年，第9263頁。

安民的孫衣言觀點相悖。又時有候補道洪汝奎調任兩江，與孫衣言共事。洪氏從曾國藩軍出身，為政風格亦威猛，且不懼人言，為沈葆楨所信任重用，與孫衣言則背道而馳。光緒三年（1877），南京三牌樓發現無名屍體，沈葆楨不予地方官處理，卻交予洪汝奎轉派參將胡金傳經辦。胡金傳認定此為哥老會內訌所致自相殘殺，捕獲僧人紹宗、平民曲學如、張克文等交案，沈葆楨引「就地正法」章程，處斬紹宗、曲學如。此後此案真凶偶被抓獲，供出此案，時沈氏已亡故，繼任總督劉坤一與洪汝奎交篤，在任江寧的閩籍官員也試圖維護沈葆楨聲名。是故此案綿延甚久，直至朝廷受陳寶琛上疏，派欽差審訊，認定此案為「命案正凶脫逃年久就獲並究出革弁教供刑逼枉殺二命」，終將胡金傳、洪汝奎定罪，沈葆楨以已死免議。此即喧噪一時的「三牌樓案」〔註104〕。當案發時，孫衣言因江寧令相告，覺此事蹊蹺，對洪氏又素有意見，於是向沈葆楨抗議，被沈氏拒絕並排除出藩、臬兩司會詳之列〔註105〕。三年後，此案重審，孫衣言恰因未予會詳而免於罪責。

　　另一加速沈、孫決裂的關鍵因素是兩人對洋務的迥異態度。沈葆楨積極倡導洋務，孫衣言則西學心懷詆斥。時沈葆楨用台州人董毓琦為江南算學局教習。董氏自云「西船以火馭輪，美猶有憾」，他認為「天地自然之氣」至大至強，可資利用，於是他「揣摩奧諦」，要仿「天輪之氣」「日輪之氣」「月輪之氣」等作為驅動力製造輪船，並認為「西用桓桓霸術，中用王道平平，秉禮之邦，無所施其技，急宜用夏變夷也」〔註106〕。沈葆楨以董氏「盰衡時事，默運匠心」，氣行船法「一空依傍，生面獨開」，准其要求，命江藩司會同籌防局核議籌款，命其製造輪船〔註107〕。董氏的方案及其對儒家道德學術的否定讓篤信儒術足以救國的孫衣言甚為不滿，他曾一再阻止，與沈氏之間的分歧也更為激化。〔註108〕為船政乃至洋務爭論計較的這段經歷，孫

〔註104〕參見（清）祝慶琪等《刑案匯覽三編》（北京：北京古籍出版社，2004年，第721頁）、李貴連《晚清「就地正法」考論》（《近代中國法制與法學》，北京：北京大學出版社，2002年。第422頁）等。

〔註105〕孫延釗：《孫衣言孫詒讓父子年譜》，上海：上海社會科學院出版社，2003年，第170頁。

〔註106〕（清）董毓琦：《試造氣行輪船始末》，清光緒間星算補遺書本。

〔註107〕（清）董毓琦：《試造氣行輪船始末》，清光緒間星算補遺書本。

〔註108〕孫延釗稱孫衣言曾再三勸諫不果，「及船成，不能行，沈內愧，自以養廉賠董款。因此與衣言益相左」（孫延釗：《孫衣言孫詒讓父子年譜》，上海：上海社會科學院出版社，2003年，第170頁）。其實，對於花費重金與董造船，

衣言至晚年仍耿耿於懷，甚至為沈葆楨撰挽詩時，褒美之餘還間有微詞：「船官垂七載，肺病輒三秋。重幣求奇器，遺章尚鐵舟。心真匪石轉，事恐與生休。卻恨中行說，精微為虜謀。」〔註109〕意在嘲諷沈氏船政未得實效，徒費重幣，學習外虜之術。以此可以想見，如何對待洋務也是孫衣言與沈葆楨最難以調和的分歧點。

凡此種種，讓沈葆楨視孫衣言如障礙，遂於光緒五年（1879）奏請內調孫衣言，上準之。孫衣言於是結束多年外官生涯，以太僕寺卿職奉詔還朝，實為由掌握一定實權的江寧藩司調往閒職，重回文學侍從之位，政治生涯已難有大作為。五年（1879）八月，孫衣言「交卸藩篆，乞假回籍省墓」，實去意已堅。是年十二月，孫衣言告病不造朝，結束其政治之路，晚年居於瑞安，專心經營鄉族。

第三節　孫氏兄弟的社會文化網絡

一、親緣關係

有學者認為「士大夫擁有政治權力、文化教育，同時又因親緣網絡而結為一體。上訓事、訓學，又處於族中」〔註110〕。地方士紳所享有地方政治、經濟與文化權威往往是通過家族的形式呈現，而這些家族又需要通過親緣關係與其他紳民發生聯繫。士紳及其家族的這種親緣關係一是來源於縱向上的傳承，一是來自於橫向上通過嫁娶等形式建立。

就縱向而言，孫希曾一支是三代單傳，在孫氏族眾中堪稱勢單力孤。在孫鏘鳴的家族史回溯中，其祖孫祖鐸、父孫希曾都不同程度地與同族其他成員發生過衝突。

洪汝奎亦多有阻止，及董氏所造之船因不適於用，遇風損壞，乃由繼任兩江總督劉坤一奏其「所有機器一切均甚笨拙，非借人力運動則機不轉而船不行」云云（劉坤一：《委員試造氣行輪船驗不適用片》，《劉坤一奏疏》，長沙：嶽麓書社，2013年，第628頁），終告失敗。此時，孫衣言已離江寧任，並無太大瓜葛。

〔註109〕　（清）孫衣言：《督府沈公挽詩》，《遜學齋詩鈔》卷四，清同治三年（1864）刻本。

〔註110〕　閻步克：《士大夫政治演生史稿》，北京：北京大學出版社，2015年，第62頁。

　　蓋我大父性寬厚，喜施與，戚友中有來告困乏者，不忍卻，必
委曲為之謀，往往代為書券轉貸。及期，輒出己財償還之。……因
是故業廢棄大半。返故居後，族中有丁多而悍者，以吾家三世單傳，
往往肆其欺凌。

　　……我父之勤儉，人知之，我父之嚴正，或不盡知也，鄉居時，
里族有以不平事來告者，曲直是非，當幾立當，其橫逆無理者，必
竊斥之，不肖子往往不敢為非。其經營廟社公產，出內簿籍縷析條
分；用有贏餘，必為增置產業、器具，不以一毫自私；應官賦未嘗
俟期會。見城邑有恃勢隱匿者，痛惡之，曰：「此負朝廷責，當得窮
苦報。」晚歲城居，余兄弟遊宦在外，邑令丞有來候起居者，遣僕
持束往謝，未嘗一報謁。曰：「人以出入衙門為榮，我以為恥也。」
其嚴正，他皆類此。〔註111〕

　　作為子嗣的孫鏘鳴在回憶父祖令德的同時，卻透露出相對孤立的孫祖鐸、
孫希曾一支的尷尬處境。他們在經濟上的相對豐足給了他們施與的本錢，但
人丁寡少的情況還是使他們在族中處於弱勢地位。孫祖鐸只能忍受欺凌，孫
希曾則性格嚴正剛倔，在本族乃至鄉里交往中的態度更為強硬。孫希曾如是
處置的結果便是族眾中既有對其信任者，也難免存在與其一支關係惡劣的所
謂「不肖子」，與地方官紳之間也有所芥蒂。

　　除了同姓同宗間的親族關係，婚姻對於傳統家族發展往往起著重要作用，
有學者認為「家族的勢力、聲望不僅是基於家族本身的凝聚力，士紳家庭還
利用聯姻實現自己的社會和政治目的」〔註112〕，但其針對的對象，卻主要集
中在地方上已取得一定話語權的所謂名族身上。其實，不僅在地方有所積澱
的家族需要通過互相聯姻來鞏固家族在地方上的地位，並織就以家族為脈絡
的地方文化權力網絡。如孫希曾家這樣勢單力薄、男丁稀少又組織鬆散的家
族對姻親關係同樣存在某種程度上的依賴。

　　孫衣言祖、父兩輩均與瑞安城南項氏聯姻，這一關係的存在對孫衣言兄
弟的成長軌跡影響頗多，甚至某種程度上影響到了孫氏兄弟引導下的孫氏家

〔註111〕　（清）孫鏘鳴：《家訓隨筆》，《孫鏘鳴集》，上海：上海社會科學院出版社，
　　　　　　2003 年，第 265 頁。
〔註112〕　（美）艾爾曼著，趙剛譯：《經學、政治與宗族——中華帝國晚期常州今文
　　　　　　學派研究》，南京：江蘇人民出版社，1998 年，第 42 頁。

族發展模式。城南項氏在宋代曾有功名，在清中後期號稱「先世故饒於貲而藏書甚富」〔註113〕，在經濟實力與文化積澱上均頗有積累。孫衣言兄弟的祖母項氏之父項兆基，重視對晚輩讀書的督勵。項氏幼受家境薰陶，對兒孫輩讀書也多有敦促〔註114〕。時在瑞安以學問見者的項霽、項傅霖兄弟為孫希曾原配項氏之兄弟，於孫衣言兄弟分屬舅甥關係。與項氏的聯姻與交誼構成了孫氏家族主要的親緣關係。

項霽無意於科舉，項傅霖應鄉試，十上春官不第，但二人在詩文、學術、藏書上的造詣使其在以專業為主要話語的交往圈中還是頗具聲望。孫衣言兄弟曾多次在詩文中申明項氏昆仲在地方上的詩文權威地位，並引以為傲。然而，城南項氏儘管聲望頗高，與地方士紳的關係卻並不算融洽。項兆基時即視城中士紳「喜以輕猾為奸富」〔註115〕，至二項輩以書生自居，與城中其他士紳隔膜愈趨加深，號稱「深居自愛，不輕與邑人士接」〔註116〕。這一點為孫衣言欣賞，也或多或少地被孫氏所繼承。孫氏曾為二項的才學、作風與遭遇浩歎：

> 士不幸生海濱窮僻之鄉，不獨瑰奇絕特之人不能常見，至於好學能文辭者，往往亦不可得幸而有之。……蓋好學能文詞之人既不能常見，而見之者又往往不知其可愛貴，及其既久而思之，則又將有不得見之恨矣，不尤可惜耶。夫詩之於道淺也，然予竊見能之者，其志趣操行必稍異於俗人。〔註117〕

項氏為學為人被孫衣言推崇備至，被孫氏視作不俗之人的楷模。孫衣言將其自己所標榜篤信的非議漢學、不矜門戶、崇尚實用的理念和積累藏書的習慣都與項氏兄弟相勾連，以二項為自己的淵源所自。甚至孫衣言兄弟所謂「重倡永嘉之學」的聲名，也與項氏頗有淵源。據孫衣言所說，「國家中葉，士攻科舉，號大師者率以經義帖括授鄉里，一切古籍悉屏去不省，陳葉諸先生之書幾無有能讀之者，先生兄弟獨以敦行學古自相切磋……則今日永嘉之

〔註113〕（清）孫衣言：《書表弟項君瓛癸辛詞後》，《遜學齋文續鈔》卷二，清光緒間刻本。

〔註114〕（清）孫衣言：《先大母項宜人事略》，《遜學齋文鈔》卷六，清同治十二年（1873）刻本。

〔註115〕（清）孫衣言：《先大母項宜人事略》，《遜學齋文鈔》卷六。

〔註116〕（清）孫衣言：《書表弟項君瓛癸辛詞後》，《遜學齋文續鈔》卷二，清光緒間刻本。

〔註117〕（清）孫衣言：《項先生詩序》，《遜學齋文鈔》卷八，清同治十二年（1873）刻本。

學之復振，雖謂由項氏二先生開之可也」〔註118〕。在孫氏看來，其與項氏的親緣關係是糅合了鄉邦學緣傳承的，是地緣、學緣、血緣的交匯，並非簡單的士紳聯姻，是以孫衣言認為其繼承項氏的文化地位是理所當然的。

　　除了從項氏這裡接過在地方上對於文學、鄉學的話語權，孫氏兄弟得以介入士紳的詩文交遊網絡也是在二項及啟蒙老師曹應樞的引導之下的。換而言之，其親緣關係也對孫氏的社交網絡尤其是以專業為主要話語的社交網絡起著促進作用。項傳霖與梅曾亮、吳敏樹、張履、蘇惇、邵懿辰、錢泰吉等文化名人相友善，素有書信往來，在京期間他們構成了一個以學術取向為壁壘的交往圈。較之相對封閉且穩定的親緣與地緣關係，學緣關係更為鬆動與開放，孫衣言憑藉與以古文名家的項氏的舅甥關係強化自己的身份，自然地加固其在上述諸位前輩視野中的地位，更快的融入這個帶有明顯學術身份認同的圈子〔註119〕。可見，親緣關係促進了孫氏兄弟社交網絡的擴張，也強化了二孫身份上的學術文化色彩。

　　然而值得注意的是，儘管時常親密地提到「項氏舅」，但孫衣言、孫鏘鳴、孫嘉言三兄弟均為丁氏所出，與項氏兄弟並無實質性的舅甥關係。如上所述，項傳霖、項霽深居簡出，並不常與邑人交往，孫衣言、孫鏘鳴少年時甚至並未與兩位所謂舅氏見過面。直至項傳霖入京旅居，時任京官的孫衣言才得以以外甥的身份與之相過從。由是孫衣言及其弟孫鏘鳴才與項傳霖形成較為親密的交往。至於項霽，更是直至其亡故均未曾得見。對於自己親生母親丁氏的家族成員，孫衣言兄弟言之甚少，僅知丁氏之父名為丁漢蘭，母為葉氏。益可見孫氏對於二項的親近，遠非單純的親緣關係，而是交織著學術文化乃

〔註118〕（清）孫衣言：《項氏二先生墓表》，《遜學齋文續鈔》卷三，清光緒間刻本。
〔註119〕孫衣言所參與的京師古文圈，成為許多研究桐城派的學者界定其身份認同的重要依據。如柳春蕊所著《晚清古文研究——以陳用光、梅曾亮、曾國藩、吳汝綸四大古文圈子為中心》第二章第三、四節《桐城派古文在京師的傳播》、《京師古文圈子的複雜性》（南昌：百花洲文藝出版社，2007年，第100～123頁）中，把項傳霖、孫衣言都納入梅曾亮等為核心的古文圈子；余樟華、胡吉省等著《桐城派編年》（北京：人民文學出版社，2015年，第787頁）更是直接把孫衣言作為梅曾亮的弟子。但是孫衣言是否屬於桐城派古文的作家，仍存頗多爭議。甚至此圈子中力倡古文的楊葬珍在閱讀《遜學齋文鈔》之後也不無遺憾的說：「竊怪君負天下之橐，特為習俗所圍，無以表異於恒流」（《書重刻遜學齋文集後》，《移芝室古文讀本》卷五，清光緒二十二年（1896）楊氏家刻本）。項傳霖以梅曾亮為師，與古文擁蘆邵懿辰、吳敏樹等交情甚篤，孫衣言能夠與京師古文圈諸人相處融洽，與之也有重要關係。

至為人作風的傾向，也是對項氏文化與社會身份的認可與需求。

　　由於曾祖、祖、父三代單傳，除了並無直接血緣的項氏二舅，孫衣言兄弟在親族上無所依恃。而在孫衣言兄弟科舉發跡之後，他們具備編織親緣網絡的主動權。有學者根據嘉興地區的案例，將當地士紳家族聯姻理念總結為「科舉優先」〔註120〕。誠然，科舉家族之間互相聯姻相當普遍，但在實際聯姻中士紳家族往往不僅以科舉為憑。以孫氏家族為例，孫鏘鳴五女分別適楊晨、張霬、周瓏、宋恕〔註121〕、項維基、項恕，除了維繫數代與項氏的姻親關係，其餘幾位均為被其看好的青年才俊，利用婚姻可以順理成章地把他們網羅門下。其中，二女婿張霬之父張啟煊不僅亦為朝廷命官，更在孫氏家族生死攸關、命運轉折的金錢會事件中與孫氏站在統一戰線中。孫鏘鳴以與張啟煊「同袍之誼，深相契合」〔註122〕招張霬為婿，並利用個人與李鴻章的關係，委託其對張霬加以提攜。而張啟煊之女也嫁給了孫鏘鳴之子孫詒讓。這種雙重乃至多重的姻親關係，並不是簡單的「親上加親」，更是將私人交誼提升到家族層面的家族發展策略。此選擇在傳統社會中古已有之，在清中後期士紳間更為常見，如與孫氏同時期的浙江著名家族桐鄉陸費氏、德清俞氏均與杭州許氏不止一次聯姻〔註123〕。這樣的婚姻關係在孫衣言兄弟子孫輩繼續延伸，使孫氏家族與地方上有一定輻射力的家族和個人能夠建立與保持親緣關係，而「姻親間的相互奧援，使家族的文化與政治勢力在地方上甚至更大的地域範圍內得以鞏固和擴張」〔註124〕。

　　隨著三代單傳的孫希曾一支漸漸枝繁葉茂，孫氏兄弟仕宦又成，孫氏的

〔註120〕參見丁輝、陳新蓉《明清嘉興科舉家族姻親譜系整理與研究》第八章第一節《明清嘉興科舉家族互相聯姻盛行》，北京：中國社會科學出版社，2016年，第436～445頁。

〔註121〕據孫詒讓《先仲父侍郎公行述》（張憲文輯：《溫州文史資料（第5輯）：孫詒讓遺文輯存》，杭州：浙江人民出版社，1989年，第270頁），宋恕妻為孫鏘鳴四女，《（民國）平陽縣志》作「次女」（王理孚修，劉紹寬纂，民國十五年（1926）刻本，卷三十九《人物志八》），誤。考證可參見林順道《方志資料審核論稿》（北京：方志出版社，2007年，第521～522頁），但林氏錯引孫詒讓文，遺漏「項維基」。

〔註122〕（清）孫詒讓：《蔚文張君五十壽序》，張憲文輯《孫詒讓遺文輯存》，杭州：浙江人民出版社，1989年，第320頁。

〔註123〕吳仁安：《明清江南望族與社會經濟文化》，上海：上海人民出版社，2001年，第21頁。

〔註124〕方芳：《從〈清代朱卷集成〉管窺科舉家族聯姻特點——以孫家鼐家族為中心》，《莆田學院院報》2009年第6卷，第35～40、61頁。

親緣關係漸趨複雜，對於孫氏家族在地方上的作為與地位也更有助益。

二、官場交往

　　孫衣言官場生涯以數年的京官身份為開端，總是以「甌海陋儒」自居的孫衣言進京以後面臨著重建人際交往關係的情況。孫衣言年紀尚輕就離開了自己所諳熟的溫州瑞安，脫離了自己最熟悉的環境與交際關係，從地方的熟人社會中剝離出來，於是不得不充分挖掘自己所掌握的知識，以之為重新組合人際關係的主要話語。

　　孫衣言入京之初認識京城官員們的基本途徑，按慣例是執贄拜謁，諸如翁心存、蔣祥墀、黃爵滋等就由是認識孫衣言。詩文為這種具有官場應酬意義的交往增添了文化內涵，也是甫到京城的孫衣言謀求其在都市環境下深入發展的新渠道。在這數位前輩之中，黃爵滋更是對孫衣言京城交際網絡的展開起到了關鍵作用。黃爵滋在京城社交廣泛，不僅與烜赫一時的宣南詩社有莫大關係〔註125〕，還參與發起了道光丙申著名的江亭展禊之會，以至「當時之言詩者及四方負才名之士，爭趨黃鴻臚」〔註126〕。黃爵滋關心時弊，主張實用，有學者認為他的致用之志影響了其所介入的宣南交往圈「士人集體議政風氣的擴展」〔註127〕。但是考察其活動，其主要活動還是傳統士人的詩文酬唱。所以這一交遊圈也是一個在京「漢族士大夫的官僚集團」〔註128〕，它的主要議題跨度從政治到詩文，是以這兩者均可以成為來京官員被這一集團認同的條件。黃爵滋以此集團前輩元老的身份欣賞孫衣言的詩文，並「教以讀漢魏人詩及郭氏《樂府》，至唐人而止，勿涉宋元以後，則意趣自高，氣韻自古」，孫衣言受其言後即「專治古詩」〔註129〕。

〔註125〕因與宣南詩社諸人來往頗多，黃爵滋曾被認為是宣南詩社的成員，現仍有部分著作沿用此說。據黃細嘉《黃爵滋非宣南詩社成員辨》（陳文華編：《江西歷史名人研究（第1輯）》，北京：中國人事出版社，1995年）等提供的史料證據，是說當非。

〔註126〕孫延釗：《孫衣言孫詒讓父子年譜》，上海：上海社會科學院出版社，2003年，第5頁。

〔註127〕趙雅麗：《晚清京師南城政治文化研究》，南京：鳳凰出版社，2011年，第132頁。

〔註128〕魏泉：《士林交遊與風氣變遷：19世紀宣南的文人群體研究》，北京：北京大學出版社，2008年，第74頁。

〔註129〕孫延釗：《孫衣言孫詒讓父子年譜》，上海：上海社會科學院出版社，2003年，第5頁。

黃爵滋在京常組織宴飲詩會，則攜孫衣言在座，「謂衣言之作思清而敏，於是衣言之名傳聞都下」。道光十九年（1839），孫衣言更曾數從黃爵滋等與朝鮮使臣李時飲酒賦詩〔註130〕。黃爵滋對孫衣言詩文的推賞和對其人的提攜不僅推動了孫衣言融入京城官僚交際網絡的進程，也使孫衣言得以經由黃爵滋對其能力的認可抬升了資歷。

在京數年內，孫衣言參與了密集的詩文交往與酬唱活動。其發端仍是建立在地緣血脈之上的私人性交往。道光十七年（1837），孫衣言拔貢，同郡與貢者數人一同進京應試。步入京師的孫衣言對陌生的環境還延續著一直以來甌海人士對外人的疏離感，與貢的同鄉們如樂清徐德元、永嘉高一樞、玉環潘藩等即自然成為其早期在京交往圈的中堅。此時諸人均少年成名於鄉里，交際的主要話題是暢談自己對此次進京謀求功名的嚮往與憧憬，如孫氏自道：

> 是時予年少氣盛，謂天下事無不可為。惇士（筆者按，即徐德元）亦喜議論，間與陳說古今成敗得失，人之賢不肖，惇士好獨持所見，不為予降下。或偶為予拄，輒面發赤、瞠目直視，不發一語，既而復相視大笑。〔註131〕

如是少年心性，盡露無疑，讓已漸入老年的孫衣言回憶起仍歷歷在目。可見當時，相似的年齡、身份與文化背景在京城疏遠的場景映襯下更顯親切。然而不久之後，同考的儕輩均報罷返鄉，留京的孫衣言終究還是需要在京城展開自己的人際網絡。初時地緣依舊是最依賴的線索。如道光二十七年（1847），溫州泰順人林鶚入京，林氏身上的特點如「性剛鯁，好面折人過，年逾五十，意氣彌盛，於天下興廢成敗之故，尤耿耿不能自己」，讓常生孤旅之感的孫衣言反倒感同身受，頗覺親近，於是「遊處甚歡」〔註132〕。但在京溫籍人士畢竟寥寥，於是同屬浙江與東南沿海地區的在京官員或文士也讓孫衣言頗感親近。其中相交最為頻繁者有浙江平湖人張金鏞、福建閩縣人林壽圖、福建長樂人謝章鋌等〔註133〕，幾乎往來不絕。隨著黃爵滋等人的扶持，

〔註130〕 孫延釗：《孫衣言孫詒讓父子年譜》，第6頁。

〔註131〕 （清）孫衣言：《徐惇士墓表》，《遜學齋文鈔》卷五，清同治十二年（1873）刻本。

〔註132〕 孫延釗：《孫衣言孫詒讓父子年譜》，上海：上海社會科學院出版社，2003年，第13頁。

〔註133〕 對於孫衣言與謝章鋌、林壽圖等人的詩文交遊，詳可參見陳晶晶《林壽圖研究》第一章第二節、第三節（福建師範大學碩士學位論文，2011年，第18～23頁）。

孫衣言的交往逐步突破了地域的界限，愈趨頻密與寬廣。

　　在已經熟悉了京城交往的規則之後，孫衣言開始主動地組織友好之間的消寒雅集、作畫吟詩等活動，並進而多次參與了京城士人另一構建認同的主要方式：相與祠祀。士人集祀在古代社會中並不鮮見，相較於形式更為自由的時文唱和宴會，祭祀活動顯然更具儀式感和嚴肅性。集祀活動的對象並不一定，可以是詩文名家、仕宦楷模、鄉邦賢達等，取決於參與人員的身份與交往話語，時間則常選在祭祀對象的生日。借用前輩學者的見解，此類生日祭帶有「角色扮演」意味的自我形塑（self-fashioning），與會者「一方面表示自我的認同，一方面又是一種自我的塑造」〔註134〕。

　　目前可考孫衣言最早的祠祀活動，是道光十八年（1838）鄭玄生日的祭鄭活動。同祀者不過汪喜孫、陳慶鏞等數人，均為孫衣言私交甚篤的好友。雖名為集祀，規模卻甚小。與之後咸同年間的集祀活動相比，可以看出孫衣言在京交際的顯著變化。如咸豐四年（1854）六月祭祀歐陽修，壁上張懸《醉翁亭記》石刻，席間用海螺杯，以彰顯與尋常聚飲的區別。下錄年譜所記數例以見孫氏在京時參與集祀的文化身份和心態：

> 十二月十九日，集祀東坡於王九戶部入直軍機所居之玉池西舫，與者張海門、葉潤臣及長洲陶鳧香少宗伯樑，華亭張詩舲少宰祥河，壁懸閩人曾鯨波臣所畫笠屐像及惠州石刻像。
>
> （咸豐五年），歐陽文忠公生日，同人薦芷於林水曹之蘦菔草堂。
>
> （咸豐五年）十一月十五日，拜韓文公像於孔邸之韓齋。〔註135〕

　　如上，孫衣言在京參與薦芷、集祀的對象多為傳統社會中形象無甚爭議的人物，他們獲得士人認可的主要理由是在文學創作上的成就，同時又具備政治身份，容易引發孫衣言們的心理共鳴，達到自我形塑的目的。在這些集會、集祀上，孫衣言創作出了很多應酬之作。此時，他對京師士人的交往模式已諳熟於心。如果說通過宴遊只是突出了自己身上文學之士的色彩，集祀活動則是用更為正式的方式在公共空間中強化自己作為韓、柳、歐、蘇文章擁護者的身份。通過表現自己的學術傾向來拓展社交，是建立在當時學術流

〔註134〕王汎森：《〈顧祠──顧炎武與晚清士人政治人格的重塑〉序》，段志強《顧祠──顧炎武與晚清士人政治人格的重塑》，上海：復旦大學出版社，2015年，第1頁。

〔註135〕孫延釗：《孫衣言孫詒讓父子年譜》，上海：上海社會科學院出版社，2003年，第24、25、26頁。

向的裂變之上。「清代中期，由於考據學的大盛，儒學內部發生了義理、考據、詞章的新分類」〔註136〕，出現了知識話語的分裂，使得學者可以根據自己不同的偏好與觀點對現有的學術走向進行重組與選擇，並聚合成不同的交往群體。終孫衣言一生，始終保持著對蘇軾、歐陽修、白居易、陸游的祭祀，作文宗主八大家也成為孫衣言籠絡同好與晚輩最為鮮明的身份標籤之一。孫氏有意無意地迴避了甚囂塵上的漢宋之爭，以吟詩作文掩蓋了其在義理、考據之間的偏向，是以削減其交往網絡中的爭議性，討論詩文可以淡化當時頗為流行的非漢即宋的極端化趨向。

此時，同僚眼中的孫衣言是不甘為俗吏的詩文家，孫氏在與士人交往過程中甚少提及自己所服膺者究竟為漢儒還是宋儒，更無論其致用於世的政治主張。這樣的態度讓孫衣言得以與不同政治身份和學術主張的士人交遊甚歡。於是及同治七年（1868）孫衣言離京之際，送別者形成了不同步的數個群體：黃體芳、黃體立、龔顯曾、許振禕等友好送別於天寧寺；張丙炎、許宗衡餞其於澄懷園；王軒、董麟等於孫氏寓居的袁保恒家餞別；同年惲鴻儀、謝增、吳可讀於離京當日到府送別〔註137〕。根據不同的相識方式和小圈子他們自行組合，其中如許振禕更是以好友和同年的雙重身份兩次出現在送別隊伍中。可見孫衣言在京交往範圍具備了很強的包容性，也可見此時的孫衣言對於文化資源使用的嫻熟。但是在朝堂以外鮮談政事則是其在京一貫的風格。許宗衡所作送別之序文中如是談及對孫衣言的印象：

> 今東南無事，而燕趙齊魯近且削平，君可不歸，顧歸者何也？然則君非不能有所為於事，今豈無意於事乎？君神志蕭散，被服儒素，彈琴歌風，曠然無塵壒之累，不知君官皖時，尚有意於世否？自與君談宴，及今將行，無一言及官事。《北山》之詩曰：「四牡彭彭，王事傍傍，嘉我未老，鮮我方將。」世不乏膂力方剛之人，君或以經營四方非所任耶！蓋君年亦五十餘，可出可處，今雖歸，或以燕燕居息不足見生平之志，瞻彼阪田，若將終身，又奚為者，而要非縱橫之所能測者矣。〔註138〕

〔註136〕王標：《城市知識分子的社會形態──袁枚及其交遊網絡的研究》，上海：上海三聯書店，2008 年，第 89 頁。

〔註137〕（清）孫衣言：《戊辰南行日記》，清稿本。

〔註138〕孫延釗：《孫衣言孫詒讓父子年譜》，上海：上海社會科學院出版社，2003 年，第 83 頁。

　　許宗衡與孫衣言交往匪淺，其對孫衣言的印象是一派亦士亦隱之風。如許氏所言，兩人在交往中「無一言及官事」，足證政治在這一時期孫氏的交往中並非主題。許宗衡引用《詩經》中《四月》《北山》之章來揣測孫氏的計劃為何，是否避居鄉里，隱居地方即其所願。這一方面反映了孫衣言在經歷了金錢會事件之後確實表露出沮喪失望甚至避世的傾向，另一方面到皖之後的努力履職也說明了孫衣言並非純乎隱者的姿態，而是不在交往中剖明措施於地方的志向。

三、交遊網絡

　　如前所述，謹慎地展露政治與學術傾向也是孫衣言在京時期政治與文化心態的表現，這在孫衣言對祭祀顧祠的態度上得到最為明顯的體現。其時文網漸疏，紀念顧炎武早已不是人人諱言的敏感問題。嘉、道年間，顧炎武的文化地位已得到官方的承認。道光二十一年（1841），在時任江蘇巡撫梁章鉅的發起下，顧炎武入祀崑山鄉賢祠。禮部議定准此提議時，對顧氏的評價是「已故江蘇崑山縣先儒顧炎武，植躬清峻，砥行端方，講求經世之學……考古功深，斟酌允當」〔註139〕云云，是為官方對顧炎武崇拜的許可。道光二十三、四年（1843、1844），張穆和何紹基號召同仁，組織在京慈仁寺修建顧祠，並在其後數十年間形成了較大規模。為了證明他們祭顧的合理性，他們把顧炎武的形象闡釋為「行成忠孝，學洞古今，懲末造之蹈虛，進吾徒以考實」〔註140〕，把祭顧修禊之事還原到萬方多難的時代環境之下，以將對這位敏感人物的紀念融入措諸實用的思潮。而顧炎武「經世」的學風也是調和漢、宋矛盾的有力口號〔註141〕，是故顧祠修禊的人群中兼容了漢學家與宋學家，顧炎武成為京城士人超越學術傾向的公認偶像，慈仁寺也成為京城士人心中具有文化向心力的場合〔註142〕。

〔註139〕　王偉：《〈顧炎武年譜〉箋釋》，太原：陝西出版傳媒集團、三晉出版社，2012年，第153頁。

〔註140〕　（清）張穆：《顧亭林先生生日公祭文》，《顧炎武年譜》，上海：上海古籍出版社，2012年，第465頁。

〔註141〕　有學者認為顧祠修禊群體內部的漢、宋學家不僅共存，還存在著互相吸收以及此消彼長的關係（參見羅檢秋《嘉慶以來漢學傳統的衍變與傳承》，北京：中國人民大學出版社，2006年，第194～195頁）。但無論如何，如果以學術傾向作為劃分這些士人的標準，顧祠修禊整體上對於他們還都持有一種包容的態度。

〔註142〕　慈仁寺在清初即為士人聚會的場所，至顧祠建立，為其又增添了嚴肅性和象徵性，並直至被毀依然留存。參見陸胤《政教存續與文教轉型：近代學術史上的張之洞學人圈》，北京：北京大學出版社，2015年，第256頁。

正如學者指出，「到了嘉慶、道光年間一群讀書人逐漸塑造出一種顧炎武崇拜，它強調漢宋兼採、強調學問與經濟並重、強調明道救世之學。同時值得注意的是，人們正在逐步突破清代前期的政治忌諱」〔註143〕。但是，儘管作為文化符號的顧炎武被官、私雙方請入了「清代儒者的全神堂」〔註144〕，其作為遺民的特殊性還是讓士人心裏有所顧忌。早在顧祠籌建之際，張穆在私人信札中即抱怨「子貞世故太深，屢以相談，輒不應」〔註145〕，可見連出力最勤的何紹基對於在京祭顧之事都不無顧慮，更遑論本來對京師就心存距離感的孫衣言了。

早在道光二十四年（1844）顧祠初建，孔憲彝、葉名澧、朱琦即邀孫衣言同往拜謁，孫氏對此承認「未敢往也」。孫衣言此時的「未敢」頗為耐人尋味，固然是對於自己晚輩後來者身份的謙遜，也確實對祭拜顧祠的敏感性有所警惕。直至咸豐八年（1859），身居高位又被孫氏尊為師長的祁寯藻召孫衣言、王拯、林壽圖等同在慈仁寺飲酒小聚，在京多年的孫衣言才始得一謁顧祠。此時，他對於此事的謹慎小心是甚於同僚的。而隨著祭顧人群的擴張與祭顧之儀漸成定制，孫衣言逐漸熟悉了京城環境，不再為此而忌憚。

同治七年（1868），孫衣言第一次參加了祭顧的行動，就以資歷深厚、在京多年、詩文名世等原因被推攝祭事。此時孫衣言對主持祭顧也不再推辭。他在《亭林先生生日會客記》中寫道：

> 先生丁明之季，其時已無可為，然未嘗一日忘天下，常欲有所與革捐益，以薪復於三代兩漢之盛，其具於書者，往往可行也。今國家多事，雖不能如二十年前之盛於有為，然自顧祠之初成道光癸卯甲辰之間，世事之變固已萌枿其間矣。使上之人怵惕惟屬以求賢才、修政事為心；下之人發憤為雄以崇廉恥、知古今為務，至今二、三十年而謂中國之聰明材力必不足以得志於天下，誰其信之。……而衣言幸得從二三子拜先生之祠，瞻仰先生之遺貌，其當思所以無

〔註143〕 王汎森：《清代儒者的全神堂》，《權力的毛細管作用》，北京：北京大學出版社，2015年，第499～533頁。

〔註144〕 王汎森：《清代儒者的全神堂》，《權力的毛細管作用》，北京：北京大學出版社，2015年，第499～533頁。

〔註145〕 （清）張穆：《月齋書札詩稿》，轉引自呂文利《〈皇朝藩部要略〉研究》，哈爾濱：黑龍江教育出版社，2013年，第52頁。

愧於先生，豈徒以為相從飲酒修飾故事而已哉。〔註146〕

在京任職期間罕言政治，吝於表露政治意圖的孫衣言在返京後不但介入了他之前未敢與之的顧祠祭祀，甚而主動為文指摘二三十年間朝野上下之弊。其對於舉國不振的激憤表露無遺，這同時也是其離京以後在浙皖見聞的實感。考慮到孫衣言當時受知馬新貽，正欲赴任兩江一展抱負，其言論也就不難理解了。更值得注意的是，此時他已習慣於主導其交往圈子的走向，把控話語權，闡揚其主張。文中評價顧炎武之學的部分寥寥，其核心緊扣經世致用，結合當時其著手搜羅鄉邦文獻、編纂《永嘉叢書》、表彰永嘉之學的作為，孫氏所論不僅是有為而發，更是為了改變在友朋眼裏僅僅一介詩文之士的形象。孫衣言此段時間內常常提示經世、實用，也是豐富其交往圈中的主要話語，隱與其此時正在進行的家族轉向相配合。

這次主祀顧祠對於孫衣言絕非等同於以往祭歐、祭蘇之雅事，而是富含象徵性。時過多年，他依然對此念念不忘。及至光緒三年（1877），配合其時郭嵩燾、陳寶琛等發起的將王夫之、顧炎武、黃宗羲等從祀孔廟之奏議，孫衣言在江寧先付諸行動，議修江寧顧祠祀典，以亭林生日，由府學教授率紳士致祭〔註147〕，從中亦可窺見孫衣言社交心態的轉變。

不惟祭顧如此，在兩江任上，孫衣言迎來了第二個私人交往的高潮期。或許是脫離了京城相對更為拘謹壓抑的政治文化氛圍，孫衣言以飛霞閣為中心組織發起了多次祭蘇、祭白活動。自同治二年與張文虎等集於周濟蟄庵慶蘇東坡生日開始，直至離開兩江任上，飛霞閣薦芷幾乎成為孫衣言日常交往的例行活動。

飛霞閣位於南京朝天宮，它之所以在同治年間成為士人集祀選擇的場所，其後隱藏著超乎其建築與景點意義的原因。飛霞閣是曾國藩督兩江時下令依宋鍾阜軒舊址重建，以之為金陵官書局運作辦公之地，局中聚集了張文虎、戴望、馮煦、莫友芝、李善蘭、汪士鐸等一時俊彥。作為曾國藩在兩江煊碩武功之後致力文治的代表成就，金陵書局也在短期內成為了曾氏號召下人文盛世的文化象徵。與會諸人都或多或少地依附在聲名鼎盛的曾

〔註146〕（清）孫衣言：《亭林先生生日會客記》，《遜學齋文鈔》卷二，清同治十二
　　　　年（1873）刻本。
〔註147〕孫延釗：《孫衣言孫詒讓父子年譜》，上海：上海社會科學院出版社，2003年，
　　　　第152～153頁。

國藩羽翼之下，更是有學者把此時南京聚集的士人群中的很大一部分盡數歸入曾國藩幕府〔註148〕。可以想見，這時的祭蘇、祭白已不再是單純的文學活動，而是隱含著政治與文化身份識別的意圖。飛霞閣也與歷史上的名勝一樣，是「知識精英展示他們獨特身份的舞臺，他們重視從以往歷史中獲得的永恆歷史遺產，通過強調知識精英群體的歷史共同性體現他們歸屬獨立群體，擁有獨特身份」〔註149〕。

對於這種不言而喻的隱義，混跡官場多年的孫衣言自是了然。此時他並不在書局內供職，但其既出曾氏之門，又是有名的古文名手，參與甚至引導飛霞閣薦芷自然是分內之事。這種兼具文學與政治性的聚集，因為時人對曾國藩文武雙全、「天下偉人」的文化形象的塑造得到了統一。同治七年（1868），曾國藩調離兩江，周滮、張文虎、孫衣言等曾系士人亦借蘇東坡生日在飛霞閣集祀，曾氏親自在座，席間諸人對曾氏之功自然推崇備至，離別之意也甚為濃烈。及曾國藩移節直隸，飛霞閣薦芷的活動依賴孫衣言、薛時雨等曾氏舊部的倡導而得以延續，二人在這個圈子中的話語權也得到進一步的鞏固和加強。

不同於京城時期，此時身為組織者的孫衣言不但更為主動活躍，更有意把孫鏘鳴乃至孫詒讓引介入這個以詩文為主要話題的交往圈子之中。同治九年（1870），已是兩江老人的孫衣言約薛時雨於蘇軾生日邀集飛霞閣，借機把孫詒讓導入這個圈子，使其以後學而非純粹孫衣言之子的身份被同人接受。孫詒讓自幼隨父宦遊而徙居各地，其得以結識諸多文壇、學界或官場前輩也都是來自於其父交遊過程中的提攜和引介。從此也不難窺探類似活動不僅給孫衣言文化聲望的累積帶來了社交資本，也為孫詒讓繼承這種社交資本提供了條件，形成了私人社交家族化的趨勢。

相對於孫衣言較為廣泛的人際交往，孫鏘鳴的官場交往圈子則相對侷限。這既是取決於兄弟兩人的性格差異，也是因為缺乏詩文這一交往符號的孫鏘鳴更難於融入士人社交格局。孫鏘鳴對此也有充分自覺：「余官編修時，終歲不請客，不置車馬，不濫交，不赴宴會」，他甚至在經濟上頗顯拮据，身有負

〔註148〕 參見朱東安《曾國藩與晚清政局》，北京：團結出版社，2013年，第155頁。事實上，對於他們（包括孫衣言）是否確實入過曾幕，學界尚有爭議，此姑不討論。

〔註149〕 （美）梅爾清著，朱修春譯：《清初揚州文化》，上海：復旦大學出版社，2004年，第4頁。

債，需要「僚友義饋」以支持〔註 150〕。但孫鏘鳴的官場人脈同樣給其社交帶來益處，並蔭及子孫。

孫鏘鳴返鄉後，孫氏子弟求學乃至從政得到了李鴻章的很大幫助。身為孫鏘鳴的門生，李鴻章對於勒令休致的孫鏘鳴及其家人頗多關心。他積極邀請孫詒澤、孫詒諶往兼授中西學問的津郡學堂學習〔註 151〕，並最終把孫詒澤、張爾留在幕中，為他們積累了資歷。

〔註 150〕（清）孫鏘鳴：《止齋讀書記．京債》，《孫鏘鳴集》，上海：上海社會科學院出版社，2003 年，第 443 頁。

〔註 151〕參見（清）李鴻章《復孫蕖田讀學》，（清）孫鏘鳴撰，胡珠生編注《孫鏘鳴集》，上海：上海社會科學院出版社，2003 年 8 月，第 687 頁。

第二章　金錢會前後的瑞安孫氏

第一節　孫鏘鳴辦團

一、安義堡與孫氏的鄉邦理想

　　自孫氏兄弟科舉得第以後，他們一直試圖把自己鄉邦理想措施於地方。相比其兄，孫鏘鳴對時局更具敏感度，他曾於道光三十年（1850）累上奏疏（五月上《廣西會匪猖獗請飭嚴辦疏》、六月上《兩廣盜匪充斥疏》、七月上《應詔陳言疏》及九月上《廣西匪徒滋擾情形疏》等），提醒朝廷重視盜匪隱患。孫鏘鳴任廣西學政期間，恰逢太平天國事起。他本奉命提督廣西學政，因察覺到太平天國的擴張愈演愈烈，以匪患漸熾、「無可按試」回報朝廷。當廣西巡撫意識到洪秀全等非小寇，已「賊事蔓延」〔註1〕。及洪秀全事發，圍困桂林，三月始解，據孫詒讓撰《行述》，孫鏘鳴以學官襄辦守禦事，至「心力交瘁」〔註2〕。但這一經歷卻給了孫鏘鳴辦團的信心，他既以對賊事的先知先覺自矜，又以參與從軍守城為功。咸豐三年（1853），孫鏘鳴返鄉省親，聲勢頗盛，塾師趙鈞曾有記錄「一人榮遇，遠近宣傳，莫不歆羨」〔註3〕，對於孫氏之榮顯歸鄉，嚮往溢於言表，亦可見此時鄉民對孫氏家族的羨慕。

〔註1〕（清）莫祥芝、（清）甘紹盤修，（清）汪士鐸等纂：《（同治）上江兩縣志》卷十八《咸豐三年以來兵事譜》，清同治十三年（1874）刻本。
〔註2〕孫延釗輯、張憲文整理：《孫詒讓詩文遺稿補輯》，《文獻》，1984年第1期，第179～199頁。
〔註3〕周夢江：《趙鈞〈過來語〉輯錄》，《近代史資料》，1979年第4期，第150頁。

及孫鏘鳴廣西學政任滿，欲以「仕宦之在籍者」身份回溫州會辦團練、籌募捐輸。孫鏘鳴以京官身份辦理團練，是乘其時官紳爭相經營團練的東風之舉。從某種角度說，團練盛行的背景是「在社會秩序空前失控、社會控制系統衰敗的急切形勢下，清王朝難以提供有效的社會力量」〔註4〕。清後期，以太平天國為代表的武裝叛亂，一方面給地方政府的管理造成了巨大壓力，一方面也給地方士紳介入地方管理提供了一條捷徑，而經營團練正是步入這條捷徑的入口。在籍士紳利用半官方的身份組織領導地方團練，由其直接捐募的資金也構成了地方團練的重要經費來源。〔註5〕

另一個吸引孫鏘鳴投入團練活動的原因，是團練組織的家族性，這在當時各地團練的案例中均可見一斑。關於家族經營與地方團練軍勢崛起的關係，已有學者注意，毛立平用家族集合的方式重審淮軍，認為其主體的前身即「盧州合肥東鄉李文安、李鴻章父子李氏家族，合肥西鄉三山周公山張蔭谷、張樹聲父子張氏家族；大潛山劉銘傳劉氏家族；紫蓬山周盛華、周盛傳、周盛波兄弟周氏家族以及三河潘璞、潘鼎新父子為首的皖中團練」〔註6〕。他們中不乏就本鄉營修圩寨、就本族為基本成員，從而逐漸提升實力、擴大輻射範圍的案例。部分建寨團練視圩寨為自屬，其優先保存鄉族的訴求甚至在所謂「忠君愛國」的政治立場之上。這一傾向普遍存在於當時，並得到曾國藩等高級官員感同身受般的理解。〔註7〕在特殊的歷史環境下，瑞安孫氏之類後起的地方士紳寄望於以家族形式投入團練，形成與地方政治的緊密聯繫，成為地方權勢的核心，但同時也必須冒著身死族滅的風險。如太平天國攻打蘇州之際，當地士紳蔣嘉棫在外仕官，兄蔣映杓時為從九品銜，率侄天申、天保糾團禦敵，滿門身死〔註8〕。然而，孫氏家族仍過於低估了經營鄉團的風險，

〔註4〕 王先明：《晚清士紳基層社會地位的歷史變動》，《歷史研究》，1996年第1期，第17～29頁。

〔註5〕 參見米鎮波《論咸豐朝地方團練的經濟來源及影響》，《歷史教學》，1986年第12期，第4～7頁。

〔註6〕 ：《十九世紀中期安徽基層社會的宗族勢力──以捻軍、淮軍為中心》，《清史研究》，2001年，第4期，第14～23頁。

〔註7〕 曾國藩曾語「為瞿建有賂賊求免之事，大抵迫於無可如何，今欲辦堅壁清野之法，必須官民一氣，分別良莠，乃為有益」，考察其意，實傾向辦團士民，暗責地方官。因曾氏見解對孫氏影響重大，特稍作說明。（《復王筱泉廉訪》，《曾文正公書札》卷二十九，清光緒二年（1876）傳忠書局刻增修本）。

〔註8〕 （清）曾國藩：《蔣映杓等殉難請恤片》，《曾國藩全集》第8冊，長沙：嶽麓書社，2011年，第55頁。

積極投身於其中。與蔣映杓、蔣嘉棫兄弟例類似，其時孫衣言在外為官，孫
鏘鳴則在籍辦團，分工明確。他們主要採用的團練模式則借鑒了當時正流行
的「堅壁清野、築堡禦賊」。

　　咸豐三年，戰事日緊，咸豐帝先後任命包括曾國藩在內的各省在籍官員
為督辦團練大臣，並頒布了大規模營辦團練的上諭，明令「仿照嘉慶年間堅
壁清野之法辦理團練」，並令刊刻頒發明亮、德楞泰《築堡禦賊疏》，龔景瀚
《堅壁清野議》及示諭，命各直省督撫「督同在籍幫辦團練之士紳實力奉行」
〔註9〕。築堡之策為臨時應變的權宜之計，卻具備戰、耕兩種形式，應急之
餘，對基層的日常管理運作也有相當的適應力〔註10〕。尤其對於地方士紳來
說，這一政策有益於他們借築堡辦團實現鞏固宗族、凝聚鄉里的目的，兼之
中國村莊居民之間往往存在著或遠或近的血緣及姻親關係，天然可以構建成
相對獨立、內部關係緊密的系統。堡寨之類的軍事單位往往具備開發成行政
甚至自治單位的潛力，便於在籍官員和士紳迅速形成自己的勢力而快速崛
起。這種現象在同時期並不鮮見，而尤以安徽最為顯著，淮軍名將劉銘傳、
潘鼎新、董鳳高等均借築堡修寨起家。堡寨的營建不僅給了個人借軍功平步
青雲的機會，也為地方上頗具實力的士紳家族提升聲望並一躍而成蔚然大族
奠定了基礎。

　　孫鏘鳴辦團同樣奉行築堡禦賊的理念，四月奉命在籍辦團，七月即在家
鄉潘埭硯下村自築堡壘，名為「安義堡」。與戰事緊張的安徽地區不同，當
時溫州尚未遭受大規模兵燹，安義堡僅僅是個備可能之需的軍事堡壘。是
以堡成之日，孫氏兄弟特上報京師，請紀其事，以確認這一軍事設施的合法
性。與前舉安徽省各官紳例相同，孫氏的築堡行為也是本鄉為基點，投入全
體孫氏族人之力，從守族慢慢拓展到保鄉。形制設備上，安義堡就原孫氏老
宅加築塢堡式城牆擴建而成。據孫氏後人回憶，孫氏老宅中不僅為團勇專
闢住房，更有家牢若干，規制謹嚴，即當時遺範，故此幾可視作專屬一族的
軍事堡壘。

　　皖北軍功家族在晚清變亂之前，往往缺乏科舉之榮，甚或如合肥周盛波

〔註9〕　中國第一歷史檔案館：《咸豐同治兩朝上諭檔第三冊》，南昌：廣西師範大學
　　　　　出版社，1998年，第108頁。
〔註10〕　築堡辦團的基本運作模式參見（清）龔景瀚：《堅壁清野議》，（清）魏源編《皇
　　　　　朝經世文編》，長沙：嶽麓書社，2004年，第829頁。

兄弟出自畎畝，不屬士紳之列，僅僅由於軍情緊迫而營建堡壘，無需任何理論支撐。而孫氏以科名見知於鄉梓，孫衣言更以倡言文教的文學之士著名，故為其建堡之舉做出論說。孫衣言將其築堡之舉比作「古者同井守望之法」，為之尋求理論依據，並說明到：「而先王之意，則一寓之於井田，如《周禮》遂人之所為，蓋非第以通溝澮川洫而已，所以正其疆界而為之封域者，誠以為守助之資，禁強暴之擾也。」〔註11〕這個比附並不新穎。數年之前，孫鼎臣力倡團練，就曾將「今之團練鄉兵」攀扯為《周禮》古法的遺義〔註12〕。這反映出士紳追求自身利益最大化的同時，也在較為謹慎地保持著與官方尊奉的經典的一致性。

在孫衣言眼中，安義堡並非是特殊情況下的應急舉措，而是他通過分析瑞安地域文化，思考出來的對地方管理的有效補充。他對瑞安地區的封閉性和自足性有充分認識：

> 我瑞之山奇而水清，多長山深谷……又其人往往聚族而居，父子兄弟相依倚老死而不相離。〔註13〕

孫衣言將地理上的相對孤立隔絕與心理上對親族的依賴，視作鄉邦文化的兩大基本特徵，這為他以家族為中心構建地方秩序提供了可能性。這在《安義堡記》中多有體現：

> 然先王之意又非第以為可守而已，嘗考之大司徒之職，既制其井域，而封溝之矣，又必詳為教法以治之。其於比閭族黨之間，既示之以相保受賓葬矣，又必頒之以職事，教之以三物，而所尤重者，則孝友睦姻任恤之六行，其不孝不友不睦不姻不任不恤者，則又有刑以糾之，必使盡就我教而後已。而至於禮樂之精微，亦未敢後焉。先王之所以聯其民而教之備者，以為不如是則雖予以可守之地而亦不能以自固也。〔註14〕

這並非只是沿用士大夫敦促教化的陳詞，而是孫衣言對其地方管理理念的闡述。他認為地方事務的關鍵在於通過文教建立地方秩序，軍事只不過是維護這種秩序的保障措施，是在孝友睦姻任恤不能行於世之時用以糾正的手

〔註11〕（清）孫衣言：《安義堡記》，《遜學齋文抄》卷二，清同治增修本。

〔註12〕（清）孫鼎臣：《論兵三》，（清）盛康輯《皇朝經世文編續編》，臺北：文海出版社，1972年，第2265頁。

〔註13〕（清）孫衣言：《送汪仲穆序》，《遜學齋文抄》卷三，清同治增修本。

〔註14〕（清）孫衣言：《安義堡記》，《遜學齋文抄》卷二，清同治增修本。

段，目的無非是「使盡就我教」。值得注意的是，是時太平天國雖軍勢正熾，卻尚未對溫州地區構成直接威脅，其餘雖時有艇匪作亂，畢竟尚未成氣候且未造成直接威脅，孫氏家族當時無條件亦無需寄望憑藉軍功獲取聲名。這種情況下，孫衣言兄弟積極辦團建堡，其目的不僅是為國盡忠，防患未然，更關乎自家的切身利益。這點孫衣言自己也有所剖白：

> 吾村在縣治西北二十五里，吾孫氏聚族而居之，民儉而勤，敦樸而畏法，蓋所謂有職事而易教者。今又有堡以為守矣，而益導之，與行相率以為孝友睦姻任恤，使其比閭族鄰之間如父子兄弟之相親愛也，是無待於堡而固矣。況乎為之守以禦強暴者，又有如是之資哉。且此豈獨為吾堡言之也。今盜賊之患，自廣西而蔓於吳楚數千里之間，豈無險阻之限與高城深池之可恃也哉，何其所至殘破也。然大抵其民之樸厚尚義者，即不被寇，或寇至有可與守，而其所殘破，皆沃土敖民之聚也。由是觀之，雖天子所以固天下，獨不以教民為先務乎。是亦可因吾堡之說以推之也。〔註15〕

雖說後起家族的發展以核心人物科舉仕第為飛躍點，但其進一步發展仍有待他們對家族發展所做的路線規劃和耐心經營。孫衣言的家族經營始終以強烈的地方歸屬感為準繩，他試圖將自己家族與瑞安乃至溫州的地方發展相聯繫，強調「家」與「鄉」一體化。然而他雖有官職，卻因身在翰林，無法利用官方身份親自統管家務、斡旋地方。亂事漸起以及孫鏘鳴返鄉辦團，從主客觀條件上為其實現「家」、「鄉」建設的理想提供了良好契機。如其在文中所說，他眼中的孫氏家族不僅是瑞安「儉而勤，敦樸而畏法」民風的代表，更是以道義禦強暴的成功個案。鑑於孫衣言時代，孫氏家族甚至尚未形成較緊密的宗族，他之所以積極營造家族的團結形象，其目的正在於團結親族，形成以自己一支為核心的盤谷孫氏宗族，並推之於鄉里乃至溫州地方。

對於團練與宗族的關係，學界亦有歧見，有學者認為「團練的興起有利於地方紳士力量的擴張，同時又削弱宗族的血緣聯合，增強貧苦農民之間的聯繫」〔註16〕；又有學者持相反意見：「如果說氏族起到了軍事化的組織基礎的作用，那麼同樣確實的是，軍事化也可以用來加強促進親屬休戚與共關係

〔註15〕　（清）孫衣言：《安義堡記》，《遜學齋文抄》卷二，清同治增修本。
〔註16〕　（美）魏斐德著，王小荷譯：《大門口的陌生人──1839～1861年間華南的社會動亂》，北京：中國社會科學出版社，1988年，第3頁。

的那種傳統紐帶關係」〔註17〕。瑞安孫氏的案例中，孫衣言兄弟顯然將安義堡這個團練組織的軍事設施視作自家的私物，篤信其可以成為家族進一步輻射地方的可靠憑依。同時他們也忽略了團練可能存在的弊端，對於部分族眾來說，鄉團並沒有形成理想中的向心力。不過即使如此，孫氏鄉團在當地還是發揮了相當的影響力與號召力，並引起了其他士紳的傚仿。〔註18〕

二、地方權力漩渦中的孫鏘鳴

有學者認為團練是「反映團練的推行者（即地方紳士）多方面社會身份的一個多方面機構」，士紳既因為擁有功名而成為「帝國的儒家體制的支柱」，又因為地緣紐帶而在「自我形象中注進了強烈的地方主義」〔註19〕。以曾國藩為代表的一部分士紳借用沿著科舉正道獲取的官方身份背景，在地方上擴張著自己的輻射力，通過為國靖亂，經營具有很大自治權的武裝隊伍，從而或崛起於官場，或盤踞於地方。當然，團練為抑制乃至消滅各地發生的民變也確實發揮了重大作用，時人甚至慨歎：「迨粵匪、撚匪、回匪之禍，藉楚勇、淮勇之力以平之，而綠營兵之績更無聞焉。」〔註20〕與此同時，團練所具有的強烈本土歸屬感又使其體現出一定程度的地方自治甚至排外傾向。有時人曾總結保甲與團練的功能為「靖本地之匪徒」與「捍外來之宵小」〔註21〕，即透露了保甲、團練的自治傾向。這種傾向的發展甚至導致了晚清鄉團組織在政治上的分化，在很多地方出現了「靖亂適所以致亂」〔註22〕的局面。

〔註17〕 （美）孔飛力著，謝亮生等譯：《中華帝國晚期的叛亂及其敵人——1796～1864年的軍事化與社會結構》，北京：中國社會科學出版社，1990年，第81頁。

〔註18〕 如吳一勤《瑞安西北鄉團練防剿記》即有云「聞潘岱孫氏曾繕村堡，勤亦議築堡於村」（馬允倫編：《太平天國時期溫州史料彙編》，上海：上海社會科學院出版社，2002年）。

〔註19〕 （美）孔飛力著，謝亮生等譯，《中華帝國晚期的叛亂及其敵人——1796～1864年的軍事化與社會結構》，北京：中國社會科學出版社，1990年，第223頁。

〔註20〕 （清）薛福成：《敘團練大臣》，《庸庵文編·海外文編》卷四，清光緒刻《庸庵全集》本。

〔註21〕 （清）劉衡：《稟呈編聯保甲章程兼行團練由》，《庸吏庸言》下卷，清同治七年崇文書局刊本。

〔註22〕 《寄諭訥爾經額著派員迅緝保定野黨並飭地方官毋得以團練藉詞科派（咸豐三年三月初三日）》，中國第一歷史檔案館編《清政府鎮壓太平天國檔案史料》第5冊，社會科學文獻出版社，1992年，第452～453頁。

　　如前所述，築堡辦團是孫氏家族此時經營地方的主要形式，其安土固鄉的願景也帶有一定自治性質，並對此抱有美好的憧憬。然而孫衣言的規劃最終淪為畫餅，原因很大程度上在於孫鏘鳴與地方官員乃至其他士紳的激烈矛盾。如果說咸豐八年（1858）爆發的金錢會事件是引爆孫氏與地方官紳之間關係的導火線，而從三年（1853）到七年（1857）這看似平靜的幾年間，孫鏘鳴與地方政府、地方士紳的關繫急劇惡化的過程，則尤值關注。

　　奉命辦團的在籍紳士構成了獨立於「地方官僚系統之外」，一套「與之平行的新的社會控制系統」〔註23〕。雖然兩者都有官方授予的權力，但職責範圍的重疊必然導致兩者在地方事務上的衝突。有學者指出「清廷在委任『在籍紳士』的過程中並未授予其正式職銜，且始終沒有明確劃分『團練大臣』與地方官員的權力界限」〔註24〕，這一體制漏洞造成了在籍士紳與地方官爭執日烈。咸豐三年（1853）起，直至咸豐六年（1856）擢升侍講前，孫鏘鳴一直以「奉假省親」的身份在籍辦團。這種模糊的身份定位讓他在地方的活動更類似於士紳代表，而非受命官員，加之當時各地團練或多或少都呈現出一定家族性，地方官很難以同僚視角看待孫氏兄弟。孫鏘鳴選材上重用私人，拉攏當地素有密切關係的士紳，其權力的使用上相對獨立甚至背離於地方官。據孫衣言語，「予弟鏘鳴方奉朝命治鄉守，獨引卣薌兄弟（按：即黃體立兄弟）自助益，為團練謀禦賊」〔註25〕。可見孫、黃等實力士紳在孫鏘鳴「奉旨辦團」的招牌下對於地方政府表現出明顯的不信任，在地方官員眼中也頗有培植私人勢力之感。

　　而言官出身的孫鏘鳴又秉持著積極參與地方政治的態度，與地方官乃至其他地方勢力的碰撞自然也就無可避免。正如有學者所指出：「地方精英與國家之間是一種說不清的關係：出身於富有家族的讀書人既有用又危險。他們自願充當社區的領袖服務對政府的職能有所補充，但又有可能對政府的職能越俎代庖」。〔註26〕下以咸豐八年（1868）一例以見其詳：

〔註23〕崔岷：《咸豐初年清廷委任「團練大臣」考》，《歷史研究》，2014年第6期，第165～174頁。

〔註24〕崔岷：《咸豐初年清廷委任「團練大臣」考》，《歷史研究》，2014年第6期，第165～174頁。

〔註25〕（清）孫衣言：《黃母太夫人八十壽序》，《遜學齋文鈔》卷三，清同治十二年（1886）刻本。

〔註26〕（美）韓書瑞、（美）羅友枝著，陳仲丹譯：《十八世紀中國社會》，南京：鳳凰出版傳媒集團、江蘇人民出版社，2009年5月，第13頁。

　　　邑士蔡小琴等，憤田糧銀價漸增，民不堪命，呈請前道府憲
　　照定例自封投櫃。初亦不准，後迫於法律，不得已減價，兩銀折
　　錢二千七百文。十一年。志姓道憲（志勳）祖蔭屬吏，大張告示，
　　諭從縣令照舊價完納，不遵者梟示，小琴等懼，求孫侍讀薰田援
　　助。孫往見道憲，謂此事前已有示減價，今忽反汗，某為桑梓貧
　　戶計，不得不奏，然要須將憲示附折上陳。道憲慚懼，星夜追回
　　給發告示百二十張。可見行大事必須有人。十月初一日聞後記。
　〔註27〕

　　紳士蔡慶恒為恩科舉人，並無顯赫科名，竟出而以紳民代表自任，力求
減收田賦，還逼得知府志勳被迫妥協。其中緣由，似不僅「迫於法律」那麼簡
單，官紳之爭背後的權力角逐已露出端倪。至咸豐十一年（1861），志勳突然
重令「照舊價完納」，頗有尋釁之意。孫鏘鳴也被逼到前臺，向志勳施壓。儘
管以志勳追回告示、撤回成命了結。但官紳雙方已不再遮遮掩掩，近乎劍拔
弩張。志勳不惜背棄前令，也不再擔心所謂的「法律」，很大程度上就是金錢
會的迅猛發展，讓他有了可與擁有官紳雙重身份的孫、黃等士紳大族一較高
下的底氣。孫鏘鳴則直接站到了地方政府的對立面，其說辭也頗具策略性：
「為桑梓貧戶計」，以邑人代表自居，側重地方身份，語露排外之意；「須將
憲示附折上陳」，暗含威脅，側重官方大員的權威。在這次衝突中，後者更顯
直接且有效力，但在長期的家族發展中，孫氏兄弟則更重視對地方認同感的
渲染。在這一事件中，孫鏘鳴的作為引得老生員趙鈞的欣羨，其原因卻並非
孫氏自己苦心營造的為民請命的形象，而是「行大事必須有人」，亦可略見彼
時士民對孫氏之類顯達之士回鄉干預本地事務的態度。

　　孫氏以所謂「上層紳士」身份與地方官員及士紳之間的矛盾由於金錢會
事件得到集中爆發，在目前的研究中已有學者注意並加以討論〔註28〕。而如
上所述，孫鏘鳴如火如荼的拉攏士紳、大辦團練、干涉地方事務，引起地方
官員不滿亦屬正常。但當其時，他如何觸及到地方部分士紳的痛處，以至部
分士紳在金錢會萌起後竟現倒戈之勢，其原因似乎不能單純用以功名高低區

〔註27〕周夢江：《趙鈞〈過來語〉輯錄》，《近代史資料》，1979 年第 4 期，第 187
　　　頁。
〔註28〕參見李世眾《晚清士紳與地方政治——以溫州為中心的考察》第二章第三節、
　　　第四節（上海：上海人民出版社，2006 年，第 162～173 頁）。

分的上下層紳士之間的隔膜加以解釋，而是長期累積的結果。在這段時間內，孫氏這樣的大族不僅與黃氏家族之類憑藉科舉起家的上層紳士相聯合，更形成輻射圈，對科舉不力的下層士紳產生向心力。在擴大家族影響、形成自己勢力的同時，孫氏也被捲入下層士紳之間互相鬥爭的漩渦。

　　按當時慣例，捐輸、團練統由一人負責，孫鏘鳴在當地的主要活動除了經營家族、辦理團練、友朋交往以外，還有「勸捐軍需」。其中過程就無可避免的要觸及到地方士紳的利益。以咸豐四年（1864）一起捐輸糾紛為例，下仍借《過來語》中趙鈞的視角來審視這一事件的始末：

　　　　現在大吏箚屬勸捐軍需一事，初意在勸，而其勢漸至於勒……瑞邑主其事者，為孫編修鏘鳴，領局者為沈教諭丹書，分任勸捐局紳為胡棣甫、許岳甫。許鮮出面，外務一任於胡。邑令何公名元輔，而局中收款給照，又必須關會移詳，是四五人者，皆捐局中人也。……誰知局中人各自庇其親戚知好，弊端一開，通邑富室迭相效尤，避重就輕。有捐定轉填他人名下，少加幫貼，便可出脫。從此局中人從中規利，各立門戶，互相傾軋，而軟弱富戶，隱受其籠絡而不自知矣。如一都白門姜景林，三都沙瀆陳希曾、希成二富戶，孫以捐票不交，付邑主催繳，邑主正地丁缺解，藉端與六月初一日下鄉，私帶局外勢衿，向有田之家，無論已捐未捐，持知縣名片傳知，再用官印印票勒借錢文，下而胥吏、地保、土豪，交結夤緣，託官勢暗中訛詐，十畝廿畝人家亦被脅取……姜姓當邑主下鄉時，有捐有借，捐則官可挪移解急，借則民難屆期取還。既於公事不合，後姜見沈教諭出示，捐款不許分文挪移，印票交易又是私例，因向郡尊稟請捐款應交何處，詞語直截，但不敘明捐票借票，自留弊竇，致使捐款已向公局交情後，縣主有忿未洩，所借又成畫餅，印票既落人之手，難以收回。八月廿五日，差幹役十三人，借姜姓族中陳糧硬加包攬抗欠罪名，到其家大加滋擾。姜無奈託友人吳一勤赴邑兌票料理，費錢七八千。及票既兌交，縣主見姜無上控名目。廿七日又添差六名，計共十九人，再到其家索詐，吳一勤見姜無所把持，生心反噬，暗串差逼姜一同到邑料理。姜不知託任非人，到邑，吳恍以危言，謂非四五百金，禍不可解……三十日早晨，姜之姐丈陳希成聞之，挽捐局中胡棣甫探聽衙門實信，一揮而奸黨四散，姜乃

得歸。然經吳一勤手已費錢二十千矣。

陳姓本四房合捐。三月間，其第三房名希曾者，曾向孫編修鏘鳴認捐百九十二千，已經出票訂期交局。希曾好用心計，希圖短交，延遲二三月，只交錢一百廿八千。孫心惡之，因將其原票並姜票付邑主催交。邑主六月下鄉，飭傳希曾、希成，押令捐錢一千貫，加之帶去勢衿，曲加媒孽，二人力不能禦，膽識又小，希曾因親出票錢四百八十千，希成出票錢三百廿八千，合前票九十二千，共一千千。此事在邑主一旦加捐數倍，似乎出力辦公，在陳姓既已立票，無可推辭。只因年荒缺乏，勉強措交公局四百八十千，而希成之票與三月間希曾百九十二千之票，一文未交，即希曾四百八十（千）之票，錢雖交則票尚未發還。孫又將三票轉交邑主催收，邑主早知姜家之事，係希成兄弟主張，內懷忿恨。希曾又自以己票已交，不管弟票。八月二十外，邑主飭差催取三票之錢，傳單只注收過百廿八千，其餘俱未交繳，著令火速齊交。廿七日，希成接胡姓信，赴邑料理，被差監押，胡姓人為之稟官開釋，費錢六十千，謝胡姓禮在外。當希成到邑時，吳一勤陰串差攔截，意以姜姓之事，是伊主張，稟官收押主張之人，則姜姓無靠，可以飽噬……捐局中諸人同是辦公，而各懷私利，互相傾軋，不顧捐戶利害，致使道路傳聞，人心瓦解。〔註29〕

引文中所涉捐輸局中各人裏，時任縣令何元輔是孫衣言同榜進士，他於咸豐五年（1865）至八年（1868）履職瑞安，正與孫鏘鳴在鄉辦團同時。沈丹書自道光十九年（1839）始任瑞安教諭。胡棣甫即胡姚，與孫氏兄弟曾同學江乾草堂，淵源頗深。〔註30〕鑒於許岳甫基本只是掛名，不參與局務，團練的經費徵收實際是在孫氏主導，主要士紳與地方政府代表參與配合下進行的。當然，這只是孫鏘鳴的理想架構，實際運作中，此數人在地方上要借機建立與鞏固個人勢力和利益圈子，難免互相衝突。何元輔對孫氏採取以妥協為主的態度，而孫鏘鳴無實銜，想要針對不配合的士紳採取舉措，就需要也不得

〔註29〕周夢江：《趙鈞〈過來語〉輯錄》，《近代史資料》，1979年第4期，第161～
163頁。

〔註30〕參見（清）孫鏘鳴《家訓隨筆》，「明年乙未，余兄弟在家讀書與周仲梅、胡
棣甫四人聯課。」（《孫鏘鳴集》，上海：上海社科院出版社，2003年，第262
頁。）

不依賴縣令的權威。在趙均的眼中，孫鏘鳴以模糊身份「付邑主催繳」，似有命令之意。而何元輔不以為慍，反視此為一次自謀其利的機會，把對象從不交捐票的三戶蔓延到「無論已捐未捐」的「有田之家」。在他勒捐之際，下屬們則更肆無忌憚，連十畝廿畝的小戶也不能自免。這一局面被姜景林的不合作舉動引爆，觸怒了何元輔，何氏強加姜氏罪名，使人前往索詐。此時姜景林友人士紳吳一勤登場，受委託從中調和，兌票了案，吳氏卻反而訛詐姜氏錢財。吳一勤亦屬跟隨孫鏘鳴辦團練的當地士紳，有團練之威的庇護，有恃無恐。陳希曾、希成兄弟與姜氏有親戚，又因此捲入。陳氏本就不甚配合捐輸工作，為孫鏘鳴不喜，孫氏就此助力何元輔一再勒捐陳氏、姜氏。吳一勤也再度介入，請求通過打擊陳氏來進一步勒索姜氏。更有任職局中的胡姚，在陳氏請求下從旁開解。此案最終結果如何，尚不可知，卻已足以略窺各種權力在捐輸過程中交匯激蕩的狀況。

　　清代推行捐輸，緣起於康熙間。由於咸豐年間戰亂頻仍，財政緊張，朝廷對捐輸改行開放政策，各地均辦起捐輸局，由於規制不健全，官紳均以有空子可鑽，造成了大量勒捐情況發生。早在道光二十二年（1842），主張發展團練的骨幹呂賢基即注意到這一萌芽，上摺請求敕禁〔註31〕。曾國藩主政江南，再度下令「禁紳局辦捐」〔註32〕，以求杜絕。但此勢頭一開便被官紳利用，逐漸擴散，難以遏止。孫鏘鳴回鄉辦團，捐輸並非完全屬其分內。有學者據此認為，孫鏘鳴參與捐輸事務的動機是「為了減輕捐輸制度對其親族故舊所造成的衝擊」，是「地方精英為了保護自己的利益，亦不得不採取非常的辦法」，更是「將負擔轉嫁到他人身上的手法」〔註33〕。但從上述案例中，可以看出在實際操作層面，孫鏘鳴並沒有如是強大的控制力，其主導的捐輸團隊的執行力也脫離了孫氏期望的軌道。

〔註31〕 參見（清）呂賢基《御史呂賢基奏請敕禁各省加派勒捐折（道光二十二年二月二十八日）》「近聞湖北、湖安徽等處皆有加派勒捐之弊，又聞浙江、直隸、山東亦然。應請敕下各省督撫申嚴禁止。」（中國第一歷史檔案館編《鴉片戰爭檔案史料》，天津：天津古籍出版社，1992 年，第 155 頁。）

〔註32〕 （清）曾國藩：《批青縣文生張化敷等呈訴京控姚式熙等勒捐案情》，（清）李瀚章、（清）李鴻章編《曾國藩全集‧批牘》，北京：中國華僑出版社，2003年，第 433 頁。

〔註33〕 （美）羅士傑《地方神明如何平定叛亂：楊府君與溫州地方政治（1830～1860）》，吳松弟編《走入歷史的深處：中國東南地域文化國際學術研討會論文集》，上海：上海人民出版社，2011 年，第 437 頁。

　　此案例，表面上看，孫鏘鳴主團練、捐輸事，在局內外籠絡聚集了一批可為己用的官紳，兼具官、紳雙重身份且頗具威望，似乎已滲透入從軍事到經濟在內的各項地方事務。但在實施層面，卻透露出隱憂：不論是縣令何元輔、勸捐局紳胡姚、辦團鄉紳吳一勤，雖都與孫家關係密切，卻都想借著回鄉辦團的孫編修與捐輸局這個新鮮事物各圖私利。處在暴風眼的孫鏘鳴已失去了對事態的掌控，本當居於領導地位的他，似乎並未參與催繳的具體過程，介乎官紳之間的尷尬身份讓他偏向哪方都會遭受爭議。而他所擁有的權威不但沒起到收攏與控制地方官紳的目的，還被他人反過來用作官紳鬥爭與士紳互鬥的工具。在團練捐輸中受到損失的士紳無論上下層都有遷怒於孫鏘鳴者，在相對穩定的環境下尚可隱而不發，金錢會一起，引線隨即迅速點燃，致使孫氏在金錢會及其後一度面臨腹背受敵之勢，幾入絕境。此案也展示出了孫鏘鳴個人剛愎的性格，既易受蒙蔽，又易趨偏激，一定程度上為隨後的金錢會事件中孫家的遭遇埋下了伏筆。

　　尤值關注的是，下層士紳趙鈞對於憑藉功名躋身上層的孫氏兄弟始終抱著一份嚮往與憧憬，在孫鏘鳴回鄉伊始也是無比豔羨、寄予期望，反映了孫氏對下層士紳所具備的向心力和號召力。隨著孫氏在權力舞臺上粉墨登場，手舞足蹈，趙鈞對孫氏的態度也漸趨複雜，他依然堅信孫氏有「行大事」的權力和地位，卻也逐漸看清，孫氏不過是「局中諸人」之一，他趟入這灘渾水，也是以樹立與夯實自己與家族在地方上的權力為第一目的。

第二節　金錢會事件中的瑞安孫氏

一、會事初起

　　有關金錢會事件始末，李世眾所著《晚清士紳與地方政治：以溫州為中心的考察》闢有專門章節梳理〔註34〕，此處不擬贅述，僅略紀其要，以便為統觀孫氏在此事件中的位置做一鋪墊。

　　金錢會起於咸豐八年（1858），由平陽平民趙起、周榮、朱秀三、謝公達、繆元、張元、孔廣珍和劉汝鳳八人建立，另有低級官員李明邦〔註35〕亦有參

〔註34〕參見李世眾《晚清士紳與地方政治——以溫州為中心的考察》（上海：上海人民出版社，2006年）。

〔註35〕《錢虜爰書》作「朱鳴邦」。

與策劃。入會者繳納五百錢會費，每人發予大銅錢一枚、紅帖條約一紙，以為信證，會眾以兄弟相稱，其錢文曰「金錢義記」，是以得名。金錢會成立迅速壯大，會眾最多可達十餘萬，並形成自己的武裝組織，不僅消滅了與其敵對的士紳所辦團練，進而攻陷平陽縣城、溫州府城、福鼎縣城。金錢會在浙南縱橫數載，於同治元年（1862）方被援浙的閩軍剿滅。

金錢會持續數年，對原本相對穩定的浙南地區造成巨大衝擊與震盪，也對孫氏家族策略的調整起到了重要影響。所以有必要沿著孫氏的視角重新追蹤這一歷史事件產生發展的軌跡。

太平軍勢力的迅速擴張是金錢會成立並發展所倚仗的最有利條件。當時，太平軍進犯浙江，人心恐慌，這種驚怖的情緒為金錢會所利用。成立初期，他們的主要口號就是「抵禦長毛」，並刻有「精忠報國」印〔註36〕。顯而易見，方興未艾的金錢會不但不願意站在地方政府的對立面，更試圖把自己塑造成自發攘亂的民團。又有記載稱其在招募會員時，「言陰受粵賊」〔註37〕，借平陽籍太平軍將領白承恩名號〔註38〕，對民亦脅亦誘，手段不可謂不高明。謀求官方默許的同時，盡最大可能的收攏民眾。利用太平軍造成的緊張氣氛，金錢會的策略初期取得了良好的效果，並從平陽蔓延到孫氏的根據地瑞安。

如前所述，此時孫鏘鳴在地方的團練與捐輸活動已經引發了與地方官紳的激烈矛盾。孫氏本人正與以地方官員為首的各方勢力博弈，無暇顧及金錢會。但當金錢會的觸手伸向瑞安，孫鏘鳴還是恢復了任職廣西期間對太平軍崛起的敏感，覺察到了其潛在的威脅，他對金錢會的迅猛勢頭感到深深不安，積極尋求地方政府的支持。需要注意的是，孫鏘鳴初次謁官言情時，金錢會只是帶有宗教性質的會社組織，沒有明顯的反叛行為，甚至尚未形成嚴密的武裝組織。他上報的主要依據不過是金錢會「黨漸眾，瑞安金谷山、小篁竹等處奸民皆附之」，而此兩處民「多業梩埋」〔註39〕，以游民無賴為主。這樣的理由對於時任溫處道志勳、溫州知府黃惟誥顯然過於單薄，缺乏說服力。

〔註36〕　（清）黃體芳：《錢虜爰書》，馬允倫《太平天國時期溫州史料彙編》，上海：上海社會科學院出版社，2002 年，第 90 頁。

〔註37〕　《平浙紀略》，馬允倫《太平天國時期溫州史料彙編》，上海：上海社會科學院出版社，2002 年，第 64 頁。

〔註38〕　（清）孫衣言：《會匪紀略》，《遜學齋文抄》卷二，清同治十二年（1886）刻本。

〔註39〕　（清）孫衣言：《會匪紀略》，《遜學齋文抄》卷二，清同治十二年（1886）刻本。

志勳、黃惟誥乃至平陽縣令翟惟本均非溫籍，對於溫州素以難治著稱的民風和相對隔絕的地理環境常懷陌生無力之感，兼以時局動盪，多一事不如少一事，他們的不作為態度也並非簡單的玩忽職守〔註40〕。

如前文所言，孫鏘鳴辦團時，曾超越權限干涉地方田賦等事務，甚至直接與志勳當堂對質，時至咸豐十一年（1861），雙方的矛盾已然浮出水面。在此時，金錢會作為地方政局裏的一個新因素，其威脅對於志勳等人來說遠小於既有京官身份又有鄉邦基礎的孫鏘鳴鄉團。況且此時志勳等尚不知金錢會的真實實力和組織規模，對於已有過節且性格強硬的孫鏘鳴亦有防備之心。在金錢會尚未形成實質威脅之前，地方官員對孫氏之類有權有勢的地方士紳的態度如有學者所述：「行使國家權力的地方官員天然地不會喜歡紳權，然而內戰造成的歷史格局以利害牽動時勢，使職在守土的地方官不能不扶植紳權，並且不能不將這種東西移植到地方公務中來。」〔註41〕金錢會的出現給處於尷尬境地的地方官員提供了更多的選擇空間，使他們有可能借由金錢會的滋長而佔據調控地方權力格局的主動位置。金錢會就是在這種既有權力格局的裂縫中得到了擴張的空間，在教、會、民團的三重身份下，他們猶如滾雪球一般迅速壯大，形成了自身的組織紀律乃至軍事力量。

咸豐十年（1860），金錢會的行動更趨大膽，已有組織械鬥的行跡。金錢會會員銅匠王秀錦與平陽貢生程殿英合謀私散金錢招收會員，牟取暴利，觸怒了會首趙起。恰逢程殿英試圖組織劫獄救自己身陷囹圄的姪子，翟惟本竟無力防範，趙起趁機找到了一個名正言順的理由：「為官府仗義」〔註42〕，剿滅程殿英勢力。翟惟本從此對金錢會信任有加，甚至有所依賴，為其爭取官方身份。咸豐十一年（1861）翟惟本奉巡道志勳、署知府黃惟誥令授牒，正式承認其作為團練的合法身份。趙起特地同翟惟本與平陽副將王顯龍一起祭旗，竭力營造「會官」一體的形象，謀求在民眾間的向心力。這再次觸動了孫鏘鳴的神經，他與道府力爭：

〔註40〕關於溫州地方官員「不作為」的原因，李世眾《晚清士紳與地方政治——以溫州為中心的考察》（上海：上海人民出版社，2006年）曾有討論。除上述理由外，他認為，清代「官員考績制度的僵化」也是一個深層原因，可資參考。參加李著第180～181頁。

〔註41〕楊國強：《歷史意識與帝王意志》，北京：海豚出版社，2011年，第106～107頁。

〔註42〕（清）黃體芳：《錢虜爰書》，馬允倫《太平天國時期溫州史料彙編》，上海：上海社會科學院出版社，2002年，第91頁。

趙起、周榮等人，人知其為賊，正其為賊，乃可辦。今妄謂之
團練，使賊有所藉以脅，而民反無辭以抗賊，是官驅民從賊也，禍
且不救。且團練者，各團其鄉，今賊方遣黨四出播偽錢，結營弁衙
役及郡邑群小人，其意果何為，而官謂之團練，此淮南北覆轍也，
不可不深思。〔註43〕

　　這段話披露了孫鏘鳴與地方官的爭論焦點：金錢會究竟是匪賊還是團
練？這不僅直接關係到金錢會的合法性，也關係到孫氏辦團的一系列措施在
地方上的合法性與權威性。孫氏鄉團自謂為奉旨所辦，在地方上享有高度的
權威，並且對其他鄉團組織的存在具有解釋權和否決權。金錢會的存在無疑
動搖了這一權力，也讓孫氏在地方紳民中的領袖地位產生了鬆動。另外，返
鄉辦團後，孫氏忙於修築團堡，催繳捐輸，在地方上擴張輻射力，武裝訓練
的工作相對忽視，如其自言就是「各團其鄉」，並未做足充分的戰爭準備。正
如孫衣言所說，奉「孝友睦姻任恤之六行」、以家族為單位「父子兄弟相依倚
老死而不相離」，才是其理想中的地方秩序，而廣置器械、羅織游民的金錢會
對於孫氏的鄉邦構想形成了潛在威脅。如果說咸豐九年（1859），奉旨辦團的
身份還能為孫氏提供壓制金錢會的憑依，咸豐十一年（1861）趙起等通過邀
官祭旗確認了自身的合法性，孫氏失去了對於合法性的壟斷，奉命辦團的孫
鏘鳴只能在與聚眾而起的金錢會平等的檯面上展開較量。

　　對於孫鏘鳴的一再爭辯，翟惟本的回應是「謂賊當漸解」〔註44〕。這固
然是對孫鏘鳴的敷衍，也是出於不願與孫氏撕破臉皮而採用的官方辭令。既
默認孫氏視金錢會為賊的定位，又不願對金錢會的活動立即採取實質性的措
施，其隱藏目的是試圖通過金錢會制衡孫氏，維持地方政局的穩定。這種看
似左右逢源的態度在孫氏眼裏更像是對金錢會的縱容，引起了孫鏘鳴的強烈
不滿。他的反應是直接致書時任浙江巡撫王有齡，力斥金錢會為賊，同時陳
述道府庇護縱容。道府辯解稱金錢會已改為團，王有齡對孫鏘鳴比較信任，
令金錢會上繳所有信物——「偽錢」，道府「噤不敢復言」〔註45〕。時咸豐十

〔註43〕（清）孫衣言：《會匪紀略》，《遜學齋文抄》卷二，清同治十二年（1886）刻
　　　　本。
〔註44〕（清）孫衣言：《會匪紀略》，《遜學齋文抄》卷二，清同治十二年（1886）刻
　　　　本。
〔註45〕（清）孫衣言：《會匪紀略》，《遜學齋文抄》卷二，清同治十二年（1886）刻
　　　　本。

一年（1861），太平軍入浙甚猛，後攻杭州，王有齡困守孤城，無暇他顧，上繳「偽錢」事也就不了了之。孫鏘鳴倚靠上級政府施壓的願望徹底落空，其對地方官的怨忿也愈加積累。同時，孫鏘鳴越級上告也讓道府對孫氏的印象愈加惡化，為後來對金錢會與孫氏的爭鬥視若無睹埋下了種子。

二、團會對峙

求助官方無效後，有人向孫鏘鳴預警：「公有在籍辦團之責，啟事至今已六七年矣，並無一人被罪，恐成尾大不掉之憂。」〔註46〕孫鏘鳴終於決定脫離對官府的依傍，自立門戶，拉攏其他士紳宗族勢力與金錢會抗衡，然而當他「向縣令及城鄉紳士籌畫方法」，結果卻是「至半月竟無一人當意者」〔註47〕。最終在親戚曾鴻昌的出謀劃策與經濟支持下，孫鏘鳴於咸豐十一年（1861）六月，聯絡平陽、瑞安兩地各士紳，於瑞安隆山寺集會，建立浙南團練總局。因每人與以「白布一方，上書『安勝義團』四字為號」〔註48〕，故又被金錢會等敵對勢力稱為白布會。

所謂白布會，其實是個比較鬆散的宗族團練聯盟，加盟各士紳通過共同的敵人——金錢會聯合起來，立場並不堅定。結盟人員身份大多為士紳，亦有部分平民，成員的標準很大程度上由孫鏘鳴個人決定。孫氏在鄉辦團，憑藉官方身份為基礎，結合地緣、血緣上的親近形成了以自家為中心的輻射圈，這部分士民主要集中在瑞安西北，成為其組團的中堅力量。同時，由於辦團時期與地方政府的摩擦以及屢次求助官府的失敗經歷，孫鏘鳴對依附官府的士紳大多斥為「城紳」而不用，部分士紳也不願因孫氏與道府及金錢會對立。溫州士紳內部的鬥爭由此被推上了前臺。對此，從孫鏘鳴辦團的吳一勤曾有記錄和總結：

> 即如孫學士以奉命在籍治團，堂堂正正，允為保衛地方起見，
> 宜其別無妒忌，惟以出入衙署之城紳抑而不用，惟恐其如虎添翼，
> 魚肉鄉里耳。而豈知後來之壞焉即繫乎此。何則？彼諸紳日倚官作

〔註46〕（清）孫衣言：《會匪紀略》，《遜學齋文抄》卷二，清同治十二年（1886）刻本。

〔註47〕（清）劉祝封：《錢匪紀略》，馬允倫《太平天國時期溫州史料彙編》，上海：上海社會科學院出版社，2002年，第157頁。

〔註48〕（清）黃體芳：《錢虜爰書》，馬允倫《太平天國時期溫州史料彙編》，上海：上海社會科學院出版社，2002年，第97頁。

勢，官亦恃若輩為耳目，彼挾此嫌，向嘗於令官面前知之，極詆毀
之，令官亦偏信其言，轉咎其辦事之不善，每遇團事即與之為難，
於是事益不可為矣。〔註49〕

　　在鄉紳吳一勤眼中，孫鏘鳴擁有奉命辦團這個「堂堂正正」的招牌，具
有官方賦予的權威，其正當性和合法性甚至在地方官之上。「出入衙署」、與
地方官關係較近的一部分士紳構成了與己對立的「彼諸紳」，並被作為官府窺
伺己方士紳集團的耳目大加撻伐。吳一勤的觀點展現了地方士紳隨孫氏辦團
的心理動機，一方面他們需要官方給予的許可以辦團自保，另一方面他們也
藉以與敵對士紳較量。當吳一勤指斥「彼諸紳倚官作勢」之時，他有意無意
遺忘了自己與瑞安縣差吏串通勒索的往事。而把「彼諸紳」稱作「城紳」，可
見在他們眼中，「鄉紳」與「城紳」的區別是重要的身份判斷，雙方存在著某
種程度上的利益衝突，不能僅以上下層的劃分概而言之。

　　確定了主要人員，如何把散落平、瑞各鄉且各自為政的鄉紳們有效的組
織起來，讓孫鏘鳴頗為頭疼。在具體組織形式上，孫鏘鳴和曾鴻昌最終竟選
擇了一定程度上仿傚他們的假想敵金錢會，這點雖為孫鏘鳴等諱言，卻瞞不
過時人之眼，並為當時士紳所詬病。趙之謙在記載白布會事時，即曾暗諷此
事，可藉以略窺無直接利害關係者對此事件的一種看法：

　　　　侍講（即孫鏘鳴）乃以白布方寸，鈐關防於上，人給一方，出
　　　領錢百四十，歃血飲酒，名白布會。平陽、瑞安本有金錢、八卦會
　　　匪，其式皆類是，侍講因效以辦團練。〔註50〕

　　在趙之謙看來，所謂「人給一方」、「歃血飲酒」的儀式，與金錢會發予
銅錢、互稱兄弟並無二致，官辦團練與他們斥為匪賊者如出一轍。前指金錢、
八卦為會匪，後言孫鏘鳴「因效以辦團練」，嘲諷之意，溢於言表。而其在白
布會失敗後另撰有《勸白布會》：

　　　　瑞安居民不知務，團練乃稱會白布。列旗齊號輔正王，中有大
　　　字署曰護（瑞安民團旗上皆橫書「輔正王」三字，邑神號也。中一
　　　大「護」字，荒謬之至），白布上印督辦孫，百四十錢名可附。既留

〔註49〕（清）吳一勤：《瑞安西北鄉團練防剿記》，馬允倫《太平天國時期溫州史料
　　　　彙編》，上海：上海社會科學院出版社，2002 年，第 200 頁。
〔註50〕（清）趙之謙撰，趙而昌整理：《章安雜說》，上海：上海人民美術出版社，
　　　　1989 年，第 5 頁。

一飯是入會，丁壯自買非我雇。從來團練無此法，怪事那得知其故。號召價視金錢昂，樹幟道從長髮悟。高官上第出新意，陋儒率眾受吩咐。名已不正昏無知，勇若可賈赫斯怒。〔註51〕

在這段文字中，趙氏不再遮掩，對白布會進行了徹底的否定。不但將白布會、金錢會視為同類，甚至認為白布會有傚仿「長髮」的痕跡。趙氏固然不願從政治上指責孫鏘鳴，卻已將矛頭直指孫氏，暗示其受曾鴻昌等鼓動採取以會制會的拙劣形式，親手葬送了名正言順的立場優勢而不自知。

有學者把金錢會與孫氏鄉團之間的矛盾約化為會黨組織與地方精英之間的關係〔註52〕，且不論對於雙方地方精英定位與否的爭議〔註53〕，在當時紳民的眼中，孫氏鄉團本身即與會黨產生了形式和內容上的混淆。如趙之謙在敘述中直接將孫鏘鳴堂而皇之成立的浙南團練總局稱作白布會，似乎這一稱謂為孫氏所承認。實際上，孫氏及與團眾人一直不認可這種稱呼，視其為詆毀。如李世眾所說，孫氏等並不願自己苦心營辦的團練被稱為白布會，但原因並非只是視與「金錢會對舉」為「對他們的污蔑」〔註54〕。「白布會」一名，來自於不同士紳集團之間的名目之爭，關乎孫氏辦團的整體策略。此事的參與者吳一勤對此有詳細回憶：

> 夫孫學士所以約予等辦團者，其意本以破會匪也。而人反稱為「白布會」者，何也？此其故吾知之特詳矣。當其初由局議定《團練條約》，將欲合一縣為一大團，於是糾團董，集團丁，綜稽團冊，約團有十餘萬人矣。然何以已團、未團無異，特不過繕姓名於冊而已，倒不如入會者以有偽錢與執據，固儼然自謂會中人也，究竟團不如團，會反是會，將若之何？嗣學士晉郡，亦以是意奉商巡道志勳，謂宜給各丁號衣一件，此官樣物與彼私鑄者不同。然其言固是。但費無所出。後回局妥商，惟用衣前後號布二方，中印「安勝義團」

〔註51〕（清）趙之謙撰，趙而昌整理：《章安雜說》，第13～14頁。
〔註52〕參見劉錚雲《金錢會與白布會——清代地方政治運作的一個剖面》，《新史學》，1995年第3期，第63～94頁。
〔註53〕如羅士傑即認為金錢會領袖趙起也屬於「地方上具有支配能力的地方精英」（羅士傑：《地方宗教傳統與「去中心化」的地方政治：重探溫州金錢會事件（1850～1862年）》，復旦大學歷史地理研究中心，哈佛大學哈佛燕京學社編《國家視野下的地方》，上海：上海人民出版社，2014年，第183頁）。
〔註54〕李世眾：《晚清士紳與地方政治——以溫州為中心的考察》，上海：上海人民出版社，2006年，第143頁。

四字，並蓋亦孫侍讀關防。如將來出兵，縫之衣前後，即號衣也。
價廉而工省，物亦官樣。其用意何嘗不妥而善。續以給之各丁，即
各鄉亦知會邪而團正，時稍稍有出會入團者。或乃持此以告城紳。
其一二奸紳即以（此）而壞之曰：「彼以金錢為金錢會者，此以白布，
即白布會耳，又何正與不正為？」斯言一出，予亦與聞，便知大局
為其所壞。由是鄉之先入會者與先入團者互爭名目，即詆之為「白
布會」。漸而一倡和，雖鄰邑民間，亦莫不云然。是以當日予團練於
河鄉、張君團練於港鄉、陳君團練於林垟、及平陽楊君練於江南，
溫君團練於北港，皆概稱之為白布會者。蓋自有白布會，抹殺團練
名目矣。〔註55〕

由是可以看出，孫鏘鳴建立浙南團練總局的前提是「官不可恃」〔註56〕，
故而在辦團過程他極其重視凸顯自身的合法性和權威性，將此視作可藉以打
壓金錢會的關鍵武器。他的計劃是「將欲合一縣為一大團」，各士紳行動上可
以鬆散甚至各行其是，組織形式上則需整齊劃一。有學者將白布會的組織方
式歸納為：「沿用地方行政體制與『凡入（金錢）團者無入（白布）會』的方
式，水平整並各地的團練組織」〔註57〕。對其來說，首先通過一定形式將分
散的士紳勢力串聯起來，形成聲勢顯得尤其重要〔註58〕。人發一白布的主張
並非完全傚仿金錢會、八卦會等人手發一信物，以示同聲共氣，而是對於號
衣的簡化，以示「官樣物與彼私鑄者不同」。時各地官辦團練，對號衣有一定
標準〔註59〕，孫氏冀通過服裝形制上的區別直觀展現自己的官方性。然而事
與願違，此計劃因「費無所出」而落空。由此可以看出孫鏘鳴及白布會主要

〔註55〕（清）吳一勤：《瑞安西北鄉團練防剿記》，馬允倫《太平天國時期溫州史料
彙編》，上海：上海社會科學院出版社，2002 年，第 200 頁。

〔註56〕（清）孫衣言：《會匪紀略》，《遜學齋文抄》，《遜學齋文抄》卷二，清同治十
二年（1886）刻本。

〔註57〕羅士傑：《地方宗教傳統與「去中心化」的地方政治：重探溫州金錢會事件
（1850～1862 年）》，復旦大學歷史地理研究中心，哈佛大學哈佛燕京學社編
《國家視野下的地方》，上海：上海人民出版社，2014 年，第 209 頁。

〔註58〕在孫鏘鳴約請吳一勤參與組團練總局時，已有計劃：「敝村與貴地繫一山之
隔，唇齒相依，更宜聲勢聯絡，互相保護……鄙意竊合一縣為一大團，則聲
勢自壯，庶可先聲奪人」。參見（清）孫鏘鳴《致麗嶴團紳吳一勤書》（《孫鏘
鳴集》，上海：上海社會科學院出版社，2003 年，第 63 頁）。

〔註59〕如王鑫在湘辦團練，即有明確規定，參見（清）王鑫《練勇芻言》（《江忠源
集·王鑫集》，長沙：嶽麓書社，2013 年 7 月，第 1012 頁）。

依靠的是官方權威，在實力上則有所欠缺，不足以充分調動地方上的有利資源。

「號布二方」實質上代表了官授權威，特加蓋孫鏘鳴關防印信更是對此的強化，是以在當地士紳團練中獨此一家的官方身份壓制金錢會。此舉在成立初期稍有效果，但很快被非白布會的士紳攻擊。正如趙之謙認為白布會與金錢會、八卦會無甚不同。在吳氏的敘述中，「奸紳」們將白布會與金錢會拖到同一層面上，等於動搖了孫氏最自信的名正言順。而「白布會」這一非官方名稱的迅速蔓延，也證明了平、瑞士民對團與會的界限並沒有什麼認識，在很多人眼中兩者並無本質區別，所以對於雙方的去取傾向並無立場上的政治正確與否。

之所以造成金錢會與白布會無甚區別的印象，與白布會的行為方式有莫大關聯。在一些時人的印象與描述中，白布會同金錢會在地方上的作為亦趨一致，如以下記錄：

> 每日忽送數人來縣，言其抗團或謀逆等重情。比縣中飭拿，忽又持名片乞釋之，問其何意，則曰適已有人為彼關說云。外間物議沸騰，縣令畏之如虎。〔註60〕

這段文字裏的白布會一派橫行鄉里、威儡官府的架勢，與初辦團練時猶有過之，「謀逆」與否竟可自決。頗具諷刺意味的是，這與孫氏所痛斥的金錢會行跡高度相似，幾無二致。是以後人認為自從有「白布黨」的所謂誹稱，便「不分別孰為民、孰為匪也」〔註61〕。這正中孫氏兄弟的要害，他們素以「吾溫」「吾鄉」自恃，地緣聯繫一直是他依賴信任的資本，他以本地紳民自居，對非本籍的地方官視若外人，因此「外間物議沸騰」的輿論反應是其始料未及的。孫鏘鳴與咸豐九年（1859）返鄉的孫衣言對士民的非議缺乏足夠的自覺，對加盟各士紳下屬的作為又沒有強有力的約束與控制，一味沉湎於對抗金錢會甚至借打擊金錢會並排除敵對士紳。其中顯例便是對連環會的詆斥。

連環會為瑞安鄉紳張慶葵以張氏宗族為核心，會同瑞安東部河鄉各都士紳所辦，亦以民團自居。組織形式上同樣傚仿金錢會，發予連環為信物。

〔註60〕（清）趙之謙撰，趙而昌整理：《章安雜說》，上海：上海人民美術出版社，1989年，第5頁。

〔註61〕劉紹寬：《厚莊筆記》，馬允倫《太平天國時期溫州史料彙編》，上海：上海社會科學院出版社，2002年，第265頁。

據張慶葵自述，白布會建立後，號召溫州各地紳民加入，在河鄉則應者寥寥，故而孫氏「反謂連環無異金錢」〔註62〕，就此將其解散。對於孫氏與張氏的矛盾，一部分原因如李世眾所說，源於所謂上層士紳與下層士紳之間的衝突。〔註63〕此外，也應注意到，對於張氏等久居瑞安的鄉紳來說，與在外為官的孫氏兄弟也存在著隔閡。正如孫衣言兄弟視地方官為外人，張氏等眼中的孫氏也不過是外人而已。在他們看來，孫鏘鳴乃至咸豐九年引疾歸鄉的孫衣言，不僅是不能履責的失敗者，還是伺機利用亂局的投機者。如下文所述：

> 初，咸豐元年，吾瑞大紳孫侍讀鏘鳴……奏請在籍自備資斧團練。而其兄衣言，亦於咸豐四年由翰林出任皖省安慶知府。時皖新被賊，民房衙署皆烜，孫君居守鄉村，以茅蓬為衙署，四面皆賊，日夜巡守，苦不可言。屢請假未准，乃以廢疾辭職歸。兄弟居家奉旨團練，幾八九年，無成績。〔註64〕

這段話語間對孫氏兄弟多所嘲諷，並且有意無意混淆孫氏兄弟辦團情況的事實。如孫鏘鳴是奉咸豐詔令辦團，並非奏請自辦；孫衣言是咸豐八年（1858）放安慶知府，並非四年（1854）；其在皖時間甚為短暫，所至也僅定遠等等。張氏的最終落腳點還是孫氏在家辦團的碌碌無功，這也是平、瑞鄉紳在金錢會事件中詬病孫氏的關鍵。

尤其需要關注的是張慶葵家族在官府與金錢會之間的曖昧角色。張慶葵雖結連環會，與金錢會相抗衡，其關係卻不像白布會與金錢會般水火不容，故而被一部分士紳目為「點人」〔註65〕。其弟時亨更已入金錢會。雖然兄弟二人有所不睦，但孫鏘鳴對其不能信任，也有情可原。另一方面，張慶葵與被孫氏大加撻伐的地方官們也頗有交情，不能以下層士紳概之。咸豐八年，

〔註62〕（清）張慶葵：《瑞安東區鄉團剿匪記》，馬允倫《太平天國時期溫州史料彙編》，上海：上海社會科學院出版社，2002年，第177頁。

〔註63〕李氏認為，「在溫州，上層士紳孫家的勢力一直滲透到縣和鄉村，大部分下層士紳並沒有多少迴旋的空間，他們是辦團無望，出錢有份。下層士紳即使有條件辦團，也會受到上層士紳的遏制。」（李世眾：《晚清士紳與地方政治——以溫州為中心的考察》，上海：上海人民出版社，2006年，第143頁）。

〔註64〕（清）張慶葵：《瑞安東區鄉團剿匪記》，馬允倫《太平天國時期溫州史料彙編》，上海：上海社會科學院出版社，2002年，第177頁。

〔註65〕（清）劉祝封：《錢匪紀略》，馬允倫《太平天國時期溫州史料彙編》，上海：上海社會科學院出版社，2002年，第166頁。

張氏曾隨總兵葉炳忠幫辦文案，連環會之立也因此得到瑞安縣核准，程序合法。這一情況，與吳一勤所痛斥的出入衙署的奸紳恰相符合。故而白布會與連環會的矛盾不可以僅以上下層士紳矛盾概括，它既體現了不同地域、不同派系的士紳在突發事件發生時的不同取向，也是孫氏鄉團勢力對地方官的遷怒，是與地方官博弈的擴展。

雖然在許多時人（包括地方官）眼裏，白布會與金錢會均屬亦會亦團的民間武裝組織，但在組織形式上，兩者還是迥然有異的。作為士紳團練聯盟，與會平、瑞各士紳的宗族或家族是白布會具體活動的基本單位，保全和壯大宗族是他們參與白布會的主要目的。他們以地緣血緣為憑依，所求首要還是盤踞本鄉、守家固族，雖名曰團練總局，實際上統一組織調配的難度很大，基本上由與會各士紳各自就地經營。白布會的骨幹有陳安瀾、溫和鈞、溫和鏘、楊配箋、朱漢冕等人，他們分居各處：陳安瀾為首的陳謝宗族團練居瑞安縣十七都林垟，溫氏兄弟的宗族團練居鼇江中游雷瀆地方，楊配箋則據鼇江南畔的江南垟。地理上的相對孤立與組織上的鬆散給了金錢會各個擊破的可能。

三、鄉團覆敗

一般認為，金錢會與白布會軍事衝突的起點是咸豐十一年（1861）林垟陳安瀾宅被焚，此事同時也被認為是所謂「金錢會反叛的開始」〔註66〕。林垟事件的起因，李世眾多有剖析，此不贅言。值得注意的是，孫氏對此事件的反應。雖然在曾鴻昌的出謀劃策下積極籌建了團練局，孫鏘鳴對與會士紳統一調動的難度以及各士紳團練的戰鬥力仍缺乏清醒的認識。在金錢會逐漸壯大的過程中，孫希曾一再勸阻孫鏘鳴介入過深：

> 今日之賊名數千人，實則數十無賴假長髮賊聲勢，誘脅鄉愚耳。官誠解事，但發壯兵一二百持火器往，即鳥獸散，何團練為？且汝之奉命團練者，以為官兵助也，今官皆昏憒，如此數十無賴子焚劫鄉間，即不敢訶問。異日真長毛來，此輩先期逃者也。團練無官兵，汝真能驅農夫持穤鋤以與賊抗乎？……汝團練誠成，賊幸不起，則其所云解散者固不虛，且攘以為功。萬一賊遂起，官且謂賊本不反，

〔註66〕李世眾：《晚清士紳與地方政治——以溫州為中心的考察》，上海：上海人民出版社，2006年，第144頁。

團練者激之也。是汝獨屍其咎矣。官之不敢用兵，賊固具知之，而
陰用之矣。而汝為團練，欲禁其散錢入會，是賊之怨專在汝，異日
賊起，禍必先及汝。〔註67〕

　　這段話被孫衣言放進了母親丁氏的行述中，用以彰顯孫希曾的先見之明，情感上悲憤大於痛悔。學者多目此為官紳矛盾以及互相不信任的佐證，同樣值得注意的是孫氏家族內部在心態上的碰撞。作為久居當地的老人，孫希曾當然並不願意開罪勢頭正盛的金錢會，保全家族是其第一目標。他認為兒子的團練組織職責在於「為官兵助」，在官「昏懦」不作為的情況下，孫鏘鳴的團練不過是「農夫」而已，無力也無理由獨自對抗金錢會。孫希曾極言團練不可為，並預言團練可能致禍於家，實際上就是對通過團練壯大家族這一路徑的否定。孫衣言對父親的話可能作了選擇與過濾，意圖突出孫希曾「睿智」地覺察到地方官的不作為以及其弟明知不可為而為之的勇氣，但還是可以看出孫希曾對兩個兒子把團練與家族命運綁在一起的做法是激烈反對的。

　　即使不顧父親勸阻而堅決辦團，在林垟事件後，孫鏘鳴的解決途徑也並非聯絡盟友自圖反擊，而是同前幾次一樣，再次走進了溫州府城，「復力言之道府」〔註68〕。由於事關軍事，溫州總兵葉炳忠也迅速做出了反應，派「溫州營兵四百、瑞安營兵一百往剿賊」〔註69〕。因瑞安人沈渙瀾（即吳一勤所說的「城紳」代表）從中斡旋，最終罷其事，視此為團練互鬥，並確定了結論：孫鏘鳴辦團惹事激變，即所謂「諉過於孫侍讀」〔註70〕。

　　在林垟事件後一個月，金錢會再次行動，焚毀雷瀆溫氏家族。雷瀆溫氏對於白布會團練聯盟戰略地位重要〔註71〕，對金錢會如骨鯁在喉，如事有變，

〔註67〕（清）孫衣言：《丁太淑人行述》，《遜學齋文抄》卷六，清同治十二年（1886）刻本。

〔註68〕（清）孫衣言：《會匪紀略》，《遜學齋文抄》卷二，清同治十二年（1886）刻本。

〔註69〕（清）孫衣言：《會匪紀略》，《遜學齋文抄》卷二，清同治十二年（1886）刻本。

〔註70〕（清）黃體芳：《錢虜爰書》，馬允倫《太平天國時期溫州史料彙編》，上海：上海社會科學院出版社，2002年，第107頁。

〔註71〕據（清）孫衣言《雷瀆團練義民表敘》，金錢會聲勢日盛，「自錢倉以南瀕江諸鄉至北港、南港及縣東諸鄉近瑞安者皆從賊，獨雷瀆溫氏以大姓，多壯丁，誓不入會。生員溫和鈞走瑞安詒團學士孫鏘鳴，願團練。鏘鳴激屬遣之，遂屢與賊戰。雷瀆在錢倉肘腋，賊畏且恨，悉黨攻雷瀆。」（《遜學齋文抄》卷二，清同治十二年（1886）刻本）。

首當其衝。而孫鏘鳴對此卻缺乏足夠的準備和預見，只得攜幸存的溫和鏘再往道府請剿。此次，他們終於提出了具體的計劃：「二生（溫和鏘與附生余書勳）向領郡縣諭，各集團勇數千人，溫氏族大，選子弟壯者成一家軍……請官軍克期進發，直搗錢倉，令義民扼各處要道，三面夾攻之。」〔註72〕這個計劃本身就很理想化，溫氏舊時奉諭辦團，在金錢會的突襲下已受重創，此時孫鏘鳴極言溫氏的宗族實力尚存，以求打動道府。結果，即使「侍讀再四指陳」，道府卻不為所動，「堅以兵力單薄為辭」〔註73〕。

在官府不予支持的情況下，陳、謝、溫等族收拾殘餘勢力以圖報仇，並「商之孫侍讀」〔註74〕，視這位「盟主」為官方代表，以維護報復行為的正當性。孫鏘鳴的團練總局，始終沒有強有力的統一指揮，這也是他在一次次遭受拒絕的情況下仍對道府心存幻想的原因。及陳、謝、溫潰敗，孫家已在刀俎之下，這點在瑞安幾成共識：

> 先是瑞安人聞賊約攻城，知必先及予，言於孫傑、趙振昌，謂賊禍及孫氏，則郡縣皆不能無事。而賊無火器，團練亦無火器，宜速撥槍炮手護孫氏。及是，余復告急於縣令，請速撥兵助民團，而趙振昌復不省。〔註75〕

孫氏作為金錢會的宿敵，與金錢會正面衝突已不可避免。軍備、人數上，雙方都實力懸殊。事情緊急，一直居於幕後的孫衣言不得不親自出面求救於縣令。然而，結果依然是徒勞無功。

咸豐十一年九月二十四日，金錢會奔襲潘埭孫家，將孫氏苦心經營數年的安義堡付之一炬，也宣告了孫氏以團練發展家族理想的破滅。事發前，金錢會與白布會各加盟宗族武裝軍事的衝突升級，孫氏早知自家已成為金錢會的眼中釘。孫衣言兄弟在家積極集合團勇，分班輪守，並非毫無準備。然而事情卻發生了轉折：

> 其封翁素拘謹，以防賊原為地方起見，所有伙食，均派鄰近居民。鄉村力薄，口雖應允，心實銜恨，遂嘖有煩言矣。轉派親戚，親戚路遠，不能日給，只得抽減人數，至後僅留二十人在團。有識

〔註72〕（清）黃體芳：《錢虜戕害書》，馬允倫《太平天國時期溫州史料彙編》，上海：上海社會科學院出版社，2002年，第94～95頁。

〔註73〕（清）黃體芳：《錢虜戕害書》，第95頁。

〔註74〕（清）黃體芳：《錢虜戕害書》，第131頁。

〔註75〕孫衣言：《會匪紀略》，《遜學齋文抄》卷二，清同治十二年（1886）刻本。

者與之言曰：「近日賊勢方張，官不敢捕，營不敢剿，道府鄰縣又庇
護之，罪以兩會相爭，激成事變，恐他日滋蔓難圖也。須先函致督
撫，請其發剿，一面布達情形，然後入城。至房屋存與不存，不必
論也。」〔註76〕

　　大敵當前之際，孫氏對於團練的管理暴露出了巨大的漏洞。孫希曾竟在
此時，將為護衛自家加派的團勇所需費用攤派到鄰近居民頭上。孫希曾以家
長之姿直接干預團練事，奉命辦團的孫氏兄弟卻無從反對。家族活動和地方
事務的界限不明晰，惡果隨之而來：

　　　　未幾，趙啟果調匪三千人至安義堡，內一和尚向在孫氏為琴
　　　　西太僕長子詒谷字稷民者課拳勇，陰為內應。匪初到地，觀望不
　　　　敢進，迨內應號出，放膽入堡。馬嶼有一老人，年七十餘，匪錯
　　　　認為孫封翁，殺之。安溪有孫氏同姓，名奶孫，善拳棒，三十餘，
　　　　來孫家，聞言與匪鬥，徇難死，蓋身傷數十刀。一切雞犬無留。
　　　　孫氏兄弟因封翁不肯出屋，侍側不去。有趙金印與安溪人一鬥一
　　　　護，得保無恙。〔註77〕

　　金錢會對於孫氏安義堡，較於之前突襲陳、溫家宅更為謹慎，對奉旨辦
團多年的孫鏘鳴頗有幾分忌憚，由內應裏應外合，方採取攻勢。但雙方一旦
交戰，一如前事，金錢會迅速擊潰團勇，焚毀了孫氏引以為傲的安義堡。孫
衣言兄弟僥倖逃過一劫後，出逃溫州，又奉父母避居永嘉孫坑，以俟時機。

　　在拔掉了孫家之後，金錢會又突襲福鼎縣，搶奪軍械庫銀。之後，終於
開始圍攻瑞安縣城與溫州府城。此時，孫衣言兄弟嚴重受挫，逃難之餘對道
府徹底失去信心。面對金錢會的肆意橫行，自辦團練失敗，道府又完全不可
信任，孫氏借保鄉保族以圖發展的訴求幾乎已完全落空。更讓孫氏兄弟遭受
打擊的是，同屬孫氏家族的孫包容、孫有得、孫有順不但加入了金錢會，成
為潘埭金錢會的會首，還直接參與了焚毀安義堡的行動。〔註78〕這是對孫氏
鄉族構建策略的莫大諷刺。

〔註76〕（清）劉祝封：《錢匪紀略》，馬允倫《太平天國時期溫州史料彙編》，上海：
　　　　上海社會科學院出版社，2002年，第158頁。
〔註77〕（清）劉祝封：《錢匪紀略》，馬允倫《太平天國時期溫州史料彙編》，上海：
　　　　上海社會科學院出版社，2002年，第158頁。
〔註78〕（清）吳一勤：《瑞安西北鄉團練防剿記》，馬允倫《太平天國時期溫州史料
　　　　彙編》，上海：上海社會科學院出版社，2002年，第205頁。

四、應機自救

　　金錢會聲勢日大，終於堅定了各地政府剿滅金錢會的決心。這重新喚醒逃亡在外的孫鏘鳴的熱情：「（前陝安鎮總兵秦）如虎以十月某日，抵福鼎，（福建記名道張）啟煊以十月十九日抵溫州，新巡道亦由樂清抵郡，皆奉督撫令剿賊，予弟鏘鳴謂事始可為。」〔註79〕他重返溫州府，找到了握有軍力的張啟煊。張啟煊的軍隊，實際上是臺勇、閩勇的集合，而且剛剛遭受太平軍的攻擊，「軍心遂亂，未戰而散，槍械盡失，所留者僅二千」〔註80〕。孫鏘鳴到營後，即利用多年在家辦團練捐輸積累的人脈和經驗，從永嘉富民手中籌集資金四千緡，解張啟煊燃眉之急，使之「軍械始完」〔註81〕，藉此重新獲得了話語權。

　　隨著金錢會攻事日猛，城內混亂不斷，留瑞的籌防局紳董在緊急情況下認為「待告而舉城破矣，身家性命都付烈焰，尚何功名之可圖」〔註82〕，調用賓興款救急。在孫氏遭遇重創的同時，胡姚等士紳利用賓興等地方資源構成官方以外的防禦力量，積累了聲威，並在金錢會事件後得到官方提拔與褒揚〔註83〕。

　　安義堡被焚後，孫氏並未全部撤離瑞安，孫詒谷以團勇的身份留在瑞安城，與曾鴻昌等孫氏親族及白布會骨幹合作，協助守城。在金錢會這一突發事件中，孫氏參與對抗金錢會的核心由孫衣言、孫鏘鳴兄弟向下一代的孫詒谷過渡。

　　孫詒谷，字稷民，其時雖為諸生，卻與弟弟孫詒讓不同，對學問無甚興趣，對軍事卻頗多關注，「棄舉業為多聚兵書」，並因此為孫衣言所不喜〔註84〕。

〔註79〕（清）孫衣言：《會匪紀略》，《遜學齋文抄》卷二，清同治十二年（1886）刻本。按孫鏘鳴復出並與張啟煊聯繫的時間，據《會匪紀略》，當為十月十九日後不久。《亡兒詒谷殯志》則作十一月二十一日，《瑞安東區鄉團記》作二十一日後。

〔註80〕（清）孫衣言：《會匪紀略》，《遜學齋文抄》卷二，清同治十二年（1886）刻本。

〔註81〕（清）孫衣言：《會匪紀略》，《遜學齋文抄》卷二，清同治十二年（1886）刻本。

〔註82〕（清）胡姚：《改田緣起》（同治五年六月），楊世環輯《賓興事例》，清光緒二十年（1894）刻本。

〔註83〕陳明華：《清中後期賓興款的設置與下層士紳權力的擴張——以溫州為例》，《華東師範大學學報（哲學社會科學版）》，2016年第4期，第92～100、170頁。

〔註84〕（清）孫衣言：《亡兒詒谷殯志》，《遜學齋文抄》卷五，清同治十二年（1886）刻本。

時局動盪，孫衣言兄弟的家族策略失敗，素被目為不務正業的孫詒谷有了用武之地。孫氏兄弟避居永嘉，孫詒谷亦隨同往。其時，孫詒谷「憤甚，誓滅賊，居山中數日鬱鬱不樂」〔註85〕，急於奔赴戰場，復仇保鄉。孫詒谷在城中非常活躍，力圖重振孫氏之威。十一月初，金錢會攻勢愈急，瑞安城內留守官紳決議派人求援，最終由孫詒谷及與孫氏關係親密的曾鴻昌、劉祝封同往，夜半縋城求救。此後，孫詒谷等與在外斡旋的孫衣言兄弟形成了呼應，營造了良好的聲勢，為孫氏在剿滅金錢會的過程中重新掌握主動創造了條件。

> 道憲雖口許火速發兵，而帶兵官畏蜀如虎，終無決議進兵，幸孫侍讀兄弟往東門外秉和棧中，棧主與廣艇鄭碧山相善。鄭曰：「與我七千元，當代解圍城。」孫於親戚處借來光洋三千元，鄭即解纜起碇，駛至瑞港。錢匪在隆山寺望見煙波漂渺中，似有大船數十隻，揚帆銜尾而至，恐大兵水陸並進，有懼意。先是已有人在外傳言，謂孫太僕曾作琉球教習，此時借兵琉球矣。〔註86〕

由此可見孫衣言兄弟此時的行蹤和作為。安義堡被焚毀後，他們並不是如孫衣言所說甘於蟄伏，而是在永嘉奔走以鼓動官紳。雖然遭受了重大損失，孫氏還是有渠道籌集足夠的資財請求廣艇首領鄭碧山救援瑞安。劉祝封與孫氏親近，對孫氏的評價相對較高。其對孫衣言「借兵琉球」輿論的渲染，雖然略顯荒唐而不被黃體芳採用，但還是反映了當時瑞安士民乃至金錢會眾對於孫衣言地位的認識偏差。

瑞安圍解之後，孫詒谷以勇目的身份作為前鋒參與作戰，孫鏘鳴亦隨張啟煊回到瑞安重操組織團練之任，擺在他面前的一大難題就是處理各派士紳之間的矛盾。戰事的緊張並沒有緩解各派士紳勢力之間的對立。白布會失敗後，與會骨幹均在不同程度受到打擊，原本鬆散的團練聯盟完全支離破碎，孫氏在地方士紳中的號召力直線下降，未成為金錢會重點打擊對象而得以基本保存住實力的吳一勤等，成為孫鏘鳴的重要依賴對象。張慶葵等非白布會士紳自恃對抗金錢會有功，本就對孫氏頗有微詞，當形勢稍緩，其與吳一勤等所謂孫氏親信的矛盾即急速升溫。對此，張氏一直耿耿於懷：

〔註85〕（清）孫衣言：《亡兒詒谷壙志》，《遜學齋文抄》卷五，清同治十二年（1886）刻本。

〔註86〕（清）劉祝封：《錢匪紀略》，馬允倫《太平天國時期溫州史料彙編》，上海：上海社會科學院出版社，2002年，第165頁。

孫侍讀始隨營歸，屢來局冀修好，而局紳薛照等拒之。然吳一勤素與侍讀通款曲，遂於張公前力保吳為西北團總，一、二、三等都悉屬之。當是時，張觀察駐營隆山，而賊南踞隔江，西踞祇陀寺。祇陀山路北通一二都，故一都麗嚚多知賊情。張觀察與侍讀日謀會剿，召予派鄉團五千人，予只認千餘人。孫侍讀曰：「吳一勤地僅一都，尚自認派五千人。汝統轄七都，何認之少也！」予曰：「予地離祇陀較遠，非如一、二、三都可以朝去而暮回也。況團丁皆挑精銳，駐紮在營，五日一更替。鄉民又非兵勇比，各有室家顧戀，若久遠離，必生變心。至一、二、三戶口，統計老壯男丁，不及五千人，此直吳某大言欺人耳！大言欺人予不能。」侍讀無以應。〔註87〕

從前述張慶葵對孫氏兄弟的印象可知，其認為孫鏘鳴辦團已失敗，此時隨營而歸，一副落魄的形象。此處所指之「局」，為河鄉團局，張慶葵時為河鄉團總。因白布會失敗，孫氏對團局的壟斷性權威旁落，河鄉團局一定程度上就是被孫鏘鳴廢止的連環會的變體。受官方承認的河鄉團局給了張慶葵與孫鏘鳴平等對話的底氣（至少張氏自覺如此），使他及局紳可以直接拒絕孫鏘鳴的「修好」之意。實際上，孫鏘鳴並非如張氏所述如此謙恭，有了張啟煊的力量，孫氏此時的重心在於收羅各地剩餘士紳力量反撲金錢會。在白布會的骨幹中，陳安瀾、溫和鈞兄弟、朱漢冕或身死，或家滅；楊配箋雖集資聚民，力拒金錢會攻勢，守住江南垟地區，卻在張啟煊、秦如虎等援兵來溫前已亡故〔註88〕。因此，吳一勤的地位得到凸顯。時吳一勤亦至郡求援，卻被城紳孟璜以「通匪」阻留，孫鏘鳴在曾鴻昌的勸說下為其開解〔註89〕。故而其「力保吳為西北團總」，實是局勢使然，並非只是因為素「通款曲」而已。

張、吳二人矛盾早非一日，如上所述，早在金錢會事起前，吳一勤對於與官府過從甚密的鄉紳即持敵對態度。連環會被廢止，張慶葵對頗受孫鏘鳴器重的吳一勤也心懷怨恨。安義堡被焚後，本屬同鄉的張、吳二人的關係變得越發微妙，危急的局勢又迫使他們不得不坐到一起協商應對之策。在

〔註87〕（清）張慶葵：《瑞安東區鄉團剿匪記》，馬允倫《太平天國時期溫州史料彙編》，上海：上海社會科學院出版社，2002年，第183頁。

〔註88〕楊配箋事，詳孫衣言《奉直大夫中書科中書銜平陽楊府君墓誌銘》（《遜學齋文抄》卷五，清同治十二年（1886）刻本）。

〔註89〕（清）吳一勤《瑞安西北鄉團練防剿記》，馬允倫《太平天國時期溫州史料彙編》，上海：上海社會科學院出版社，2002年，第202頁。

孫氏寓居東和棧之際，吳一勤對張慶葵漠然的態度更是不滿，疑其「連環氣未息」〔註90〕。

在兵力分配的問題上，張慶葵與孫鏘鳴爭執再起。孫氏依然一派奉旨辦團，令行禁止的態度，意圖控制張慶葵的河鄉團局勢力，張慶葵則已非連環會時的張慶葵。他對孫氏及吳一勤的不滿已達頂峰，不但拒絕傾力以赴，更明嘲吳一勤的「大言欺人」。孫鏘鳴此時重返瑞安，依附張啟煊，無力也不便直接對地方士紳發號施令，也無法調和吳、張兩人之間的矛盾，亦只能聽之由之。張慶葵及各鄉團董，最終也只集合千餘人同往。

這次不甚有效的對話後，張啟煊進剿金谷山金錢會勢力，由團練為留守軍力，士紳張慶葵與吳一勤均以團練身份率眾同往，赴祇陀山。孫詒谷也以廿五都團練先行會剿。這次戰鬥，儘管說法各異〔註91〕，最終結果，是團練焚毀了金錢會的重要基地祇陀寺。隨後孫詒谷、吳一勤等進一步追擊，以致身陷敵圍，幾乎送命。此後，吳氏團練亦受挫不少，進入休整期，孫詒谷則繼續伺機尋求立功機會。隨後在張啟煊、秦如虎等追擊下，金錢會大勢已去。直至同治元年正月，金錢會事件宣告平息，孫鏘鳴一直隨張啟煊軍參與軍情。

第三節　金錢會事件後的瑞安孫氏

一、回溯與爭辯

在金錢會事件中，孫家兄弟辛苦經營的安義堡被焚，辦團活動被官紳目為失敗，孫詒谷也在繼之而來與太平軍的戰鬥中死亡，損失可謂慘重。在此事件後，孫衣言、孫鏘鳴兄弟做出較為迅速的反應和總結，試圖延續自家身兼官、紳二重身份的權威性，恢復在地方上的政治威望。因此，首當其衝的重任即分辨在金錢會事件中各方所需承擔的責任，是以孫鏘鳴在金錢會事件餘音尚在之際，即上書時任浙撫的左宗棠，力陳地方官的不作為縱容金錢會，同時隱含著對自家遭受的種種非議的辯駁。

〔註90〕（清）吳一勤《瑞安西北鄉團練防剿記》，馬允倫《太平天國時期溫州史料彙編》，第202頁。
〔註91〕十二月十五日、十六日的祇陀山之戰，張慶葵《瑞安東鄉剿匪記》、吳一勤《瑞安西北鄉團練防剿記》、孫衣言《會匪紀略》、黃體芳《錢虜爰書》所載多有不同，詳見本書附錄部分。

　　會事後期乃至平息，孫鏘鳴在襄與軍事的同時一直在堅持對地方官紳責任進行追究。同治元年（1862）四、五月間，孫鏘鳴轉補侍讀學士，將回京供職，這是他從矛盾複雜的溫州政局中抽身的一個契機。同時，孫氏兄弟把平定亂局與澄清金錢會事件中各方功過的希望寄託在了奉命撫浙、名望止盛的左宗棠身上。孫衣言在回京途中得知左宗棠調任浙閩時，還欣喜萬分：「二十九日雨，聞左季高中丞擢督浙閩，耆九峰內召，自此閩浙無畛域之患，可喜也。」〔註92〕

　　在這種心態之下，孫鏘鳴滿懷信心地呈書左宗棠，彙報金錢會事件始末情況。文中不加遮掩地對地方官紳皆予控訴，甚而對官員一一點名問責：

　　　　金錢會匪之初起，先通平陽文武。其計專欲勾結營弁、書吏、城間權勢紳衿，為裏應外合之計……翟惟本為之飾詞稟請，署道志勳、署守黃惟誥受其蒙蔽，該匪益得借官勾結，其勢益張……至平瑞現在情形，外寇雖已肅清，張道兼防平陽，聲勢頗壯，而意見實不甚和。〔註93〕

　　是書之中，孫鏘鳴直接將「平陽文武」斥為金錢會同黨。不僅地方官員盡在其內，城內紳衿也皆有通匪的罪責，身兼官、紳的二重身份的孫鏘鳴就此把自己置諸地方官紳的對立面。而他點名志勳、黃惟誥、翟惟本等尚在其位的大小官員，幾乎將官紳雙方的矛盾公開化，並展示給正忙於剿滅餘匪、籠絡地方的左宗棠。

　　在作此函時，孫鏘鳴尚未意識到即將襲向自己的攻擊，也沒預想到官紳對孫氏「激變」的指責將對左宗棠的態度產生何種程度的影響。函中他仍言辭犀利，義正詞嚴，一派清醒者姿態。此外，他對自己在鄉辦團的成果總結為「現在溫郡幸報肅清，團防已有成緒」，將「所有事宜移交得力公正紳士遵循辦理」〔註94〕，欲以功成身退之姿離鄉赴京。這樣一來，他對自己的定位與左宗棠收到的親信彙報與耳聞產生了偏差。就現存史料而言，左宗棠對孫鏘鳴此次來函並未給予立即回覆。

〔註92〕（清）孫衣言：《赴皖日記》，《孫衣言孫鏘鳴日記》，清稿本。

〔註93〕（清）孫鏘鳴：《與左季高中丞書》，《孫鏘鳴集》，上海：上海社會科學院出版社，2003年，第64頁。

〔註94〕（清）孫鏘鳴：《與左季高中丞書》。這種口徑甚至在孫氏家族中得到沿用，孫詒讓《先仲父侍郎公行述》即稱「公以團練、捐輸事竣，乃奏請回京供職。」（《孫鏘鳴集》，上海：上海社會科學院出版社，2003年，第711頁。）

在離溫返京之後，孫鏘鳴仍對溫州局勢的變化極為關注，並借賀左宗棠平叛功成及升任閩浙總督之際，繼續向其呈書，即《與左季高制軍書》。此時孫氏辦團「激變」之說已甚囂塵上，孫鏘鳴不得不對情勢做出應變，這封上書可以視作站在孫氏立場上對金錢會事件中官、紳、民各方表現進行統括性總結，也是對「激變」說及地方官紳指責的詳細剖白與申訴。函中涉及到戰後溫州的各個重要問題，在孫氏在金錢會事件中的應變行為中意義重大。茲選錄如下：

> 敝邑公車友來，詢以地方情形，頗言：「新守周君開錫，於辦捐一切，未免操之稍急。不肖紳董又從而假公營私，遂成苛擾，各城均有罷市之事。」誠知軍餉所需，勢非得已，且既予以更生之樂，即略有科派，義當遵從。然唯是民耗竭本久，今已離思甫定，軍興以來，皮骨凋盡，賦斂之後，田盧半荒……伏望令諭司牧，於加意整飭之中更寓惻怛至誠之意，則殘黎蒙德不淺矣。至敝邑劣紳沈渙瀾，聞仍充為董事，瑞安雖乏人，奈何以此等狡詐貪橫之尤者於其間而縱令噬民乎。
>
> 溫州會匪一案，其養癰庇賊之官紳，前之觍縷陳於左右者，皆百姓之同仇，非一人之私惡也。聞已賜檄查訪，未知可得要領否。但恐官場袒護之習牢不可破，竊以為訪之於官不若訪之於紳，訪之於紳又不若訪之於民，蓋紳有邪正之不同，而民則直道之猶存也。前賜諭云：「是非不明，大亂之所由起也。」……弟之所陳，即溫州之大是非也。
>
> 蓋會匪之張，始於府、縣之以會為團，而民、賊不辨。既而亂起，知無解於釀賊之咎，則謀所以自脫者不得不轉而以團為激變、為速禍。甚且指團為會，而是非之顛倒不可問矣。……變早伏矣，何待於激，禍已烈矣，何事於速？猶幸而羽翼已成，計謀未定，禍速發而事易敗，否則亂之起將不止此，參之肉其足食乎！是非倒置，莫此為甚，今雖事定逾年，似不可不擇尤參處，以為司牧之縱寇殃民者戒也。〔註95〕

〔註95〕（清）孫鏘鳴：《與左季高制軍書》，《孫鏘鳴集》，上海：上海社會科學院出版社，2003年，第68～69頁。

　　上書以祝賀左宗棠平亂之功開篇，以在京諮詢溫州情形切入，假溫州「公
車友」的口吻，控訴新任溫州知府周開錫「於辦捐一切，未免操之稍急」，併
兼及地方士紳「又從而假公營私，遂成苛擾」。繼而以京官身份對地方上的軍
民情況乃至戰後恢復提出意見，勸左宗棠減緩科派。但他緊接著話鋒一轉，
繼續追究金錢會事件中沈淀瀾等鄉紳的責任。

　　孫鏘鳴等白布會士紳同與府縣官員交好的所謂城紳素有罅隙，兩者的矛
盾和互相角力在金錢會事件中暴露無遺。金錢會事發，孫鏘鳴等認為這是府
縣官員輕信城紳、縱容金錢會發展的結果，並希望以此為契機一舉揭露道府
官員乃至城紳的罪行，為金錢會事件後的功過賞罰定下基調。孫鏘鳴建議左
宗棠「訪之於民」，可見他對自己在地方官紳中的評價已經有了一定認識，並
且意識到左宗棠可能會在很大程度上受到官紳言論的影響，但也表露出他對
於自己在所謂鄉民之間的聲望依然抱有自信。他在左宗棠面前對金錢會釀亂
的原由歸結於「府、縣之以會為團，而民、賊不辨」，所謂以會為團、指團為
會，即指責道府在金錢會事件中未對自己抵制乃至對抗金錢會的行為給予明
確的支持，導致了自己身份官方性和正義性的動搖。在孫鏘鳴的辯誣與控訴
活動中，道府始終是罪責最大者，在他看來，正是道府的不辨是非給了城紳
們借機依附、謀取私利的機會。在追究金錢會事件中各方責任的基礎上，孫
鏘鳴對平叛過程中各方的功績也做了評定與區分。而其劃分紳之忠奸優劣的
標識則是與衙署即地方官員關係的好壞：

　　　　又……總之，團練報功，出入衙署之紳士得之者十之七八，其
　　　真出於公論者十之一二，此可歎也。

　　　　又……而今所獎者，仍皆出入衙署之紳居多，於民情似未深服。
　　可否援引衢州城守之例，請加瑞安學額一二名，則激揚更大矣。

　　　　又剿匪陣亡之生員張家珍，當會匪猖獗時，一寒士以忠義號召
　　數萬團眾戰於瑞安、泰順之間，倡義才月餘，凡十餘戰，戰無不勝，
　　殺匪以三四千計，賊上不得窺泰順、景寧，下不得並力攻瑞城，皆
　　其功也。……業經奏請優恤，若再能破格重襃，乞予專祠，即以相
　　隨陣亡義團數百人祔祀，則風厲更遠矣。〔註96〕

〔註96〕 （清）孫鏘鳴：《與左季高制軍書》，《孫鏘鳴集》，上海：上海社會科學院出
　　　　版社，2003 年，第 68～69 頁。

以「出入衙署」與「出於公論」相對立，對甫到浙江處理危局的左宗棠可能會造成暗示性的影響。彼時左宗棠忙於處理太平天國餘波，對於在浙地方官員及所謂「出入衙署之紳」尚有很大程度上的倚仗。而對於遠在京師的孫鏘鳴，左宗棠的印象基本來自於在浙的所見所聞。此時，孫鏘鳴以在籍辦團不力的京官身份向其建議亂事後的各項措施，得到的是左宗棠的冷漠回應。民國間符璋受張楓之邀為其父張慶葵《瑞安東區鄉團剿匪記》作序時曾對當時在鄉部分士紳對於孫氏家族的意見有過集中表達：

> 瑞本大邦，顯宦如林。孫學士鏘鳴時方里居，出而倡之，豈不隨呼而應。乃袖手睨視，且不懺於創始之人，有權在士流之忌，幾幾乎與紳隙，則當日之紳安在？心如先生一儒生耳，乃獨不顧身家，遑遑以鄉里安危自任。〔註97〕

符氏所言，將孫鏘鳴與地方官紳矛盾激化的主要責任歸於孫鏘鳴懷有私心，有意打壓非己派系的士紳，致「幾幾乎與紳隙」。這種觀點在當時頗具影響，不僅在與孫氏有隙的「出入衙署之紳」中達成一致，在地方上也得到了很多紳民的接受乃至支持。如前文所及趙之謙《章安雜說》中即採納此觀點，對孫鏘鳴辦團的態度、策略和成果頗多微詞。

這一次，孫鏘鳴對左宗棠的去函依然未能得到左宗棠的積極回應。於是他於同治二年（1863）上奏朝廷，請求就金錢會事件追究「劣員虐民釀變」的責任。在上奏中他除了再次重申「前署溫州府知府黃惟誥、已革平陽知縣翟惟本、前署瑞安縣知縣孫傑等昏聵庸懦，縱匪殃民，釀成會匪之亂」〔註98〕，他強調了平叛收復之後，新任知府周開錫任用永嘉縣知縣陳寶善、已革署平陽縣知縣蘇金策、通匪捐納知縣沈渙瀾、瑞安雙穗場鹽大使程泰森、署平陽縣知縣余麗元等勒派鹽稅、為禍地方的情形。〔註99〕這是孫氏在尋求左宗棠支持失敗之後，繼續謀求經由官方的強制力，干預金錢會事後的地方政治。朝廷在孫鏘鳴奏報後命左宗棠查明覆奏。左宗棠於同年十二月十三日復陳朝

〔註97〕　符璋：《〈瑞安東區鄉團剿匪記〉序》，馬允倫編《太平天國時期溫州史料彙編》，上海：上海社會科學院出版社，2002年，第175頁。

〔註98〕　參考《孫鏘鳴集》第11頁。據李世眾所見臺北「國立」故宮博物院藏《軍機錄副》第92005號記錄有所增補。全文參見李著第186～187頁（上海：上海人民出版社，2006年），此不贅引。

〔註99〕　（清）孫鏘鳴：《與左季高制軍書》，《孫鏘鳴集》，上海：上海社會科學院出版社，2003年，第68～71頁。

廷，認定孫鏘鳴參奏不實。更令孫氏始料未及的是，左宗棠採信前文所及當時流行的「團練致禍」說，並稟報朝廷：

> 臣查溫州上年金錢會匪之變……然察其激變之由，則實由瑞安林埤地方牙戶李子榮與富戶陳安瀾積有嫌隙，喙前倉匪黨將陳安瀾房屋拆毀。前署溫州府知府黃維誥聞報飭拿。前在籍翰林院侍讀孫鏘鳴，赴郡請兵剿捕，黃維誥以髮逆已陷處州，溫防吃緊，官兵未可輕動而辭之。孫鏘鳴遂自募勇丁赴平陽，將前倉房屋燒毀，前倉匪黨旋亦燒毀孫鏘鳴房屋……言者但以縱匪之咎歸之於官，而不知拘鑾之故實紳團孟浪致也。〔註100〕

這一調查結論完全否定了孫鏘鳴最引以為傲的先覺之明和攘亂之功，同時否定了其奉旨辦團的正當性，使之淪為一般「紳團」，甚而稱孫氏組織團練對抗金錢會的行為為致亂之由。在此立場上，孫鏘鳴就失去了追究各方責任乃至參與到地方善後事宜的資格。針對孫鏘鳴對各級官員的指控，左宗棠的調查結果基本予以完全推翻，如認定陳寶善「實可保其無貪虐之事」，蘇金策、余麗元是否「逼取財賄」，也以「臣所接溫臺士民呈詞，從無以此為言者」〔註101〕作結。對於孫鏘鳴所奏諸人中唯一以紳士身份出現的沈渙瀾，左宗棠對其是否通匪竟給與了「無從查悉」的結果，將孫鏘鳴指控沈渙瀾的原因歸結於沈氏「向在瑞安紳居與孫鏘鳴等同辦團事，聞因言語迕觸，致成嫌隙」〔註102〕，其傾向已不言自明瞭。

對於左宗棠給出如上結論的原因，孫氏及其後人目為「各官群相庇護，顛倒是非」〔註103〕。孫鏘鳴對周開錫的指責是引起左宗棠不滿的重要理由。周開錫深得左宗棠信任，不但在左氏撫浙時，「辭曾（國藩）而之我」〔註104〕，為左氏所感。更因為他為左宗棠撫浙乃至督浙閩時曾提供有效的後勤保障，

〔註100〕（清）左宗棠：《復陳參奏不實情形摺》，劉泱泱校點《左宗棠全集・奏稿一》，長沙：嶽麓書社，2014年，第297頁。

〔註101〕（清）左宗棠：《復陳參奏不實情形摺》，劉泱泱校點《左宗棠全集・奏稿一》，長沙：嶽麓書社，2014年，第299頁。

〔註102〕（清）左宗棠：《復陳參奏不實情形摺》，劉泱泱校點《左宗棠全集・奏稿一》，長沙：嶽麓書社，2014年，第299頁。

〔註103〕孫延釗：《孫衣言孫詒讓父子年譜》，上海：上海社會科學院出版社，2003年，第49頁。

〔註104〕（清）左宗棠：《贈內閣學士前福建延建邵兵備道周君祠碑》，劉泱泱校點《左宗棠全集・家書、詩文》，長沙：嶽麓書社，2014年，第335頁。

「凡可以瞻軍恤民為地方計久遠者，不避貴要助余成之」〔註105〕。這樣一位「不避貴要」的屬下遭遇「群議翕訿以相搖撼」，左宗棠自然要站出來為其辯駁。

李世眾認為，地方官是「國家權力在地方的行使者，他們才具有裁定地方組織合法與否的權力，他們才能隨意地變易是非。」〔註106〕這一視角為理解左宗棠的奏稿提供了一個參考，身為國家在地方的代言人，他並不需要孫鏘鳴替他判定涉事諸方的功過。左氏在同治二年（1863）三月來浙不久，即已提出浙江匪患之弊在於「民與兵勇仇、紳與官吏仇，久且民與民仇，而械鬥之患起，紳與紳仇」〔註107〕，在十二月的奏報中，左宗棠重申此觀點。其隱義在於否認了孫鏘鳴立場的公允，同時更否認了孫氏兄弟一直所倚恃的官方身份，把孫鏘鳴與被其不齒的沈渙瀾放到了對等的地位，認為他們都不過是一心為私的紳士而已。雙方的矛盾也由此變成了紳與紳之間的互相傾軋，而非京官對地方的關係。孫氏在辦理地方事務上極其依賴的官紳二重身份反倒成了被人攻擊的重點。

經由左宗棠奏復，朝廷最終於同治三年（1864）正月初二日給予了結論和處理，作為金錢會事件的一個官方解釋：

> 左宗棠奏遵查黃維誥等被參各款。既據該督查無其事，孫鏘鳴所奏著毋庸議。餘著照所請辦理。朝廷勤求民瘼，言路宏開，外省各地方官如果辦理不善，原準例應奏事之員列款入告，從未偏持成見不為查辦。乃孫鏘鳴在局辦團激變，輒行委過於地方官，以縱匪釀亂等情飾詞陳奏。若非左宗棠深知黃維誥、陳寶善官聲尚好，幾致為該侍讀學士所誣。且因沈渙瀾言語迕觸，而指為通匪，始則函囑左宗棠查辦，因所言不行，復捏詞入告。該侍讀學士在籍久經辦團，迭邀遷擢之員，宜如何公正為懷，力圖報效？今據所奏各情，是其徇私挾嫌，居心實屬險詐。孫鏘鳴著即勒令休致。〔註108〕

〔註105〕（清）左宗棠：《贈內閣學士前福建延建邵兵備道周君祠碑》，劉泱泱校點《左宗棠全集·家書、詩文》，第335頁。

〔註106〕李世眾：《晚清士紳與地方政治——以溫州為中心的考察》，上海：上海人民出版社，2006年，第192頁。

〔註107〕（清）左宗棠：《劣紳倚勢壓民請革職審擬片》，劉泱泱校點《左宗棠全集·奏稿一》，長沙：嶽麓書社，2014年，第186頁。

〔註108〕《諭將參奏不實之員勒令休致》，（清）左宗棠撰，劉泱泱校點《左宗棠全集·奏稿一》，長沙：嶽麓書社，2014年，第300頁。

二、申訴與求助

　　呈書左宗棠及上書朝廷遭受冷遇之際，孫氏兄弟試圖通過李鴻章從中斡旋，緩解與左宗棠的緊張關係，從而辯誣脫罪。

　　李鴻章為孫鏘鳴道光二十七年（1847）分校禮闈時薦卷考中的，因此對房師一向禮遇有加。左宗棠甫到浙江之際，正值孫氏兄弟前往他處，雙方無甚交集，上文所及《與左季高制軍書》亦經由李鴻章轉遞至左宗棠。孫鏘鳴在同治二年（1863）七月寄函李鴻章：

> 兄此次重入脩門，逐隊少年，有何意味？心衰精挫，更自分無補於時。且二親年垂八十，雖留三舍弟於家供職晨昏，而喜懼之懷，難安寢食，當不過一二載間，仍須乞養而南耳。家兄應湘鄉之召，於二月初旬赴皖，總因鄉園蕩析，無以為家，不得已強作此行。但河陽幕下，英彥如林，未審有何位置。然既已出場，似不能不稍圖立腳之處，我弟將何以進而教之？外致左制軍一函，祈加封轉遞浙營為幸。〔註109〕

　　此時，李鴻章已率軍逼近蘇州，左宗棠則基本穩定浙江形勢，兩人勳名均正熾盛。孫氏借由李鴻章呈書左宗棠，是有意之舉。此外，孫鏘鳴又向李鴻章剖白心跡，自謂「心衰精挫，更自分無補於時」，雖有客套自謙成分，亦可稍窺當時心境，同時也是打聽京城的政治環境。李鴻章立即回覆孫鏘鳴，一方面介紹戰場形勢，一方面表達對孫氏兄弟的關心，並告知致左宗棠的信函已經轉達。隨即李鴻章又致書孫衣言，請其轉達「京朝官後起人才殊曰薄弱」，鼓勵孫鏘鳴「如吾師之深心卓識，揚歷華資，必播為濟時霖雨」〔註110〕。

　　在遭受左宗棠冷遇甚至奏劾時，孫氏兄弟請李鴻章從中斡旋。李鴻章即於同治三年（1864）九月二十八日致書左宗棠，以回覆左氏所詢戰況為由為孫鏘鳴伸冤：

> 孫葆田先生鏘鳴係弟與幼丹丁未房師，稔知其品學端粹，浙中稱為正人，會匪一案，以多言獲咎。聞尊疏並未糾劾，而時論頗以為疑。出京後又丁內艱，境況奇窘，分應設法資助，惟念臺端再造

〔註109〕（清）孫鏘鳴撰，謝作拳整理：《致李鴻章信札一通》，溫州市圖書館《溫州歷史文獻集刊》編輯部編《溫州歷史文獻集刊（第二輯）》，南京：南京大學出版社，2012年，第35頁。

〔註110〕（清）李鴻章：《致孫琴西觀察》，顧廷龍、戴逸主編《李鴻章全集 29（信函一）》，合肥：安徽教育出版集團，2008年，第259頁。

兩浙，功德不朽，素以扶植正士為己任，如能原情續為昭雪，或代
謀書院，養賢致民，益服明公之大度矣。〔註111〕

　　李鴻章為年初已被勒令休致的孫鏘鳴辯護，隱然將矛頭指向了左宗棠未
能查明事實，暗指其受到周開錫等蒙蔽。更值得關注的是，李鴻章甚至推出
了「時論」給左宗棠施壓。但究其本心，畢竟不願為孫鏘鳴而得罪左宗棠，所
以李鴻章也並未強求左宗棠推翻前論，而是以孫鏘鳴出京後境況窘迫為由，
要求左宗棠出面幫忙，從而為孫鏘鳴謀求書院教職，甚至平反昭雪。然而，
李鴻章顯然低估了此事在左宗棠眼中的位置。左宗棠不但覆函拒絕，並以原
奏稿的論調重申對金錢會中各方責任的判斷。李鴻章不得已又在十月二十七
日回報軍事情況中，再覆左宗棠：

　　　　葉田先生前事，敝處實未悉原委，葉翁亦未自鳴冤，然道路嘖
　　嘖，頗以大賢誤聽為疑，既蒙詳示，即作罷論。惟其人素行端謹，
　　決不至為暴於鄉里，此則遠近所共信耳。〔註112〕

　　兩位大吏於戎馬倥偬之際為孫鏘鳴之事展開拉鋸，可見這件事對於雙
方來說也並非小事。左宗棠都督閩浙，對於陳兵北面的李鴻章干涉浙江事
務自然不會滿意，故而在李鴻章的過問之下，非但不肯讓步，還指孫鏘鳴
「為暴於鄉里」，側面否定了李氏所謂「正人」的說辭。左氏咄咄逼人之態
度讓李鴻章也不便正面衝突，只得「即作罷論」。目標也從為孫鏘鳴昭雪退
到了為其辯「為暴於鄉里」之誣，應該是感受到了左宗棠的強硬態度而做出
的讓步。

　　李鴻章對這一結果非常不滿卻又無可奈何，他對孫衣言坦陳：

　　　　浙帥於奉查溫守一節，師門竟幹嚴譴。元規塵污，人居是邦者
　　未經卻避。廿年清望，兩浙正人，因當道一言遂被摧沮，豈獨吾黨
　　之不幸也。身雖可隱，家無所歸，吾師何以為懷念之焦切。此間軍
　　事粗稱順手，欲保蘇、滬不得不分攻常、嘉，而左公嫉忌之深，不
　　以保土相諒，乃以越境為嫌，揆古例今，殊非情理。〔註113〕

〔註111〕　（清）李鴻章：《復左制臺》，顧廷龍、戴逸主編《李鴻章全集 29（信函一）》，
　　　　　　合肥：安徽教育出版集團，2008 年，第 343 頁。
〔註112〕　（清）李鴻章：《復左制臺》，顧廷龍、戴逸主編《李鴻章全集 29（信函一）》，
　　　　　　合肥：安徽教育出版集團，2008 年，第 345 頁。
〔註113〕　（清）李鴻章：《復署盧鳳道孫》，顧廷龍、戴逸主編《李鴻章全集 29（信
　　　　　　函一）》，合肥：安徽教育出版集團，2008 年，第 289 頁。

對於左宗棠在此事中的堅持，李鴻章心知肚明，「左公嫉忌之深不以保土相諒，乃以越境為限」。在左、李的角力中，事關各自權力範圍內的絕對話語權，雙方均不退讓，孫鏘鳴的命運反倒無足輕重了。是以一直以正直無私自矜的孫鏘鳴被坐實了「徇私挾嫌」的罪名。鑒於左宗棠的回應，李鴻章被迫放棄對此事的介入。由此一番來往糾葛，孫鏘鳴不但未能平凡昭雪而回到地方權力層，反倒因捲入了朝廷大員的較量中而遭到排擠，離地方權力層越來越遠。

此事以後，李鴻章似乎對老師也頗懷愧疚，屢次致信孫氏兄弟及第三方表示關心，並在與沈葆楨的書信中繼續為孫鏘鳴尋求經濟來源，甚至借「塾送奠分」之由直接贈金相助：

> 蕖田師回浙，眷屬尚寄吳門，急欲謀一館席，浙蘇皆不易，西江猶可圖乎。〔註114〕

> 蕖田師回籍治喪，春杪約可來吳，當為塾送奠分，或百金，弟前亦以此數奉賻也。〔註115〕

> 蕖田師僻處海隅，久未得信，承念附及。〔註116〕

從以上數封信件中可以看出，李鴻章對於孫鏘鳴還是頗盡弟子之情。不僅親自為其求館席之職，還囑託同出於孫鏘鳴門下的沈葆楨出面相助，對於謫居家中的老師也是頗多掛念。甚至在私下對孫鏘鳴次子孫詒續直言「左文襄晚節不終，遠賢昵奸」〔註117〕，可見其對此事始終耿耿於懷。然而孫鏘鳴回鄉後，名望與權威畢竟遭受重創，難以有效的參與地方事務。這一時期，孫衣言開始更多地通過文字回溯金錢會前後乃至有清以來溫州地方的情況。一方面總結溫州地方管理的弊端，一方面開始反思家族發展策略中存在的問題。淡化了官紳的二元身份，凸顯自己作為鄉人的鄉邦認同，以重新獲取地方人士的信任。

〔註114〕 （清）李鴻章：《復江西撫臺沈》，顧廷龍、戴逸主編《李鴻章全集 29（信函一）》，合肥：安徽教育出版集團，2008 年，第 360 頁。

〔註115〕 （清）李鴻章：《復沈中丞》，顧廷龍、戴逸主編《李鴻章全集 29（信函一）》，合肥：安徽教育出版集團，2008 年，第 373 頁。

〔註116〕 （清）李鴻章：《復蘇麃堂河督》，顧廷龍、戴逸主編《李鴻章全集 30（信函二）》，合肥：安徽教育出版集團，2008 年，第 253 頁。

〔註117〕 （清）孫詒續：《仲彤日記》，轉引自胡珠生《論孫鏘鳴》，《胡珠生集》，合肥：黃山書社，2008 年，第 57 頁。

三、總結與反思

　　孫衣言對金錢會事件的追溯與回憶，是與孫鏘鳴對自身責任的「辯誣」及對地方守令的持續控訴相配合的。前文提到的《會匪紀略》也是其中的一種，與之相配合呼應，孫衣言還為瑞安北鄉、平陽雷瀆、瑞安湖石、永嘉壙後四處團練撰寫義民表，以彰死事者之遺烈，試圖獲得對這段歷史的書寫權。在這些表文中，以孫衣言為孫詒谷所撰的《亡兒詒谷殯志》感情最為熾烈，對金錢會事件的反思最為痛切。

　　與以建立敘事模式為目的的《會匪紀略》不同，《亡兒詒谷殯志》是孫衣言以父親的身份追憶亡子，情感與敘事更為直白。在孫衣言眼中，兒子「少而懇，寡言笑，與人常若不歡，及長，纖嗇喜生殖。始為諸生，即棄科舉業，而多聚兵書。」而作為父親，對於兒子不好科舉聚兵書的選擇，孫衣言給予的評價是含義甚深得「予頗憾之」，是憐子之痛溢諸筆端：

> 嗚呼！會匪之初，山澤無賴之賊耳。及其萌蘖，痛折斷之甚易，
> 而一時文武陰拱坐視，莫敢端言為賊。及患之既成，猶逡循迴避，
> 便文自脫，其甚者至於棄城逃死，若鳥獸走。而粵賊之據處州，先
> 後垂一年矣，監司、鎮將，未嘗一為境外戰守計；及其破青田，窺
> 瑞安，官亦未嘗發一兵。獨兒以數千南畝之民，耰鋤白梃，首捍其
> 衝，而遂以身殉也。嗚呼！可哀也已！〔註118〕

　　通過哀歎孫詒谷的戰死，孫衣言把地方上的災難與自家的損失相連接，把哀子悼亡與抨擊地方官員相結合。以孫詒谷的英勇反襯地方官的庸懦。

　　儘管仍不放棄對地方官員的追責與抨擊，但是從這一時期開始，孫衣言為文表旌戰死人士的重心開始從辯誣與控訴轉向表彰士民，以期強化鄉邦認同。這是因為作為孫氏兄弟子侄輩中在地方政治舞臺上最為活躍的一員，孫詒谷之死不僅給孫氏家族帶來感情上的重創，也宣布了孫氏經營鄉團的完全失敗，更直接促使一直忙於辯誣澄清自己及控訴地方官紳的孫衣言、孫鏘鳴徹底反思自己介入地方事務的方式。

　　孫衣言的家族策略調整，是建立在其對溫州與瑞安的基本認知和定位之上的：

> 東甌在山海之交，為一都會，茶鹽魚鮑，竹木舟輿，南北輻輳，

〔註118〕（清）孫衣言：《亡兒詒谷殯志》，《遜學齋文抄》卷五，清同治十二年（1886）
　　　　刻本。

　　羅織錦繡，服官之華，與海外奇技淫巧、西洋之毒物輕風，船不旬
　　日而充於列肆，其民賈吳閩越，則漸染遊閒之風，好為鮮衣美食，
　　或無中人之產，而自奉如封君。文學之士或棄詩書，走官寺，伺候
　　長吏，假聲勢為起眼，其婦女或粉黛而閒居，不問中饋，不知蠶績
　　之事也。其風果何自始耶。〔註119〕

　　對溫州地理民風的定位是孫衣言回顧總結家族發展的依據，也是調整家
族發展策略的前提。在孫氏眼中，東甌之地是東西文化交匯之地，也是深受
商業文明影響的都會。而外來文化的入侵則是侵蝕民風的重要因素，使得士
紳疏於詩書的本業，依附於地方官，「假聲勢為起眼」，造成了官紳勾結。這
也是孫衣言眼中孫氏家族在金錢會中受到挫折的最主要原因。甚至婦女也受
到外來風氣的影響「粉黛而閒居，不問中饋，不知蠶績之事」。在溫州範圍內，
相對而言，瑞安之地的環境更適於實現孫衣言的家族與鄉邦理想：

　　我瑞之山奇而水清，多長山深谷，民生無仕宦之慕，無商賈之
　　事。男子耕農，女續績絍，躬井臼以自給，其俗雖樸以嗇，然浮淫
　　誇誕之觀，亦非所屑也。又其人往往聚族而居，父子兄弟相依倚，
　　老死而不相離。〔註120〕

　　「長山深谷」形成了瑞安的相對僻遠與封閉，也使孫衣言所忌憚和不滿
的外來風氣影響可以相對較低，從而恢復男耕女織的傳統社會模式，推揚樸
嗇的民風，拒斥「浮淫誇誕之觀」的入侵。孫衣言描述這樣理想的鄉邦環境
實際上是為理想的家族建設作鋪墊。在他看來，瑞安相對封閉的地理環境和
人文環境對於凝聚家族反倒是有利因素，是以總結金錢會事件中的教訓需要
從強化自身作為鄉人的認同開始，而對地方官紳的抨擊也將重點轉移到了鄉
人對外來人士破壞本土利益上。

　　在《會匪紀略》之後，孫衣言又作有《〈會匪紀略〉書後》與《又書〈會
匪紀略〉後》，隨著形勢的變化和孫鏘鳴的遭遇，孫氏對金錢會事件的總結愈
趨系統與冷靜：

　　嗚呼，監司守令豈可不慎擇其人哉，苟非其人，因循釀禍，可

〔註119〕　（清）孫衣言：《曾竹史先生壽序》，《遜學齋文抄》卷三，清同治十二年（1886）
　　　　　刻本。
〔註120〕　（清）孫衣言：《送汪仲穆序》，《遜學齋文抄》卷三，清同治十二年（1886）
　　　　　刻本。

以詒誤天下，而禍起旋滅，僅僅塗炭一方，猶其幸焉者矣。我溫州民氣雖曰樸野，然實畏法而敬官，平時見州縣役纓帽下鄉，即竊觀私語，所至家，具飲食如款尊客，婦女偵伺藏匿，有所要索，唯唯如命，雖名在庠校，或低首受吏胥訶斥，一狀入則官與吏擇肥食之，必屢飽而後止。固民之極可憐者，豈如閩之漳泉、皖之鳳潁藐法好亂者哉。〔註121〕

　　相較於《會匪紀略》中對於官、民、紳各方的指責，此時孫衣言問責的主要對象專指地方官員。他以溫州人的私人身份看待地方官，而非之前一直秉持的官紳二重身份的立場，這種立場的轉變，使他得以不再避諱與收斂對地方官的排斥情緒，充分表露瑞安地區乃至溫州地區人士對於外來官員的排他性。基於上文對溫州民風的定位，孫衣言認為溫州民氣雖被世人尤其地方官員認為是「樸野」，但其人卻「畏法而敬官」，對於代表官方權威的州縣役都充滿敬懼之情。這種表現已遠不止畏法敬官所能概括，同時也是暗示溫州鄉民對官方尤其外來人士所抱有的強烈陌生感和畏懼心。這種心態引起了孫衣言的聯想，他將溫州之民與當時同以樸野彪悍、難以管理的「閩之漳泉、皖之鳳潁」進行了對比，認為相較之下，溫州之民則易於管理得多。而在提到金錢會時，一向對依附金錢會者恨之入骨的孫氏也做出了與之前不同的判斷：

咸豐七八年間，粵賊既縱橫浙東西，而州縣挾群小人困之以捐輸，民間始怨，然亦未嘗敢與官抗也……平陽人雖間入會，而實深懼其累，其懇之令長，而欲得官之一怒者，無日無之，自瞿惟本一切不問，而民始折而從賊……道府之亦可欺……官兵之不能一戰……初端人正士有地方之憂者，非不苦口言之，至於痛哭流涕，而一時官府隱與數會，非衰老眊即少年巧滑。昏眊者畏事，巧滑者揣摩昏眊者之意指而成之，而郡邑一二奸人樂為賊用者陰結官之左右，虛疑恐喝，使民之情，不得一達於官，而官之情無不盡輸於賊。〔註122〕

〔註121〕　（清）孫衣言：《〈會匪紀略〉書後》，《遜學齋文抄》卷二，清同治十二年（1886）刻本。

〔註122〕　（清）孫衣言：《〈會匪紀略〉書後》，《遜學齋文抄》卷二，清同治十二年（1886）刻本。

　　孫鏘鳴把州縣為對抗太平天國而強制捐輸作為了平陽縣民大量加入金錢會的原因，對於之前被其視作通賊的平陽人給予了一定程度的理解。但其目的是仍然追究州縣強行捐輸逼民入會的責任。結合孫鏘鳴控訴周開錫捐輸之事，孫衣言此言並非無的。而逼得民「折而從賊」之後，道府卻沒有解決之力，官兵甚至不能一戰。孫衣言將孫鏘鳴等士紳對官方的勸諫甚至對抗歸納為「地方之憂」，是對外界「挾嫌徇私」指責的回應，也是再度強化守土衛鄉的觀念。值得注意的是，在措辭上，「出入衙署之紳」被「郡邑一二奸人」代替，淡化了對地方紳士的敵意，縮小了打擊面。隨著這種轉變，孫衣言對於事件的反省乃至解決方案更趨向和緩：

> ……嗚呼！洪秀全之禍前後十年，蹂躪半天下，廣西一二大吏諱賊者釀成之也。然則會匪僅僅為禍於溫州一隅，豈非所謂大幸也哉。夫溫州之民非不可治之民也。秀者黠而野者大愚耳，豈真喜犯上而狃作亂者哉。……然則豈獨良民之死為官所陷，即會匪黨與其死於戰、死於被獲誅者，豈非官實誤之哉！嗚呼，闒民之罪，官蓋十倍於亂民矣。我願督撫大吏憫溫僻遠，為之慎擇循良，而官我郡者，永永以此為戒，清心而寡欲，束吏而親民，無恣睢自快、使善良之氣不得伸，無姑息偷安、使桀黠之徒有所恃，嚴邪正之辨，謹治亂之幾，溫雖百年無事可也，豈非吾民之福也哉。〔註123〕

　　在這篇反思金錢會事件的文章中，孫衣言對於地方官責任的追究遠遠超過了會首，在他筆下地方官儼然為地方招災致禍的罪魁禍首。如此直白而激烈的表述在之前孫衣言的論述中是難以想像的，可見對地方官的仇視已經成為他們立論的基調。他認為只有引導地方風氣者「清心而寡欲，束吏而親民」，有針對性地體諒溫州之民，即可確保溫州無事。

　　之後的《又書〈會匪紀略〉後》，這種思路得到了延伸。是文作於同治二年（1852）六月孫衣言赴皖任上，駐兵壽州，得知前刑部主事孫家泰於咸豐十一年（1861）二月在苗練事件中被逼自殺之事，而產生了強烈共鳴。〔註124〕

────────────

〔註123〕　（清）孫衣言：《〈會匪紀略〉書後》，《遜學齋文抄》卷二，清同治十二年（1886）刻本。

〔註124〕　關於孫衣言獲知壽州苗練事件的時間與當時的反應，據孫衣言《赴皖日記》，「（同治二年正月）十三日晴，孫雪筠同年家鐸來。雪筠壽州人，己亥鄉試，與予同出故城賈閤生中丞門，辛丑成進士，又與鏘鳴同榜，其家為壽州著姓。咸豐十一年，苗沛霖破壽州，其宗人被禍頗慘，而雪筠兄弟五人，各以其家

　　所謂「苗練事件」，是指以民團之名起家的苗沛霖突發叛變，攻擊在皖省經辦團練的孫家泰部，逼致孫家泰自殺身亡，又稱作「壽州之變」、「淮北之變」。此事之所以引起孫衣言的高度關注甚至感同身受，原因有四。首先，孫家泰出於壽州望族孫氏。儘管與溫州孫氏不同，該家族宗支繁多，枝繁葉茂，人丁興旺，但其在晚清崛起於鄉里，則也是與溫州孫氏相似，來自於孫氏子弟在官場上的成功。孫家泰從弟孫家鼐為咸豐九年（1859）狀元，孫家泰則捐納為刑部員外郎。其次，孫家泰以官辦團練的身份介入地方政治，對苗沛霖民團向懷敵意，兩者結怨頗深〔註125〕。再次，在苗沛霖勢力驟然膨脹之際，孫家泰亦曾受眾議，「號召部曲，上書軍帥，力主剿」〔註126〕，遭到上官拒絕。最後在事件的追責上，兩個孫氏也同病相憐。事變初期，官方給予的定位是團練之間的「因嫌起釁」「私相報復」〔註127〕，是將事變的原因歸於孫苗之間的私怨。甚至孫家泰之自殺，也是翁同書在受壓力之下，將孫家泰投入牢獄之後，孫家泰的無奈選擇。直至苗沛霖徹底公開反叛，攻克壽州，孫氏一族慘遭屠戮，孫家泰才得到平反〔註128〕。

　　基於以上各點原因，眼見根基殷實的壽州孫家幾遭滅頂，溫州孫氏的核

免。時雪筠官江西，故皆寓家於江西。雪筠言苗沛霖必不為用，而其所居各寨堡，半由脅從，如我兵力能制之，則反正者可得十之五六，惟所居處離壽州僅三十里，據長淮之要害，懷遠、正陽皆設關取稅，又分遣其黨運鹽淮揚，由洪澤湖泝淮而上，能販於楚豫之交，蓋盡擅淮湖之利，而皖軍在南，僧軍在北，皖牽於粵賊，僧牽於張逆，皆未及議除此寇，真東楚一巨患。又言壽州之破也，誤於其宗人孫家□，召徐李壯、郭明洞二巨猾，以練勇二萬餘人助官守城，於是城中貯米二萬餘石，數日而盡，及糧既盡，徐李壯遂潛謀據城，雖事泄被誅，而不可為矣。若不召徐、郭二部，閉門自守，足支半年，而壽州四面臨水，賊固不能逼也。守城用客勇，往往為患，況徐、李固熱類也，而可恃耶？又言苗沛霖以十一年正月圍壽州，至八日始破，時袁午橋總憲駐兵臨淮，何以不能救耶？」（（清）孫衣言、（清）孫鏘鳴《孫衣言孫鏘鳴日記》，清稿本）。

〔註125〕孫氏與苗氏的爭鬥，參見池子華《孫家泰與壽州苗練事件》，《晚清中國政治與社會》，蘇州：蘇州大學出版社，2014年，第138～144頁。

〔註126〕趙爾巽等撰，許凱標點：《清史稿》卷九四三《孫家泰傳》，長春：吉林人民出版社，1998年，第10340頁。

〔註127〕咸豐上諭，轉引自（清）翁心存撰，張劍整理《翁心存日記》，北京：中華書局，2011年，第1578頁。

〔註128〕據（清）翁曾翰《翁曾翰日記》同治三年七月初七日記，「曾國藩、喬松年會覆奏壽州事，孫家泰、蒙時中賜恤」（張方整理，南京：鳳凰出版社，2014年，第55頁）。

心人物孫衣言大受震動，對辦團介入地方政治之路的可行性進行更為徹底的反思。他震驚於孫家泰辦團的結局，長歎「嗚呼危哉！幸矣予兄弟之不為家泰之續也」〔註129〕。通過孫家泰之事，孫衣言將自家兄弟的行為與遭遇作了比照。由於消息源的問題，關於孫家泰之死，孫衣言聽到的版本是苗沛霖兵臨壽州時，「則稽首於帥前，自言為官破撚，索重犒，索家泰父子，殺之」〔註130〕。這一版本讓孫衣言兄弟產生更深的恐懼，深歎「嗚呼，予兄弟之欲急剿會匪，即家泰之志也，而予兄弟得免於禍，非所謂幸者哉」。從蒙受冤屈的憤懣抱怨過渡到了死裏逃生的後怕和僥倖。孫衣言把孫家泰目為與孫鏘鳴相同的先知先覺者，對苗沛霖的反叛做出了預判和防備，並且付諸行動：「急欲治之團練以抗之，以除地方之患，不復自顧其身家」，卻遭到地方官員的掣肘，終致身死家滅。但尤為孫衣言寒心的是，他眼中的義士之舉，在事後還被地方官冠以「私忿」、「報復」之名。這使孫衣言確認了在當時的政治環境下，依靠團練武裝振興家族乃至鄉邦的不可能：

> 嗚呼！自古豪傑之士為國家深思遠慮不得稍行其志，而反以身
> 徇之者往往如此，豈不可悲也哉。夫苗沛霖，皖北之悍賊也，至如
> 周榮、趙起則真無賴奸民耳。其始起，即以立會通賊為名，焚劫平
> 陽，潛伏郡城，反跡亦昭昭矣。及焚予居八日，即襲郡城、殺官吏、
> 劫印信，官且身罹其禍矣，而道府上賊狀，猶謂之團練，猶謂之報
> 復。夫焚予居，謂之報復可也；破郡城，則所報復者誰耶？道府縣
> 令於賊可謂有恩矣，殺其父兄、劫其印信，則所報復者誰耶？至於
> 福鼎之焚，軼及鄰省，則所報復者又誰耶？諱飾以釀亂，亂既成，
> 則益諱飾以求自脫，此不肖道府之故智也。〔註131〕

孫衣言對壽州的情況與溫州的情況作了比較。認為相比頗具實力的悍賊苗沛霖，金錢會不過是奸民倡起，它的萌發和發展反跡昭昭，其能成勢有賴於道府縣令的縱容。提及「報復」之說，孫衣言仍滿腹委屈，不能釋懷。但是他逐漸不再糾結於洗清自家名譽，轉而以鄉人身份，為溫州人鳴冤不平，並

〔註129〕 （清）孫衣言：《又書〈會匪紀略〉後》，《遜學齋文鈔》卷二，清同治十二年（1886）刻本。

〔註130〕 （清）孫衣言：《又書〈會匪紀略〉後》，《遜學齋文鈔》卷二，清同治十二年（1886）刻本。

〔註131〕 （清）孫衣言：《又書〈會匪紀略〉後》，《遜學齋文鈔》卷二，清同治十二年（1886）刻本。

提及了曾國藩對此的反應：

> 嗚呼，人臣受國厚恩，為地方生靈之計，固不能有所瞻顧依違
> 以求自便，而禍亂者，時之所常有也。吾願為長吏者不幸而當其變
> 則惟及早圖之，無以因循遷就貽誤斯民，為不肖道府之所為也。衣
> 言初至安慶，湘鄉相國，詢及溫州之亂，衣言為備述之。相國喟然
> 曰：「京朝官在籍治事，雖微末如典史亦與為難，故團練不可為也。」
> 湘鄉始亦奉命團練，其後倡義旅，自為一軍以辦賊而後成功。嗚呼，
> 此則衣言兄弟之所不及者矣。〔註132〕

曾國藩的辦團經歷是孫衣言兄弟之類身兼官紳二重身份者倣仿的目標，而及
此時，孫衣言真正意識到曾國藩的模式難以在溫州複製。曾國藩對孫衣言的
喟歎，既是多年混跡官場的甘苦之言，也是對於孫衣言兄弟調整家族發展策
略的提示和啟發。

　　值得關注的是，孫衣言對孫家泰家族的比附，在鄉紳間有很高的流傳度
和接受度：

> 當發、撚諸匪盛時，各省多以民團輔官兵。其以團練起家而位
> 兼將相，蕩平宇內者，有曾文正；以團練起事，而結賊謀逆，大擾
> 中原者，有苗沛霖。苗本諸生；金錢會首趙起為平陽奸民；蔡華、
> 蔡岑兄弟為瑞拔貢、廩生，亦以辦團號召，其事略同。趙、蔡固不
> 中與苗為奴，奈何孫學士亦不克與曾為伍。〔註133〕

> 孫學士兄弟既以激變，自謂為淮北之孫家泰，至予與曾君為其
> 所索，亦淮北之蒙時中矣。即會匪之殄滅也，予苟不出而解縣圍，
> 破賊壘，將一夫造謗，群飛刺天，如之連環諸會，又捏予名及蔡君
> 在內，卒至道、府、縣見疑，附會以成其獄，予兄弟與蔡君又幾不
> 為嶼頭之蔡華也哉。〔註134〕

考慮到前段文字作者符璋的立場，是建立在張慶葵《瑞安東區鄉團剿匪記》
之上。以上兩段文字基本反映了對於孫衣言兄弟自比孫家泰兄弟，與孫氏疏

〔註132〕　（清）孫衣言：《又書〈會匪紀略〉後》，《遜學齋文鈔》卷二，清同治十二
　　　　　年（1886）刻本。

〔註133〕　符璋：《〈瑞安東區鄉團剿匪記〉序》，馬允倫編：《太平天國時期溫州史料彙
　　　　　編》，上海：上海社會科學院出版社，2002年，第176頁。

〔註134〕　（清）吳一勤《書遜學齋〈會匪紀略〉後》，馬允倫編：《太平天國時期溫州
　　　　　史料彙編》，上海：上海社會科學院出版社，2002年，第203頁。

遠甚至有所對立的張慶葵以及相對親近孫氏的吳一勤分別有如何的反饋。張氏對孫衣言兄弟心懷怨忿，直指孫氏複製曾國藩的團練之路宣告失敗。吳氏則沿著孫氏的比附，將自己比作與孫家泰親近的練總、并同孫家泰一起殞命於間的蒙時中，並指稱連環會諸紳是在地方上製造輿論、構陷孫衣言、吳一勤等的元兇。從這種口風不難看出，時隔多年，雙方對立依然森嚴，彼此間的敵意根深蒂固。從中也可以看出，在金錢會事件剛剛結束的當時，地方上政治空氣的高度緊張，這也為孫氏兄弟的家族策略調整提供了依據。

在金錢會平息後，孫衣言任官皖省，身雖不在溫州，對金錢會的反思仍在繼續。在安徽，孫衣言把在金錢會事件中的經驗用於管理地方，以證明自己「罔民之罪，官蓋十倍於亂民矣」〔註135〕的判斷。隨著這種判斷的堅定與深入，孫衣言準備重建自身形象。同治五年（1866）秋，他自為像贊曰：

> 立朝十年而無功於君，守地千里而無德於民，行年五十有二，而未嘗有善於其身，幸與當世賢士大夫遊，而區區乃欲以言自文，行駸駸以將老，恐碌碌其無聞，不知天下後世，當以汝為何等之人。〔註136〕

年過五旬的孫衣言，開始接受團練興家失敗的事實，開始通過一系列旌表的文章恢復在金錢會事件前後四分五裂的地方關係。其核心內容主要是將造成之前混亂的主要責任歸於地方官員身上，以官和民的劃分統一地方的各種勢力，淡化與其他陣營地方紳民的矛盾，不再糾結於對他們責任的追詰。這一轉變，也引導他把關注的重點從政治引向文教：

> 嗚呼！先王之世，其治民也必先之以農桑，申之以學校，自鄉遂以至比閭族黨，為之慎擇正長師大夫，以興其賢良者，董其不率教者，凡禮樂兵刑之制，皆先事而為之慮，而於恤死事者，禮蓋略焉。後世政教既廢，而尤不慎於擇吏，無事之時，吏常恣睢於上，未嘗稍為民計也。及亂之既作，民先受其禍，而官亦不得免焉。於是贈卹之典彌修，以謂我以為民勸也，而不知民之死者，固不可以復生矣。此豈先王之意也哉。……吾溫之亂，閱五月而後定。官之

〔註135〕（清）孫衣言：《〈會匪紀略〉書後》，《遜學齋文抄》卷二，清同治十二年（1886）刻本。

〔註136〕孫延釗：《孫衣言孫詒讓父子年譜》，上海：上海社會科學院出版社，2003年，第67頁。

死者數人，因而得賞者十數人，而民之死者無慮數千，大帥某亦謂
溫民識大義，亦為請於朝立祠而建坊。而始之所以致亂者，其罪固
未正也；後之所以弭亂者，其術仍未講也。〔註137〕

孫氏在安義堡的廢墟上，對理想的家族乃至鄉邦重新進行了構想，「其治民也必先之以農桑，申之以學校」，而擇吏尤為其所重視，他在民與官吏之間做了劃分，對溫州之民給予了高度評價。在事件中，官吏「恣睢於上，未嘗稍為民計也」。而在事件之後，民和官吏得到的回饋和旌揚卻嚴重不平衡，「官之死者數人，因而得賞者十數人，而民之死者無慮數千」。不僅如此，他認為在金錢會事件及此後的太平天國時期，「粵賊陷浙江郡縣，浙之民能自團練殺賊者，溫臺為最」，「而溫州之事，功罪至今未明」〔註138〕。

通過這些文章，孫衣言試圖以「吾溫人士」而非是科舉成功者的代表身份重新獲得地方上的話語權，鄉邦認同是其所倚恃的最大資本。在此，他不再強調自家行為在金錢會事件中的正當性，弱化了戰亂過程中的個人色彩。以為吾民請命代言的身份跟地方官員對話：

嗚呼！州縣吏，天子所恃以牧民，民所恃以為父母者也。故為
州縣者，嘗欲有為於州縣，以為民之不能忘也。而以予所見官之為
暴於瑞安者，至於數十年之久，民之思之若茹毒負刺，雖欲釋然忘
之而不能，則當其時，而官與民兩相忘若梁先生者，其無事之為福
大矣。夫官本不可以忘民，民本不忍於忘官，人心之同然也。至於
官惟恐民之不能忘，而民亦愈不肯忘，則官之情變矣，而民之情亦
窮而無所之矣。嗚呼！此豈獨我瑞安之患哉。〔註139〕

至此，孫衣言不再執著於與地方官爭是非，而是以本土人士身份在與外來的地方官員進行對話。這種對話仍建立在與地方官員保持距離的基礎上，他將數十年來瑞安州縣官員的整體成果視作失敗，甚至給民帶來了「茹毒負刺」之痛，能做到「官與民兩忘」就已經是地方人士可以接受的狀態。而官與民相忘之所以被孫衣言接受，也是因為地方官減少了對地方事務的介入，使

〔註137〕（清）孫衣言：《杭州崇義祠記》，《遜學齋文鈔》卷二，清同治十二年（1886）
　　　　刻本。
〔註138〕（清）孫衣言：《仙居忠義祠碑記》，《遜學齋文鈔》卷二，清同治十二年（1886）
　　　　刻本。
〔註139〕（清）孫衣言：《梁先生墓表》，《遜學齋文鈔》卷五，清同治十二年（1886）
　　　　刻本。

得孫衣言等地方人士、民之代表能夠在更大程度上決定地方各項事務。這一
論斷，為孫衣言的家族策略轉向奠定了基礎。

第三章　瑞安孫氏的鄉學挖掘

第一節　對永嘉之學的選擇

一、家族策略的調整

在金錢會事件前，孫衣言兄弟一直默認自己在地方上享有充分權威，因此他們既理所當然地以地方官府的監督者自居，又自賦了為地方紳民代言的權力。在此基礎上，乘變亂四起之際，利用其時流行於各地的辦團、築堡、捐輸等形式，孫氏家族試圖建立起對地方政治的話語權和一定程度的自治權。但是在金錢會事件中，不但地方官對孫氏的訴求不予理睬，被視作團結對象的地方紳民，也採取陽奉陰違甚至飽含敵意的態度，這讓孫氏不得不重新審視地方形勢。金錢會事件及隨後而來的太平天國入浙稍稍平息，孫鏘鳴仍自認有地方紳民的代言權，以為民請命之姿與左宗棠抗辯。直至官方徹底否認了孫鏘鳴在籍辦團以及白布會與金錢會對抗的正當性，孫衣言兄弟才意識到自己在紳民心中地位的急劇下降。所以轉移家族發展策略的基點就是重建孫氏家族的地緣威望，獲得某一領域內對鄉邦的代言權。

當金錢會事件以及太平天國在浙江的活動終歸平寂，安義堡被毀、家宅遭焚，年輕的孫詒谷也喪命亂中。自以為深受其害的孫氏家族，本欲以危機的預見者與反抗的引導者之姿主導追責進程，卻被捲入事後追責的漩渦中。孫鏘鳴成了在變亂中累積軍功的左宗棠履職後開刀的對象。不但申訴之路閉塞，連金錢會前尚屬順暢的仕途也從此終結，這也剝奪了孫氏兄弟在地方上

為朝廷代言的權力。更危險的是，金錢會事件前後的作為與遭遇不僅讓孫氏喪失了與地方官直接對話的資格，也在很大程度上失去了對地方紳民的號召力。一時間，官方主導的「孫氏辦團致亂」的輿論風向甚囂塵上，地方官自然對孫氏懷有戒心，很多受到影響的地方百姓也會遷怒孫氏，享有一定財力和威望的士紳此時也對孫氏失去了敬畏之情。不僅在金錢會事件中與孫氏矛盾畢現的張慶葵等人抱怨連連；吳一勤等白布會成員也對孫氏的領導頗有微詞。受到傳聞影響的一些地方紳民也對孫氏兄弟議論紛紛，並把焦點從辦團策略、政治能力擴散到孫鏘鳴的個人性格甚至私生活上來：

> 瑞邑孫蕖田侍講……極無取。聞其無子，有四妾，終日調停不能安。……侍講有兄琴西……其關防凡刻大小數十顆，處處皆有，其辦事多可笑。……侍講於處郡肅清後，言於觀察志小軒，求保舉，觀察為捏稟：當帶兵赴處時，侍講自募土勇三千，駐南溪策應，大張聲勢。其實此時侍講住家中，方圖移眷耳。志觀察……亦侍講流亞，宜其情投意合也。〔註1〕

傳言把矛盾重重的孫鏘鳴與志勳引為同道，在時間、地點、官職上多有不合之處，頗為不經。但如是不登大雅之堂且真偽莫辨的傳聞一時間甚囂塵上，竟能傳到趙之謙這樣的文化名人耳中並為其所信，也反映出金錢會後的孫家一方面被官方視作刺頭，另一方面在部分地方紳民眼中反而是與地方官相勾結的。來自朝野兩方面的輿論壓力使得孫氏的團練之路愈趨狹窄，難以再有所施展，甚至多年來精心經營的狷介耿直、恪守禮法的儒士、正人形象也有崩塌之虞。

在此危急時刻，孫衣言兄弟又目睹各地官紳辦鄉團尤其皖北孫氏的種種慘狀，引起強烈共鳴。孫衣言所向往和服膺的曾國藩也教以此道「不可為」。這些都讓孫衣言最終下定決心，改變自身與家族發展的進一步規劃。

當然，這種調整是孫衣言根據時局所作出的省思和判斷。如有學者指出，隨著晚清以來內憂外患局面的不斷惡化，具有官紳雙重身份的精英，往往不得不在更趨於社會領導階層的「士子－紳士」和更趨於國家官僚集團的「官僚－紳士」之間做出選擇〔註2〕。這一判斷在孫氏案例上有所體現。辦團時

〔註1〕（清）趙之謙撰，趙而昌整理：《章安雜說》，上海：上海人民美術出版社，1989 年，第 5～6 頁。

〔註2〕楊念群：《儒學地域化的近代形態——三大知識群體互動的比較研究》，北京：生活‧讀書‧新知三聯書店，2011 年，第 88 頁。

期的孫氏雖然與地方官吏關係惡劣，但是整體傾向還是試圖兼顧和充分利用官、紳的雙重權威。而在辦團活動遭受挫折之後，孫氏逐漸放棄了傚仿曾國藩等經營地方軍事化組織的想法。懷著對地方官吏的高度戒心，他既希望保持家族對地方官吏的獨立，又在嘗試緩和與對方的緊張關係。相比「金錢會三書」對地方官員滿含憤懣怨毒之意，這時孫衣言對於地方官員的評價平和了許多。他不僅應承為黃岩令孫喜死於太平天國戰亂的母親撰行述，還流露出對金錢會事件評價的新傾向。文中他把金錢會事件定位為「吾甌奸民之亂」，淡化了以往針對紳、官的敵意。尤其明顯的是他不再借題發揮追究溫州官員的責任，而是對將來的溫州地方官員予以了鼓勵，希望「將為官於吾鄉者勤勉之也」〔註3〕。

緩和與地方官敵對狀態的同時，孫氏兄弟開始對地方政治中心保持距離，他們不再輕易干涉瑞安乃至溫州地方的管理事務。孫鏘鳴返居鄉里以後，外出活動主要為在各書院授課教學，與後來的地方官員接觸並不多。隨著金錢會時期的地方官吏逐漸離開溫州，孫氏與敵對士紳的矛盾也隨著局勢穩定而漸趨消弭，雙方也不再處於劍拔弩張的關係。這種事態讓孫氏家族得到了較為平和的地方環境。在避免過於政治化、軍事化的前提下，學術文化逐漸成了孫衣言加速家族發展最有力的武器。

知識特權本就是士紳階層發揮其對地方「知性與道德的指導性」〔註4〕的保障，發掘和表彰鄉學的風氣在傳統社會中並不鮮見，在清代更是頗多案例。清中期，寧波人全祖望即為典型，他對於鄉邦學術的發掘，不僅出於學術取向，更帶有強烈的存亡繼斷的現實意涵。他曾自言：「嗚呼！吾鄉自宋元以來，號為鄒魯……槎湖歿後，吾鄉之講堂漸替，而人物驟衰」〔註5〕。如全氏之類致力整理鄉邦文獻者一般沿循兩條路徑：搜輯刊刻鄉賢遺著與「勾稽浙東歷史上著名書院的學術淵源」〔註6〕。這也是士人們經常使用的方法，如鄧顯鶴

〔註3〕（清）孫衣言：《書孫歡伯大令母王宜人行述》，《遜學齋文鈔》卷十，清同治十二年（1873）刻本。
〔註4〕（日）森正夫：《宋代以後の士大夫と地域社會──問題典の模索》，《森正夫明清史論集》，東京：汲古書院，2006 年，第 145～160 頁。
〔註5〕（清）全祖望撰，朱鑄禹匯校集注：《全祖望集匯校集注》，上海：上海古籍出版社，2000 年，第 1058 頁。
〔註6〕蔡克驕、夏詩荷：《浙東史學研究》，北京：知識產權出版社，2009 年，第 289頁。

亦以蒐輯刊印鄉人遺集為挖掘湖南鄉賢的方法〔註7〕；皖南歙縣人凌廷堪則通過在紫陽書院教學提醒後輩對江永、戴震等予以高度的重視和尊重〔註8〕。他們所看重的正是文獻和書院作為實體，能夠把其所承載的知識傳承的象徵意義具象化。

孫衣言以詩文見著於世，又常以「甌海陋儒」自居，以梳理和建構鄉邦學術文化為家族策略調整方向最可契合其身份。而上述這些常用的途徑，都是孫衣言兄弟可資利用的手段。而這些手段之所以能起到一定效果，是因為學界乃至士人間默認「鄉學」這一概念作為實體的存在，這也是孫衣言得以發揮的前提。如有學者所說，鄉學既體現著「區域學術的自覺」，也摻糅著某種程度上「超學術」的關懷〔註9〕。鄉學這一集體認同與文化記憶可以以學術為緩衝器調解地域範圍內各方勢力的緊張關係，也可以在學術語境內把互相視若仇讎的士紳拉回同一陣營。

在對前人經驗、時興潮流和家族所面臨實際境況進行綜合後，孫衣言認為此時最可契合其需要的是沉睡在歷史記憶裏的鄉學：永嘉之學。如前所述，孫衣言向來以文人身份示人，金錢會事件後，孫衣言更注意強化自己行動的「鄉邦」色彩，其目的在於推進「家」與「鄉」的協調統一。基於此，孫衣言選擇了永嘉之學這一文化符號作為重振聲名的工具，其所看重的正是永嘉之學作為溫州歷史文化巔峰的象徵，對於千載之後的鄉邦紳民及溫州以外的士人所具備的特殊意義。同時，孫衣言經過多年考察，堅信作為歷史記憶的永嘉之學具備闡揚的潛力。對歷史記憶裏的永嘉之學作一追溯，以期發現其對時人存在怎樣的符號意義，對於觀察孫氏發掘鄉學的行為是很必要的。

二、南宋以後的永嘉之學

學術風格的形成會在某種程度上受到「空間性社會條件的制約」〔註10〕，從而形成眾多以地域為界限的地方學派。因此，地域化學派是士人間學緣與

〔註7〕 參見張晶萍《近代「湘學觀」的形成與嬗變研究》第三節《風雅故土，流風未歇──鄧顯鶴與近代湘學的復興》（北京：知識產權出版社，2015 年，第 24 頁）。

〔註8〕 紀健生：《學貫禮樂文史 派連皖江淮揚──凌廷堪論略》，牛繼清主編《安徽文獻研究集刊 第三卷》，合肥：黃山書社，2009 年，第 86 頁。

〔註9〕 王東傑：《國中的「異鄉」──近代四川的文化、社會與地方認同》，北京：北京師範大學出版社，2016 年，第 65 頁。

〔註10〕 朱漢民：《儒學的多維視域》，北京：東方出版社，2015 年，第 365 頁。

地緣關係扭結而成的產物。中國的地域性學派由來已久，自漢代經學地位確定後，不同學術特色的學派層出不窮〔註 11〕。在清代，地域性學派的發展更趨繁榮與豐富，在不違背官學風向的前提下，士人以地域為線索形成研究學術的一個個集合。及至晚清，溫州在學術上最經常被提到和注意的依然是近千年之前的永嘉學派。

　　有學者指出，「在宋代的道學運動中，以行政地理名詞冠名的學派的興起、形成與發展是一個顯著的現象」〔註 12〕。永嘉學派就是在這種背景下形成，它肇始於北宋，經過若干學者傳承發揚，於南宋達到鼎盛。就其得名來說，永嘉設郡起於晉代。一般來說，永嘉被作為溫州的古稱加以使用，而永嘉之學也就多被人認為是溫州的鄉學。對於宋代永嘉學派的建構過程，目前研究較多〔註 13〕，而對於宋以後漸趨沒落的永嘉學派以何種方式存在於地方記憶中，則相對缺乏關注。作為曾經烜赫一時、數百年後又被重新發掘，為地方贏得文化與學術聲名的顯學，永嘉學派的接受史頗值重視。

　　作為地域性學派，永嘉學派在南宋時達到極盛，而隨著陳傅良、葉適等核心人物的逝去，永嘉學派缺乏後輩的繼承與發揚，逐漸隱沒於道學的主流。同時，隨著朱子理學主導地位的日漸確立與鞏固，其他無人接續的地域性學派無力與之抗衡，地域內的後起學者也多改從朱學。

　　在陳、葉等人離世不久，永嘉學派就已經開始被作為歷史事物加以總結與評價，其某一方面的特徵在這種追溯性回憶中被放大。其中顯例是南宋末年的周密，他在回溯曾與道學主流──「伊洛之學」並立的諸家之時，對永嘉學派僅以一言以蔽之：「至於永嘉諸公，則以詞章議論馳騁，固已不可同日語」〔註 14〕。永嘉學派以文章聞名一時，陳傅良、葉適更被認為是文章高手。但詞章被學界認為不過是載「道」的工具，是表達思想的手段，陳、葉以此道得到青睞，也因此遭到抨擊。當其在世時，已有人詬病葉適「大抵務為新奇，其文刻削精工，而義理未得為純明正大也」〔註 15〕。呂祖謙更是蔑稱永嘉學

〔註 11〕陳居淵：《漢學更新運動研究──清代學術新論》，南京：鳳凰出版社，2013年，第 64 頁。
〔註 12〕陸敏珍：《宋代永嘉學派的建構》，杭州：浙江大學出版社，2013 年，第 329頁。
〔註 13〕參見本書《導言》部分。
〔註 14〕（宋）周密著，張茂鵬點校：《齊東野語》，北京：中華書局，1983 年，第 202頁。
〔註 15〕（宋）陳振孫：《直齋書錄解題》，北京：中華書局，1985 年，第 302 頁。

派為「永嘉文體」，否認了其作為學派的地位，將其等同於文派，甚至詆斥其「繳繞狹細，深害心術」〔註16〕。可見周密的認識是對前人說法的繼承與極端化，而非一己之見。這種看法的逐漸普及、被後人所接受，不惟是道學家「借尊崇程朱『道學』以黨同伐異的風氣」〔註17〕，也體現出永嘉學派後繼乏人，無力與朱學爭勝。

南宋後期至入元以後，由於朱學的地位更為鞏固〔註18〕，曾經因爭鳴而造成的敵意漸歸平靜，道學家和學界主流對永嘉學派的評述也更趨平允。永嘉學派的特徵也在這種總結之下凝結成為雷同化的符號，作為曾與官學相頡頏的非主流學術流派被士人學界所記憶。元代名臣蘇天爵曾如是概括：

> 嘗考南渡之初，一二大賢既以其學作新其徒，呂成公在婺，學者亦盛，同時有聲者，有若薛鄭之深淳，陳蔡之富贍，葉正則之好奇，陳同父之尚氣亦各能自名家，皆有文以表見於世。其為文也，本諸聖賢之經考，考求漢唐之史，凡天文、地理、井田、兵制、郊廟之禮樂，朝廷之官儀，下至族姓、方技，莫不稽其沿襲，究其異同，參謬誤以質諸文，觀會痛以措諸用。〔註19〕

蘇氏此言雖然是針對南宋各家學者，按其所舉，則多為浙東尤其永嘉學派的代表人物。蘇天爵所在之世，距陳葉之時尚不算遙遠，即使後繼乏人，永嘉學派對其來說仍尚屬較為鮮活的歷史記憶。蘇氏本人以仕宦知名，為官任上，注重教化，治學長於文史，學術思想上傾向理學，並常提倡之。作為在政治和學術上頗具權威的人物，其對永嘉學派的認識在元代也有一定代表性。他綜合世人之見，將永嘉學派的主要特點歸納為善為文、重經制、求實用，同時也突出了各代表人物的學術個性。值得注意的是，蘇天爵把葉適等與陳亮歸為同類，一方面是因為他們都屬於非朱子的學術流派，另一方面是因為

〔註16〕（宋）呂祖謙：《呂東萊文集》，北京：中華書局，1985年，第68頁。

〔註17〕王水照主編：《新宋學·第2輯》，上海：上海辭書出版社，2003年，第84頁。

〔註18〕據陳榮捷《朱子門人》（上海：華東師範大學出版社，2007年，第9頁）統計，朱子門人知名者數百人，就其有籍可考者而言，浙江籍一共八十餘人，溫臺地區就幾乎達到一半，為浙籍中最多（三十九人）。可見在永嘉學派式微之際，且不論其他地區，在永嘉士人中朱子學也佔有很大比例。相形之下，後繼乏人的永嘉學派在發祥地與「根據地」也顯得勢單力孤，漸趨消散。

〔註19〕（元）蘇天爵：《〈柳待制文集〉敘》，（元）柳貫撰，柳遵傑點校《柳貫詩文集》，杭州：浙江古籍出版社，2004年，第481頁。

葉適和陳亮在學術主張和地域上的接近。這也體現出永嘉學派的邊界已然呈現出模糊化的趨勢。

作為提倡「真儒善治」「經濟之學」〔註20〕的著名官員，蘇天爵尤其重視永嘉之學給永嘉地方帶來的風俗教化作用。「瑞安為州在昔多縉紳儒先，其商訂古今，考求制度，凡天官、律曆、井田、封建、禮樂、政刑，靡不講貫，而儒學之盛，鄉俗之美，民之易治可知矣。」〔註21〕這一看法與上述引文一以貫之，都是對永嘉之學的實用性加以肯定，突出其作為制度之學的現實意義。這體現了在朱子理學占統治地位的時期，蘇天爵等崇尚理學者〔註22〕也希望適當吸收「經制之學」，強化儒學的實用性。這說明了相對於對永嘉學派諸人的學術見解進行綜合考察，將其某一最顯著特徵進行提煉和一定放大，是元人回憶永嘉學派的主要方式。

同樣基於崇尚實用的出發點，另外一些學者則把關注的焦點置於南宋時期永嘉之學與朱子理學的對立。作為吳澄的弟子，以詩文見知於世的虞集一生篤信理學，被奉為「儒林四傑」之一。虞集信奉朱子，以至被譏為「集治諸經，惟朱子所定者耳」〔註23〕。對於曾與朱子理學相併列的永嘉之學，虞集的評價一定程度上反映了理學權威建立之後，永嘉之學在時人眼中的印象。

> 昔朱子在時，永嘉之學方興。意氣之軒昂，言辭之雄偉，自非朱子，孰足以當其鋒哉？自是以來，以功業自許者，足以經理於當世；以詞章自許者，足以風動於斯文。至於六經之傳注，得以脫略凡近，直造精微，如薛常州《春秋》等書，實傳注之所不可及，而足以發明於遺經者也。山川文物之美，遺風流澤之傳，彬彬濟濟然，誠杞梓之茂林，而鳳麟之靈囿也。〔註24〕

在地位穩固的情況下，虞集這樣的較開明的道學擁躉對於永嘉學派給予了較高的評價。對永嘉學派特點和優勢的總結，虞氏也不再以文章為關注點，

〔註20〕（元）蘇天爵：《常州路新修廟學記》，陳高華、孟繁清點校《滋溪文稿》，北京：中華書局，1997年，第40頁。

〔註21〕（元）蘇天爵：《常州路新修廟學記》，陳高華、孟繁清點校《滋溪文稿》，北京：中華書局，1997年，第90頁。

〔註22〕參見劉永海《蘇天爵研究》第二章《政治思想及其實踐》（北京：人民出版社，2015年，第38～118頁）。

〔註23〕（明）宋濂：《元史》，北京：中華書局，1976年，第4173頁。

〔註24〕（元）虞集：《送李敬心之永嘉學官序》，《道園學古錄》，上海：商務印書館，1937年，第563～564頁。

而是如蘇天爵般注意到了功業、詞章及六經之傳注等方面。此外，他還把永
嘉學派的學風與永嘉地方的文化塑造相聯繫。身為異鄉且異見者，虞集對永
嘉學派的承認，體現了永嘉學派已作為溫州地區的歷史文化記憶嵌入了世人
的普遍認知中。此外，由於永嘉學派與朱子理學的對立性不再重要，蘇天爵、
虞集等擁護朱學者對永嘉學派的評價也更趨於正面，更多把它作為具有明顯
地理界域的歷史文化現象予以記載。而在永嘉當地，儘管還有後學與永嘉之
學多加留心，但其目的更多的是對地緣學脈的梳理，而非對其學術觀點的認
同和繼承〔註25〕。

　　至於明初，學者也不再吝惜對永嘉之學合乎「聖賢致用之道」的讚揚，
理所當然地把它作為溫州的文化遺產，以「於鄉學能講究之」作為對當地後
學的高度評價〔註26〕。與此同時，永嘉學派的形象和內核也在被不斷約化，
以至被囊括進濂洛的統系中〔註27〕。這種理路是把曾與朱學爭鳴於一時的永
嘉學派並在朱學之內，以將朱學確立主流地位的時間提前。但這種弱化甚至
抹殺永嘉學派個性的方式也加劇了永嘉學派印象的簡單化。

　　明代的溫州以名臣名人湧現著稱，許多人甚至據此將明代與南宋並列為
溫州地區歷史文化的「兩個高峰」。如前所述，此時以永嘉場四大家族為代表
的士紳家族，對南宋的永嘉學派也有所引介，並作為地方的文化記憶引以為
榮。但是這種推崇更多是鄉邦後輩對鄉賢的紀念，缺乏更為具體性的工作。

　　儘管缺乏對永嘉之學的系統建構與研究，但是永嘉諸賢的地位卻隨著時
間的推移得到抬升，作為溫州地區歷史文化記憶的代表被官方承認，得到祭
祀與紀念。據有學者統計，《(弘治)溫州府志》《(嘉慶)溫州府志》所載各學
校書塾，自府學、縣學先賢祠以降對南宋永嘉諸賢多有祭拜，並且同樣模糊
化了他們的學派背景〔註28〕。通過地緣的天然性，明代的官方學術體系已經
把永嘉學派諸人與朱子在溫州地區的門人們一併作為先賢加以表彰，表面上

〔註25〕 參見陳瑞贊編注《東甌逸事匯錄》「備究鄉學」條（上海：上海社會科學院出
　　　　版社，2006年，第366頁）。
〔註26〕 （明）王禕：《王氏迂論序》，《王忠文公集》，北京：中華書局，1985年，105
　　　　頁。
〔註27〕 類似的看法還有葉子奇等：「永嘉之學之於濂洛也，可謂步則步者矣」（（明）
　　　　葉子奇撰，吳東昆注《草木子（外三種）》，上海：上海古籍出版社，2012年，
　　　　第26頁）。
〔註28〕 張如元：《明代中期永嘉之學述略》，曹凌雲主編《明人明事──浙南區域文
　　　　化研究》，北京：人民出版社，2012年，第232～233頁。

是摒棄了門戶之見，實際上是把永嘉學派統轄在官學之內的直接表現。

明清時期，從學術史角度對統括永嘉學派學術特徵和歷史地位，剖辨最深切、最為後人接受且沿襲者，當屬黃宗羲《宋元學案》中的分析。但值得注意的是，一般溫州士民不會研讀黃氏的條分縷析，他們更留心的是《宋元學案》梳理出的永嘉學派脈絡。對鄉邦後輩來說，《宋元學案》不僅是提供了一條從學術史角度觀察永嘉學派淵源流傳的途徑，更是描繪出一幅鄉賢並現於一時的盛世圖景。而在《宋元學案》之前，溫州人士對鄉學的記憶缺乏統一的理路。儘管他們也試圖收括宋代溫州學者，卻顯得相對混亂且重點模糊，甚至遺漏薛季宣這樣的重要人物〔註29〕。而自《宋元學案》流傳於世，地方對於永嘉學派的統系有了一個基本模板，這在地方志中表現明顯。明代的《溫州府志》人物志下專立「理學」一目，以王開祖為始，經九先生而至陳傅良、葉適，側重於仕宦經歷，於各人學術語焉不詳。對於陳、葉這兩位永嘉學派的代表人物，則強調二人善文〔註30〕。這種粗疏的敘述，為清人所不滿：

> 吾甌為理學淵藪，《志》有「元豐九先生」、「淳熙六君子」之目。自許景衡為洛學之倡，若周行己、劉安節、安上、戴述、趙霄、張（火軍）、沈躬行、蔣元中，皆程門翹楚，所謂九先生也。而六君子之名，《志》獨缺焉。或以周文忠端朝入太學，趙汝愚被攻罷相，端朝諧同舍楊宏中疏救之，時號為六君子。此或之所據也。然九先生皆為吾郡人，而六君子自端朝而外，皆為他邑之產，其例不同，而泥《志》之文，以端朝一人當之，可乎？〔註31〕

〔註29〕如時任浙江提學副使的明人薛應旂《平陽修學記》所述「永嘉之學自王景山倡之，其端倪已可概見，既二程子以孔孟之學鳴於河洛，於是永嘉之士，若周恭叔、鮑商霖、許少伊、戴明仲、陳貴一、貴敘與夫劉元承伯仲諸君子皆不遠千里從道於其門，而親承指授，及其得而歸，則又以其學淑諸鄉人唯時若宋廷祐、蔣元中、陳君舉、王龜齡、戴少望、葉正則、陳器之、史文璣之屬，咸相與講明演繹而正學日熾以昌，永嘉於是與鄒魯並稱而淵源堂室。」（吳明哲編《溫州歷代碑刻二集》，上海：上海社會科學院出版社，2006年，第988～989頁）。

〔註30〕參見《（弘治）溫州府志》（（明）王瓚、（明）蔡芳編纂，胡珠生校注：《（弘治）溫州府志》，上海：上海社會科學院出版社，2006年），《（萬曆）溫州府志》（（明）劉方譽、（明）林繼恒等修，（明）王光蘊等纂：《（萬曆）溫州府志》，明萬曆三十三年（1605）刻本）。

〔註31〕（清）王德馨：《雪蕉齋雜抄》，轉引自陳瑞贊編注《東甌逸事匯錄》，上海：上海社會科學院出版社，2006年，第170頁。

因此，在《宋元學案》的影響下，他們試圖進行更清晰細緻的敘述，甚而傚仿黃、全的譜系化敘述，羅列出「開山第一人為周恭叔行己，再傳三人為鄭景元伯英、鄭景望伯熊、薛士龍季宣，三傳四人為陳君舉傅良、蔡行之幼學、呂伯恭祖謙、葉正則適」〔註 32〕。這種處理方式是對「今府、縣所列人物尚不能如此之有端緒也」〔註 33〕的一種反應，也體現了這一時期有志於梳理地方歷史的鄉邦人士已經意識到永嘉學派有必要進行。在這種普遍認識下，時值家族策略轉型時期的孫衣言得以有一個基本的框架作參考來進行其重倡永嘉之學的努力。

三、孫衣言的學術傾向

前文已提及，在孫衣言、孫鏘鳴兄弟的少年時代，書院以舉業為最高目標，「師例禁閱子史」諸書〔註 34〕。在這種教育下，孫氏兄弟並無機會對永嘉之學深入研讀，二人受到的鄉學啟蒙並不深入。直至入塾乃至成年，他們由於受到業師曹應樞與項氏二舅的影響才得以對永嘉之學有所瞭解。

在孫氏兄弟中，孫鏘鳴較早開始對永嘉學派產生興趣。道光二十四年（1844），孫鏘鳴以散館二等授職編修。當其入京赴任時，孫氏兄弟之師曹應樞曾鼓勵孫鏘鳴「旁搜遠討，力求內外經緯之學。」〔註 35〕在京期間，孫鏘鳴果不負其師之望，「與同官務實學者，講求經術，互勉躬行，以宋時永嘉諸儒之說為宗」〔註 36〕。這也被認為是孫氏兄弟宣傳永嘉之學可考的起點。此時，同樣在京為官的孫衣言侍父返鄉，途中見明代永嘉名詩畫家何白《募修雁山淨明寺疏》墨蹟，大加讚賞〔註 37〕。由此可窺見此時兄弟兩人對於鄉賢的關注程度和重點存在著區別。在孫鏘鳴出自於地緣、學緣的考

〔註 32〕（清）孫同元：《永嘉聞見錄》，轉引自（清）梁章鉅撰、吳蒙校點《浪跡叢談、續談、三談》，上海：上海古籍出版社，2012 年，第 194～195 頁。

〔註 33〕（清）孫同元：《永嘉聞見錄》，轉引自（清）梁章鉅撰、吳蒙校點《浪跡叢談、續談、三談》，上海：上海古籍出版社，2012 年，第 194～195 頁。

〔註 34〕孫延釗：《孫衣言孫詒讓父子年譜》，上海：上海社會科學院出版社，2003 年，第 2 頁。

〔註 35〕（清）曹應樞：《送孫葉田入都序》，轉引自（清）孫鏘鳴撰、胡珠生編注《孫鏘鳴集》，上海：上海社會科學院出版社，2003 年 8 月，第 668 頁。

〔註 36〕孫延釗：《孫衣言孫詒讓父子年譜》，上海：上海社會科學院出版社，2003 年，第 12 頁。

〔註 37〕孫延釗：《孫衣言孫詒讓父子年譜》，上海：上海社會科學院出版社，2003 年，第 12 頁。

慮關注永嘉諸儒之時，孫衣言依然立足於自己作為文人的鑒賞趣味與評價視角。

　　直至咸豐四年（1854），四十歲的孫衣言才開始留心永嘉之學的現實意義。引起他注意鄉學的契機，則是其時正紛紛擾擾的漢宋之爭。

　　許多學者認為，十八世紀是中國傳統經學最為繁榮的時期，漢學研究更是經學高度發展期最引人矚目的成就，漢學家們以地域性學派與學術世家的形式掌握了高度學術文化話語權。及至孫衣言生活的時代，漢學在當時學界仍居於主流〔註38〕，但憑藉幾位立功於當時的理學名臣之倡導，漢宋之爭再次呈現拉鋸之勢。在這場當時甚囂塵上的漢宋論辯中，孫氏兄弟也有所傾向。對於他們的具體態度，學界頗有爭議，有學者謂孫氏為「嘉慶以來漢學家兼採宋學」〔註39〕之代表，是視孫氏兄弟與孫詒讓一樣為漢學家。有學者則認為，孫衣言兄弟浸淫倡言理學的京官圈子日久，論學的基本取向為「後世儒者之學，莫粹於程子、朱子」〔註40〕，又以鄉學增補「宋儒之譜系」〔註41〕。實際上，前者是混同了孫氏兄弟與孫詒讓的學術傾向，被「家學淵源」的表象掩蓋了父子兩輩治學的個性。實際上，孫衣言對程朱確實尊崇備至，與此同時對漢學則頗多微詞：

　　　　元明以來空疎蹈襲之弊，歸其過於程朱，而不返其本於孔孟，取漢儒鄭氏、許氏別為職志，專以所謂名物度數文字訓詁者為治經之法，謂之漢學。其深思博辨間有以補程朱所未備而趨和成習，涂轍日分，以摭拾纖悉，長其浮薄之氣。以記問涉獵，恣其誇大之私，舉凡聖人所以作經垂教之意，與學人所以有取於經，以為修己治人之事，一切謂之空言而自命為實事求是，用力益勞，取義反狹，立

〔註38〕艾爾曼（Benjamin Elman）將1700～1900年的學術主流（孔子及其門弟子為代表的正統經學）歸納為「清代漢學及考證學的復興」（（美）艾爾曼著，復旦大學文史研究院譯《經學・科舉・文化史：艾爾曼自選集》，北京：中華書局，2010年，第3頁）。

〔註39〕羅檢秋：《嘉慶以來漢學傳統的衍變與傳承》，北京：中國人民大學出版社，2006年，第61頁。按是書，「孫鏘鳴」誤作「孫鏗鳴」，「薛季宣」誤作「薛季瑄」。又稱孫衣言「治學長於考據，又注重義理」（第62頁），而未列舉證據。

〔註40〕（清）孫衣言：《蘇菊村墓表》，《遜學齋文鈔》卷五，清同治十二年（1873）刻本。

〔註41〕徐佳貴：《略倫孫衣言、詒讓父子的學術取向之異同》，《紀念孫衣言先生誕辰200週年論文集》，2015年，第290頁。

言愈繁，為用蓋寡，抑何繆於道歟！〔註42〕

孫衣言對當時乾嘉學者醉心漢學考訂訓詁之法頗為不滿，他認為程朱為學術正統，其餘學術的興起與提倡應該以輔助和補充程朱之學為目的。他對永嘉之學的發掘也是建立在此基礎之上的。因為雖然永嘉學派不被列在一般意義上的「宋學」之列，但其不但與程朱同時，且有著千絲萬縷的聯繫。孫衣言也不諱言自己對宋儒乃至宋代的青睞：「宋儒有周風，我亦屢夢想」〔註43〕。這一取向在私人信件中則更為明顯，因此得到篤信宋儒者之信任〔註44〕。在此明顯偏向性下，孫衣言依然聲稱以永嘉「經制之學，融貫漢宋，同其區畛」〔註45〕，這一方面是受到項傅霖等前輩影響〔註46〕，另一方面則是與逐漸風起的「調和漢宋」的趨勢有關。這種學術風氣，很大程度上來自於阮元等學界領袖的積極倡導〔註47〕，不過阮元本人即傾向漢學，甚至有揚漢抑宋的因素，他的漢宋調和的主要觀點是：「漢儒經學實是研究學問的根本，而闡述道理、性心的宋學，卻是飭己修身的準則」〔註48〕。至太平天國時期，江浙的學術環境遭到重度破壞，而救清廷於危難的湘軍將領多篤信理學，於是理學重新流行一時，而「此消彼長，漢學的聲音越加弱化」〔註49〕。《清儒學案》對此總結道「道咸以來，儒者多知義理、考據二者不可偏廢，於是兼綜漢宋

〔註42〕（清）孫衣言：《黃岩新建二徐先生祠堂碑》，《遜學齋文續鈔》卷三，清光緒間刻本。

〔註43〕（清）孫衣言：《姑蘇王韞齋嘗夢其前身為劉貢父作〈夢劉圖〉以紀事其弟子劉泖生戶部履芬索為詩》，《遜學齋詩鈔》卷六，清同治三年（1864）刻本。

〔註44〕如《年譜》所載「得蘇松太道永康應敏齋觀察甲辰同年手札，述及『今讀來教，語語印合，崇論宏議，益足以張吾道，得真學政、真校官，篤信程朱，講明正學，以挽人心風俗，誠為中興第一要策』」（孫延釗《孫衣言孫詒讓父子年譜》，上海：上海社會科學院出版社，2003年，第65頁），按應敏齋即應寶時，學宗宋儒。

〔註45〕孫延釗：《孫衣言孫詒讓父子年譜》，上海：上海社會科學院出版社，2003年，第26頁。

〔註46〕項傅霖對鄉學始終抱有信心，他認為「永嘉之學超於宋而不為空談，方之漢而少其附會」（《戴望致孫衣言》，陳烈主編《小莽蒼蒼齋藏清代學者書札》，北京：人民文學出版社，2013年，第934頁）。

〔註47〕史革新：《清代理學史》，廣州：廣東教育出版社，2007年，第380頁。

〔註48〕陳居淵：《論阮元的經學思想》，阮錫安，姚正根主編《阮元研究論文選》，揚州：廣陵書社，2014年，第219頁。

〔註49〕徐立望：《太平天國後的浙江學風變遷——以戴望為中心的研究》，《史林》，2015年第2期，第115～122，20、221頁。

者不乏其人。」〔註 50〕以詩文知名於世的孫衣言也有意以「力闢世儒漢宋門戶之見」〔註 51〕，表現其在漢宋之爭中的立場。孫衣言在京後期，好友孔憲彝曾羅致群經，立致經堂，有百餘經生前往。孫衣言對他們「斷斷於馬鄭程朱之間」頗感不滿，為詩批評「經生日多端，漢宋樹二幟」〔註 52〕。由此可見孫衣言對這場耗日持久的爭論的基本態度，他對經生不究實學，而一味「妄分漢宋，徒資排擊」〔註 53〕相當不滿。

　　儘管表態持平，不屑漢宋之爭，然而實際上孫衣言對宋學尤其胡瑗的尊崇還是相當鮮明的，並為前輩學者敏銳地察覺〔註 54〕。永嘉之學這一宋代學術派系既屬於廣義上的宋學，又係鄉學，最有利於孫衣言凸顯自己的地域身份與思想主張。

　　需要注意的是，這時孫衣言並未形成系統性的重倡鄉學的策略，其永嘉之學教育的主要對象為正值學齡的次子孫詒讓。其永嘉學觀的核心觀念也在課子的過程中逐漸形成，「以永嘉儒先治《周官經》特為精詳，大抵闡明制度，窮極治本，不徒以釋名辨物為事，亦非空談經世者可比。因於四子書外，先授詒讓以此經，藉為研究薛陳諸家學術之基本」〔註 55〕。此後，因咸豐七年（1857）充文淵閣直閣事，孫衣言有機會登閣觀覽《四庫全書》，得以有系統地檢閱溫州先哲遺著。時過不久，在學界聲望卓著的錢泰吉在與孫衣言文字交的過程中，亦鼓勵其注意永嘉之學〔註 56〕。錢氏善於收藏考稽文獻，其對

〔註 50〕 徐世昌等編，沈芝盈、梁運華點校：《清儒學案》，北京：中華書局，2008 年，第 6945 頁。

〔註 51〕 孫延釗：《孫衣言孫詒讓父子年譜》，上海：上海社會科學院出版社，2003 年，第 62 頁。

〔註 52〕 （清）孫衣言：《孔繡山將聚群經於廟庭而名其堂曰致經，為之言者無慮百十人，皆斷斷於馬鄭程朱之間，予以為皆未窺其本也，為發一義以質之》，《遜學齋詩鈔》卷六，清同治三年（1864）刻本。

〔註 53〕 （清）孫衣言：《張先生墓誌銘》，《遜學齋文鈔》卷六，清同治十二年（1873）刻本。

〔註 54〕 如張舜徽即稱「衣言平日論學，宗主宋儒。宋儒之中，又深服膺胡安定經義、治事、分齋設教之旨。」更認為孫詒讓「與衣言論學之旨，固異趣矣。」（張舜徽《清人文集別錄》，武漢：華中師範大學出版社，2004 年 3 月，第 458 頁）。

〔註 55〕 孫延釗：《孫衣言孫詒讓父子年譜》，上海：上海社會科學院出版社，2003 年，第 22 頁。

〔註 56〕 參見《年譜》：「同治元年，九月，衣言以古文稿乞序於警石先生。先生以為碑板述事之文，造句尤似昌黎，更以永嘉經制為浙學大宗，願衣言推廣而昌

永嘉學派傳承的觀察與思考也是由此出發：

> 永嘉先儒文集，余獨未見薛常州耳，陳文節以下皆嘗尋覽，
> 大都深厚質實，不為過高難行之論，展卷靜讀，儒者氣象，恍在
> 心目間。有宋永嘉之學與金華並為吾浙大宗，所以世無異說也。
> 今雖稍衰，承學之士猶未艾，余夙聞瑞安孫琴西兄弟能文章，登
> 上第為清華，心竊慕之……百餘年來，古文家競推桐城，桐城誠
> 為正宗，然為學各有家法，文章流別不必一塗，先哲遺型，近而
> 易習，琴西於鄉先生之文，童而誦之矣。吾願益專其業而推廣之，
> 昌明永嘉之學，俾世之人知吾浙之學猶有永嘉，永嘉真脈乃在瑞
> 安，不亦美乎。〔註57〕

錢本人長於校勘，於鄉邦文獻諳熟於心，自纂《海昌備志》時曾立約「舊籍宜博採也」〔註58〕。在此立場上，他也希望孫衣言這位名聲鵲起的後輩能夠闡揚鄉學。由上述引文，也可以看出在錢泰吉眼中，永嘉學派也更接近文章之道而非宋學的別枝，孫衣言也是以文人和鄉後學的身份得到學界耆宿認可。此時，孫衣言雖受啟發，同時也認同錢泰吉以整理鄉邦遺書切入地方學脈的行為，卻還沒有開展類似的實際行動。直至金錢會的驚濤駭浪席捲瑞安乃至溫州，摧毀了孫衣言兄弟的鄉族構建理想，隨之而來的政治漩渦又讓孫鏘鳴的政治前途幾近終結。孫衣言大幅調整家族經營策略，鄉族工作的重心向文化方面轉型。早年間曾作為敬鄉課子的私人取向存在的永嘉之學成了其重塑個人乃至家族形象的核心元素。

第二節　永嘉之學的發掘與發揚

一、鄉邦文獻的發掘整理

由同治七年（1868）起，搜購借閱地方文獻成為孫衣言兄弟日常生活的

明之。得永嘉張虎文《松濤閣詩》各種及其子正宰《柿園集》，合寫本二冊。」
（孫延釗：《孫衣言孫詒讓父子年譜》，上海：上海社會科學院出版社，2003
年，第46頁）。
〔註57〕（清）錢泰吉：《〈遜學齋文鈔〉序》，《遜學齋文鈔》，清同治十二年（1875）
刻本。
〔註58〕（清）錢泰吉：《〈海昌備志〉開館條約》，《甘泉鄉人稿（附餘稿‧年譜）》，
臺北：臺海出版社，1973年，第870頁。

重要部分。此後幾年，他們逐漸從文獻的獲取向整理過渡。在累積了一定文獻作為基礎後，孫衣言樹立起搜求鄉邦文獻的旗幟，開始打通文獻來往的渠道。在由文學之士向文獻專家的道路上，孫衣言對鄉賢的發掘模式也漸成型。

可能是受到錢泰吉的啟發，孫衣言認為發掘鄉學要以摸清地方文獻為起點，他開始系統性的考察以永嘉學派為中心的鄉賢遺書的存佚情況。金錢會事後，孫衣言轉任皖省，又與錢泰吉相逢，並受其所示陳傅良集，得以藉此初步闡述其對鄉賢、鄉學乃至鄉邦文獻的見解。

> 陳石士侍郎，所刻《止齋集》，予往嘗得之，恨其訛缺，欲求善本校補而未能。今年客遊安慶，嘉興錢警石先生亦避地在此，出侍郎刻本相示，則我舅氏項幾山先生據先生所藏舊本校正者。警石先生博聞君子，多藏書，亂後往往散去，其嘗有校勘者，幸皆攜以出而此集，為我家先輩書，又先舅氏之手澤可貴也。舅氏篤學能文詞，尤喜校書，此為咸豐癸丑去富陽校官寓居杭州時為警石先生校者，然缺訛亦未能補蓋，所據舊本亦非宋槧原書也。……南宋時永嘉學者如薛士龍、蔡行之、葉正則與陳文節公皆我瑞安人，尤能通知古今治亂之故，為有用之學，而陳公最為醇博，今日我鄉人士汩沒流俗，能聞鄉先生之風，興起為學者，蓋亦鮮矣。〔註59〕

其時，錢泰吉亦避太平天國之亂，暫居安慶，但藏書讀書之習未廢。值變亂烽火之中，錢氏所示孫衣言舅父項傅霖親校本《止齋集》，對於家毀子喪的孫衣言來說，多了一層心理共鳴。是以孫衣言在此時感慨薛、蔡、葉、陳的學行無以為繼，更悲憤「我鄉人士汩沒流俗」，在金錢會之類所謂「異端邪說」的蠱惑下，竟至使災禍蔓延全溫。在此之後，孫衣言開始了大規模的鄉邦文獻搜集工作，並給其時正努力向學的孫詒讓以深刻影響：「同治三年冬，詒讓隨父南歸，道武林，購得元大德本《白虎通德論》二冊，樂意軒吳氏藏舊抄本《水心別集》八冊，鑒藏善本古籍始此」。同時，孫衣言也開始發動同好代為搜集鄉邦文獻，戴望就是其中之一。

戴望（1837～1873），字子高，浙江德清人。戴望與孫衣言的交往網絡頗多交集，兩人均與曾國藩關係緊密，被蕭一山列入曾國藩《幕府人物總

〔註59〕（清）孫衣言：《書項幾山舅氏止齋文集校本後》，《遜學齋文鈔》卷九，清同治十二年（1873）刻本。

〔註60〕，與孫衣言有數十年深交的好友俞樾又是與戴望頗為友好的鄉先□。但從□脈上看，戴氏師從陳奐、宋翔鳳，鑽研《公羊》，係屬漢學家之列，□與孫衣言正欲復興的永嘉之學表面無甚關係。不唯如此，戴望不喜理學，甚至□□何程朱的孫衣言略顯衝突。實際上，戴望篤嗜顏李學說，曾撰《顏氏學記》□卷。從這一角度，以「實用」著稱的顏李學說與被普遍以「事功」概之的永嘉之學給了孫、戴將對方引為同調的可能性〔註61〕。戴望也確實甚為推崇永嘉之學，以之為南宋學術中的清流：「望意以為南宋儒者，實推永嘉為最，上不淆於心性之空言，下不雜以永康之功利，非建安、金溪所得而蓋之也。」〔註62〕因此，戴氏也深得孫衣言欣賞與信任，他致信老友俞樾盛讚戴氏：「子高極推重永嘉學人，大可感。某欲略考永嘉學派，苦於儉陋，幸屬子高為一搜討，晚宋、元、明以來，有非永嘉人而私淑鄭、陳、蔡、薛者，尤可貴也。」〔註63〕從此亦可看出，孫氏要達成的「略考永嘉學派」的宏願，此時尚屬草創階段，需要大量的文獻支持與宣傳推廣，這就需要類似戴望這樣的同儕提供幫助。他們人脈相交、學緣相近，又都有發揚佚學的志願〔註64〕，私交更是甚好〔註65〕，由此編織了一張搜訪文獻乃至積累文化資本的關係網絡。

孫衣言乃至當時諸多士人的鄉邦文獻整理工作，均是在類似的文化與社會背景下開展的。時天下擾攘，內憂外患，各種非傳統的思潮流行一時，為

〔註60〕蕭一山：《曾國藩傳：近代激烈轉型期的經營突圍》，南京：江蘇人民出版社，2014 年，第 152、154 頁。

〔註61〕關於戴望鑽研顏李之學與孫氏兄弟著力永嘉之學的呼應與互動，參見王學斌《顏李學在晚清民國的復興與命運》第二章第一節《永嘉後學與顏李學之傳播》（新北：花木蘭文化出版社，2013 年，第 67～73 頁）。晚清時期，章太炎即曾說「北方顏、李諸公，廓除高論，務以修己治人為的，蓋往往與永嘉同風。」（章太炎《〈孫太僕年譜〉序》，章太炎、劉師培等《中國近三百年學術史論》，上海：上海古籍出版社，2006 年，第 98 頁）。

〔註62〕（清）戴望：《戴望致孫衣言》，陳烈主編《小莽蒼蒼齋藏清代學者書札》，北京：人民文學出版社，第 933 頁。

〔註63〕孫延釗：《孫衣言孫詒讓父子年譜》，上海：上海社會科學院出版社，2003 年，第 64 頁。

〔註64〕戴望之前，顏李之學也被認為隱沒不彰，經其多方訪求文獻，搜輯遺文，才重獲認識，被評價為是近代中國「重光顏李之學的首功」（劉義祿《顏元、李塨評傳》，南京：南京大學出版社，2006 年，第 295 頁）。

〔註65〕戴望與孫氏尤其孫詒讓關係頗佳，孫詒讓曾回憶「同治間……德清戴子高茂才亦客秣陵，與余有同書，朝夕過從。」（（清）孫詒讓《古籀餘論後敘》，《籀廎述林》，北京：中華書局，2010 年，第 168 頁。）

孫氏等不能接受。然而孫衣言輩也意識到斤斤於文字考據的舊學尤其漢學風氣無濟於時事。於是在這種動搖與反思下，他們均把目光投向了塵封於歷史中的鄉邦往事，重審地方文化，進行大規模的文獻發掘行動「遍諟縑素，鳩閱史編，補缺裨殘，收亡輯佚」〔註66〕。除孫衣言以外，其他熱心鄉邦文獻搜括纂輯的士紳也都或多或少地以存亡斷續的使命自賦〔註67〕，通過這種身份，士紳得以介入地方學術史的建構乃至地方歷史文化的塑造之中。在此過程中，孫衣言也表露了其寄望再倡鄉學，以推之於天下，而非囿於「一州一邑」的宏願。

　　孫衣言對鄉賢鄉學的挖掘始終以乾嘉學派為核心，而在乾嘉學派諸賢中，又尤以葉適與《水心集》為重中之重。有說法認為「《永嘉叢書》惟《水心文集》為太僕公手校，《水心別集》為遵義李春和刊，餘均為先生（按，即孫詒讓）校訂」〔註68〕，可知葉適在孫衣言鄉賢群體構建中的特殊地位。所以葉適最能體現孫衣言鄉賢發掘的基本模式與主要方法。綜合孫衣言對葉適的發掘，主要通過表彰其為人為文與搜集其異本遺作雙管齊下，而兩者都需要豐富的文獻作為基礎。

　　孫氏本人對於《水心集》異本的搜求與校讀可謂用力頗深，數年間廣搜各本，三校《水心集》，讀之更是不輟，孫衣言對葉適及《水心集》的重視可見一斑〔註69〕。而這種文獻工作對於孫衣言來說，幾乎是一項終身性的事業。及至光緒八年，時已六十七歲的孫衣言再刊《葉水心文集》，「簡末別增《補

〔註66〕（清）譚瑩：《嶺南遺書序》，《樂志堂文集》續集卷一，清咸豐十年吏隱園刻本。

〔註67〕如賀濤為王文灝所作《定州王文泉先生行狀》言：「（先生）又以餘力掇輯金石拓本千餘種，嘗以謂大河前橫，太行右峙，度漳衛而東薄海，其地平舒壯闊，荀卿董仲舒後作者代興，汴宋以來為帝者都，人文乃益盛，而不幸而其書不顯於世者，乃至不可勝數。此命世君子以斯文自任而生長其地者所宜悼懼者也。於是有畿輔叢書之刻。」（《賀先生文集》卷三，民國三年（1914）徐世昌刻本）。

〔註68〕薛鍾斗：《孫公年譜》，轉引自《瑞安文史資料第19輯——孫詒讓學記（選）》（政協瑞安市文史資料委員會編，董竹垞纂，香港：香港天馬圖書有限公司，2000年，第51頁。）

〔註69〕參見（清）孫衣言撰、潘猛補輯《〈水心文集〉孫衣言批註輯錄》（溫州市圖書館《溫州歷史文獻集刊》編輯部編：《溫州歷史文獻集刊（第一輯）》，南京：南京大學出版社，2010年，第39～97頁），孫延釗《孫衣言孫詒讓父子年譜》（上海：上海社會科學院出版社，2003年）等。

遺》一卷，載佚文九首，佚詩二首，鏤板既竟，編入《永嘉叢書》。書後自
云：

> 《葉文定公集》，余家所藏，初有乾隆時永嘉刻本，雷憲副序所
> 謂武林藏書家得全書補綴之者也。每病其多訛脫，又以意改竄，頗
> 類淺人所為，繼得方文輅水心文抄本，又於士友處見國初大字本，
> 則永嘉本之誤皆自大字本出，乃知雷序所謂全本，即此書也。訪求
> 明正統時黎氏刻本，久而未獲。同治丁卯，主講杭州，於丁松生所
> 得黎刻殘本，中有抄補數卷，未敢遂以為據。後五年以皖臬入覲，
> 同年錢侍御桂森出此本見惠。首尾完善，意甚珍之。十餘年來，宦
> 轍所至，輒以自隨。竊維宋南渡，吾鄉陳文節、葉文定二家之文，
> 實非同時諸公所及。予編《永嘉叢書》，既刻《止齋集》《水心別集》，
> 謀重刻此本，乃取《事文類聚》《黃氏日抄》、馬氏《通考》、周密《浩
> 然齋雅談》、李心傳《道命樂》、吳子良《林下偶談》、劉壎《隱居通
> 議》、《（景定）建康志》《（咸淳）臨安志》《（永樂）歷代名臣奏議》
> 諸書所載水心詩文，補正缺誤，其他無可考，則永嘉本、大字本、
> 方本與侍御元校本，亦有取焉。或缺誤顯然，可以文義推測知為某，
> 輒以意改定，蓋取便頌讀而已。至於各本偶有不同，概不輕改，以
> 存黎氏之舊。刻既竣，復為校注二卷，附之於後。〔註70〕

由此可見孫衣言多年來搜羅鄉賢文集之殷勤，以及對葉適文集之珍視。
其對葉適文集的考校也頗謹慎，一生數校，而不敢徑以自矜，以「概不輕改」
的態度對前人、對古籍抱以尊重，用校注二卷的形式對多年來的考辨進行匯
總又便於後人參閱。過目、借閱者暫且不論，對於孫氏家族所收藏的乾隆葉
氏刻本《水心集》，據孫延釗所言，已達四帙「一同治丙寅、丁卯間衣言手校；
二同治、辛未衣言手校；三光緒乙亥、丙子間衣言手校；四光緒丁丑衣言手
校。」而所謂校注二卷，即孫衣言從各校本中匯輯刪訂而成，亦可見其用心
之苦。

孫衣言對永嘉學派的所謂「復興」，並非純粹的學術史研究活動，某種程
度上亦是恢復與重建鄉邦身份認同、構建地區性文化記憶之舉。所以除了勾
稽其生平，考察其學術外，孫衣言也不遺餘力地訪求先賢遺跡。例如，他曾

〔註70〕孫延釗：《孫衣言孫詒讓父子年譜》，上海：上海社會科學院出版社，2003 年，
第 189～190 頁。

囑託鄉人謝恩澤訪得鄭氏墓地所在，並得睹其家譜以作撰寫《大鄭公行年小紀》之資。孫氏據此詳考鄭氏世系親緣，併發感慨：「郡邑志人物一門，疏舛尤甚……故家大族譜牒尚存，可以搜補」〔註71〕。

　　諸如此類的文獻整理工作表面是孫衣言的個人活動，實際上卻是事關家族轉向的集體行為，孫鏘鳴、孫詒讓等家族成員也都以各種方式參與其內。相較於外任為官、交往範圍更為廣闊的孫衣言，被勒令休致的孫鏘鳴多數時間留居瑞安，更有閑暇為鄉人編校詩集，為縣學撰寫碑記，為地方士紳族譜作序，以漸漸恢復與地方士紳的關係。由於久居外地，孫衣言的訪書往往需要經他人之手進行，而來往鄉邦的孫鏘鳴則更便於親自訪求鄉邦文籍。如同治七年（1868），造訪孫希旦後人以求校刊其遺集〔註72〕；同治十一年（1872），於張小磐處得《岐海瑣談》四卷〔註73〕；光緒元年（1875），於《甌乘補》中抄出《吳越錢王責取薛待問侄孫文㷫軍法文幛》等二十三篇文〔註74〕等等。孫鏘鳴這些文獻撮錄搜集的最終成果是完成了第一部溫州地區的大事記史書《東甌大事記》。孫鏘鳴的文獻工作更為具體，對於孫衣言宏闊的鄉邦文獻工程更多的是一種補充與輔助。

　　當然，孫衣言畢竟非以文獻名家者，他對文集的搜輯乃至研讀，是為了進一步的鄉賢鄉學塑造做好紮實的鋪墊。孫衣言兄弟對鄉賢積累了足夠的文獻材料，從而可以對其一生遭際作出基本概括，於是就有了年譜之作。同治七年（1868），相比正式開始搜集鄉賢遺書的孫衣言，任教於溫郡之中山、東山書院的孫鏘鳴，已在實踐中「與諸生講論永嘉學術」，並作有周浮止、陳止齋先生年譜〔註75〕，以輔助其推廣永嘉之學的工作。孫衣言也曾為葉適編纂年譜，考訂生平事蹟。〔註76〕

〔註71〕（清）孫衣言：《書鄭龍圖母陳太恭人墓誌銘後》，《遜學齋文鈔》卷十一，清
　　　　同治十二年（1873）刻本。

〔註72〕（清）孫鏘鳴：《孫鏘鳴年譜》，胡珠生編注《孫鏘鳴集》，上海：上海社會科
　　　　學院出版社，2003年，第742頁。

〔註73〕（清）孫鏘鳴：《孫鏘鳴年譜》，胡珠生編注《孫鏘鳴集》，第744頁。

〔註74〕（清）孫鏘鳴：《孫鏘鳴年譜》，胡珠生編注《孫鏘鳴集》，第745頁。

〔註75〕孫延釗：《孫衣言孫詒讓父子年譜》，上海：上海社會科學院出版社，2003年，
　　　　第88頁。

〔註76〕孫衣言所撰《水心年譜》，主要基於葉嘉倫《文定年譜》。其材料補輯及完成
　　　　當在光緒七年至八年：「光緒七年，衣言得《葉文定公壙記》錄本，書於其後
　　　　曰：『予為《水心年譜》，求其墓碑不可得，適永嘉葉小階廣文自分水學諭替
　　　　歸見訪，言其《家譜》有之，既而以此本見寄，則先生子寀所為《壙記》，非

如是從生平到為文，為文到為學的理路也體現在陳傅良等其他人物身上。如孫衣言於光緒四年（1878）輯定陳傅良《止齋集》五十一卷，附錄一卷，並編入《永嘉叢書》，開雕於江寧。為此孫衣言搜集的版本有家藏正德元年（1506）林長繁刊本、嘉靖十年（1531）安正堂刊本、乾隆十一年（1746）林上梓重編刊本，道光十四年（1834）陳用光重刻本。次年，孫衣言又命孫詒讓與門人王彥威覆校《止齋集》〔註77〕，並由孫衣言親自朱筆圈點及評注〔註78〕。試圖從文章中找到陳傅良與其他永嘉學者尤其葉適的相通之處，以從陳、葉為基點編織永嘉學派的脈絡。類似的取徑不僅便於孫衣言的永嘉學派建構，也符合孫衣言的讀書習慣。孫氏常常借古人之事表露對時局的關懷，這點前文已有提及，而類似方式也有利於發現和證明永嘉之學仍具切諸實用的現實意義。

二、文獻出版與鄉學重建

轉型後的孫氏家族希圖塑造家族文化，體現在內外兩個維度上：一方面是在家族內部父子兄弟之間形成一種共識，一方面要在地方上建立一種公認的形象，亦即建構文化認同的過程。這要求孫氏家族不僅要從歷史中淘瀝出類似永嘉之學這樣有開採潛力的富礦，還要通過一系列有成效且能夠吸引關注度的措施，使之在某一領域內迅速發酵。具體到溫州，孫氏要做的首要工作便是從金錢會的亂局之中掙脫出來，喚醒「吾溫之人」在內鬥中分崩離析的鄉族意識，即證明與強化地域人士共有的歷史記憶與文化記憶。

顯然，在這一過程中，僅靠一個受眾並不多的學術概念來作為建構文化認

墓碑也。」」「光緒八年，《葉水心年譜》成。初，平陽葉嘉倫嘗有《文定年譜》之作，至是衣言重纂之，補訂甚夥。」是《譜》稿本原藏孫家（參見夏承燾《天風閣學詞日記》，杭州：浙江古籍出版社，1984 年，第 991 頁。）現溫州圖書館藏《葉適年譜》，有人認為為孫衣言所作，周夢江曾撰文以證其非（參見周夢江《幾種〈葉適年譜〉讀後》，楊渭生主編、杭州大學歷史系宋史研究室編《徐規教授從事教學科研工作五十週年紀念文集》，杭州：杭州大學出版社，1995 年，第 163～169 頁）。

〔註77〕詒讓跋「家大人既校刊劉、許諸先生集，復以止齋永嘉魁儒，而遺集世無佳刻，乃檢家藏明槧兩本，手自讎勘，得以盡刊林、陳兩刻之謬。」（（清）孫詒讓《溫州經籍志》，上海：上海社會科學院出版社，2005 年，第 890 頁）。

〔註78〕孫衣言在廣搜異本的同時，還參核他書。參見《年譜》：「衣言檢閱《永嘉叢書·陳止齋集》，有朱筆圈點及評注，而別據潛說友《咸淳臨安志》及莊仲芳《南宋文範》，校得異文。」（孫延釗：《孫衣言孫詒讓父子年譜》，上海：上海社會科學院出版社，2003 年，第 236 頁）。

同的旗幟是極其單薄的。孫衣言等需要從浩如煙海的文獻典籍裏梳理出永嘉文化的脈絡，甚至在一定程度上用永嘉文化這一外延更廣的概念置換永嘉學術的界定，他重構的對象不僅是曾經烜赫一時的學術流派，還是一種具有推廣空間的地方性記憶。對於孫衣言來說，最便捷且有效的手段就是通過上文介紹的各種人際關係建立書籍交流網絡，積累文獻存儲量，進而藉此從細碎的文獻工作步入系統的鄉邦文獻整理與出版工作。梅爾清在研究清初揚州時曾說：「17 世紀晚期的文人學士是運用歷史符號表達他們對揚州及周圍世界的認識和感受，描述他們自身與其他社會階層之間的關係……通過精心挑選一系列的符號，文人精英們創造了揚州。」〔註79〕清初揚州精英的這種方法在十九世紀的溫州依然行之有效，孫氏家族經營策略的轉變實質上是根據自身立場選擇歷史符號來「創造」瑞安乃至溫州，從而在此基礎上創造「孫氏家族」的新形象。但不同於清初揚州文人的交遊、集會乃至修建頗具象徵意義的標的建築，孫衣言的「創造」溫州之路主要經由文獻收集與編纂來完成。究其原因，一是孫衣言此時尚遊宦在外，不能久居鄉梓，在鄉宣傳多有不便；二是孫衣言本人對永嘉學術也非專門，從考稽文獻出發，既能在學界和鄉邦奠定自己在該領域的形象，又為進一步的梳理學脈和建構鄉賢體系夯實基礎。

　　考察孫衣言整理出版地方文獻乃至編纂地方叢書的行動，需要對此時出版界的新趨勢做一考察。在清代中後期，士人「殆好為大規模的網羅遺佚，而先著手於鄉邦」〔註80〕，以至全國出現了地方性叢書編纂風尚〔註81〕，葉

〔註79〕（美）梅爾清著，朱修春譯：《清初揚州文化》，上海：復旦大學出版社，2004年，第 4 頁。

〔註80〕梁啟超：《中國近三百年學術史》，上海：生活·讀書·新知三聯書店，2006年，第 275 頁。

〔註81〕對於此時出現編輯鄉邦文獻熱潮的原因，有學者認為：「著述、刊刻等文化活動是沿著這樣一個軌跡擴展，從以宗族族譜的編撰、刊刻為圓心慢慢向外擴張、滲透，放大到血緣世系的官職顯達、科舉功名的先人文集、遺文等編撰、刊刻活動，再擴展到師業授受的恩師，突破姓氏血緣關係，再向外放大到同里同鄉。」（參見何明星《著述與宗族——清人文集編刻方式的社會學考察》，北京：中華書局，2007 年，第 29 頁。）這種觀點展現了鄉邦文獻編輯熱潮與宗族發展之間的聯繫，卻過於簡單化與絕對化。對於孫衣言之類後起的家族，刊刻、出版書籍並沒有所謂的從圓心向外擴張的軌跡，很多情況下，刊刻地緣性的鄉邦著作不但優先於親緣性的遺文編纂（包括血緣上最直接的族譜編纂），甚至親緣性的文集編纂也是納入鄉賢文獻出版的軌道上進行，詳見下孫希旦例。

德輝對此曾有總結：

> 國朝嘉慶間有趙紹祖刻《涇川叢書》，宋世犖刻《台州叢書》，
> 祝昌泰刻《浦城遺書》，邵廷烈刻《婁東雜著》。道光時朝有伍元薇
> 刻《嶺南遺書》。同治朝有胡鳳丹刻《金華叢書》，孫衣言刻《永嘉
> 叢書》。光緒朝此風尤盛，如孫福清刻《檇李遺書》，丁丙刻《武林
> 掌故叢編》，又刻《武林先哲遺書》，陸心源刻《湖州先哲遺書》，趙
> 尚輔刻《湖北叢書》，王文灝刻《畿輔叢書》，盛宣懷刻《常州先哲
> 遺書》。〔註82〕

各地士人以編纂叢書的形式，獲取了對地方文化進行形塑的權力。如張之洞所言「凡有力好事之人，自揣德業學問不足過人，而欲求不朽者，莫如刊布古書一法。其書終古不廢，則刻書之人，亦終古不泯」〔註83〕。在此文化風尚之下，當時在學術、政績上享有聲名的官紳們不惜投入精力、耗費心血於此道。孫衣言可謂其中翹楚，他曾有如是之言：

> 宋時吾鄉前輩皆能讀書，喜著述。年久，率多亡佚，其幸而存
> 者，僅有秘府著錄，人間絕少傳本。鄉人士往往不得見之。……而
> 前人著述之傳實有數存乎其間，固有湮鬱至數百年而忽顯於一日
> 者，古人以為託於文字，可以無窮，豈虛語哉！〔註84〕

不同於清初揚州人士樂於借助空間與場景來「創造」揚州的文化形象，長期遊宦在外的孫衣言只能主要通過採訪古籍、編輯文獻的方法來「創造」溫州。按照孫衣言的設想，要傳承宋時永嘉諸賢的學脈與精神，首先得拾擷其遺集佚書，使鄉人士得以重睹其全貌。他寄望自己苦心孤詣以達其成的大型出版活動可以使沉睡在歷史記憶裏的永嘉諸賢「託於文字」，化身千萬，重新煥發光彩。

匯總鄉邦文獻的最大成果，以《甌海軼聞》《永嘉集》《永嘉叢書》的編纂為集中表現。而之所以在此時有能力主持這類大型的文獻整理與出版工作，跟孫衣言早期參與的書籍編纂工作關係密切。同治二年（1863），孫衣言編纂同時交遊者之文字，匯為《師友集》。及任職馬新貽麾下，他多次主動提議與參與官方文獻採訪與整理出版活動，如其曾致書馬新貽建議續修《浙江通志》。

〔註82〕葉德輝：《書林清話》，揚州：廣陵書社，2007年，第175頁。

〔註83〕（清）張之洞撰，范希曾補正：《書目答問補正》，上海：上海古籍出版社，
2001年，第256頁。

〔註84〕（清）孫衣言：《記永嘉佚書》，《遜學齋文續鈔》卷二，清光緒間刻本。

又與孫鏘鳴同向官方提出續纂本籍郡志邑乘的意見，並在官紳各方均以「費繁款絀」為辭推諉之時，以私人身份付諸實踐，欲私修該志，「爰先計劃私事採訪遺聞，並就所見書籍摘錄資料，草為《溫州備志長編》，且俟搜輯略有成績，再請由地方設局，公同審議，纂為志書」〔註85〕。同治五年（1866），孫衣言、孫鏘鳴親纂《溫州備志採訪條約》，約定各項原則，要求對地方文獻廣徵博採。同時也想借機緩解與地方官紳日趨緊張的關係，表態「期同志通儒相助為理」，徵各家以譜牒等私人文獻相示，並許以回報〔註86〕。儘管事未克盡其成，但孫氏兄弟家族轉型期搜括地方文獻、編纂地方叢書的規劃已見雛形。這一過程中所獲得的文獻材料也得以分別編入《甌海軼聞》及《永嘉集》。此間孫衣言還參與撰寫了《徵刻甌海還珠集公啟》。

同治六年（1867），馬新貽等奏設浙江書局於杭州之篁庵，聘孫衣言和薛慰農出任總辦，「集剞劂氏百十人，以寫刊經史兼及子集」〔註87〕。同年，孫衣言就年來以編纂《溫州備志》為名義搜訪所得之溫州史料中，專門採輯詩文，成《永嘉集》，分為文內外編和詩內外各編，是可謂是孫衣言兄弟文獻整理的初步成果，其突出的依然是孫衣言作為詩文專家的身份認同，但卻由此為進一步的工作奠定了基礎。

時值同治七年（1868），孫衣言對《止齋集》、《水心集》都有通讀，並加以校筆，由是展開了《甌海軼聞》的編纂工作。序云：

> 同治戊辰之春，再至京師，頗思搜採鄉邦軼事，史志所未詳者，隨時輯錄，以補國聞之缺。因思自古以來，盛衰治亂之機，無不因乎學術；至於一州一邑，其人心之邪正，風俗之厚薄，人材之眾寡，莫不於學術見之。然則學術者，鄉邦之大事也。
>
> 吾溫李唐以前，士大夫以文藝行治著者，史曠不書。至有宋仁宗時，博士周公、右丞許公、左史給諫二劉公與同志之士十人始自奮於海濱，北遊太學，得列程、呂氏之門，永嘉之學於是萌芽。其後文肅鄭公，初仕黃岩，請業於隱君子溫節徐先生庭筠。溫節實傳

〔註85〕孫延釗：《孫衣言孫詒讓父子年譜》，上海：上海社會科學院出版社，2003年，第70頁。

〔註86〕轉引自王葆心《方志學發微》，湖北省地方志編纂委員會辦公室，1984年，第90～95頁。

〔註87〕孫延釗：《孫衣言孫詒讓父子年譜》，上海：上海社會科學院出版社，2003年，第72頁。

安定胡氏之學,所謂經史治事者也。文肅既歸,授之鄉後進,相繼並起,皆守胡氏家法,務通經以致之用,所謂經制之學也。

　　故嘗謂今日之務,以學術為急,尤以胡氏為切要,而永嘉之學,實於胡氏為一家言〔註88〕。衣言幸生諸先生後,讀其遺書,竊有志焉。因輯其遺事,都為一書,上起皇祐豪傑之始興也,下逮國朝火薪之相接也。而於乾淳〔註89〕諸老,言之尤詳,庶幾後之學者,知當時人心風俗之美,由於學術之正,而人才由是出焉。然則予之區區為此,以豈徒一州一邑之事而已哉!〔註90〕

是篇在孫氏家族史上地位重要,故不憚其繁,錄其大要。據孫衣言自述,同治七年奉旨,衣言以道員歸部返京是其「搜採鄉邦軼事」的實際起點。如前備述,金錢會之後,孫氏家族損失慘重,數年之內,已過不惑的孫衣言先後遭遇喪子、喪母、喪父。期間遊宦皖省、服喪歸家、執教紫陽書院,讓孫衣言對時局有了更深刻的認識,也獲得了一段沉潛讀書的時間。此時,他終於明確提出了新的鄉族建設理念「學術者,鄉邦之大事也」。由此,他最可憑依的身份不再是官與紳的結合,而是鄉人與學人的統一。

　　與此同時,孫衣言對溫州學術譜系的勾勒也初步展開。他將起點放在宋代,與唐以前之事略過不言,濃墨重彩的描繪一幅宋代溫州的學術乃至文化盛世圖景。其主要方法亦與大部分古人一樣,以「錄鬼簿」的形式網羅彼時鄉賢。但所不同的是,孫衣言初步勾畫的鄉賢體系,在時間的先行後續上並不甚清晰,此時他的主要目的是盡可能的用「乾淳」這樣粗略的時間段來囊括溫州群賢,形成「黃金時代」的基本印象。他並不刻意強調各人的異同與聯繫,也放棄了《宋元學案》「永嘉之學宗鄭氏(伯熊)」〔註91〕的說法,卻要用胡瑗作為永嘉學脈追根溯源的最初起點。這一方面是為了「在宋學系譜中重新定位永嘉之學……顯示其淵源有自,秉承(由程朱所確認的正統)」〔註92〕,即「程朱之用

〔註88〕潘猛補整理本作「實為胡氏一家言」(載於潘猛補編《溫州歷史文選》,北京:作家出版社,1998 年,第 247 頁)。

〔註89〕潘猛補整理本誤作「乾灣」(載於潘猛補編《溫州歷史文選》,第 247 頁)。

〔註90〕(清)孫衣言:《〈甌海軼聞甲集〉序》,《遜學齋文續鈔》,清光緒間刻本。

〔註91〕(明)黃宗羲、(清)全祖望:《周許諸儒學案》,《宋元學案》卷三二,《黃宗羲全集》第 4 冊,杭州:浙江古籍出版社,2012 年,第 429～430 頁。

〔註92〕鍾孫婷:《晚清時代思潮與地方史料輯錄──以孫衣言〈甌海軼聞〉為例》,吳兆路、(日)甲斐勝二、(韓)林俊相主編:《中國學研究 第 15 輯》,濟南:濟南出版社,2012 年,第 129～130 頁。

心也，其與安定何以異哉」〔註93〕。也與孫衣言對程朱之學的一貫態度相統一。另一方面，也方便突出陳、葉作為核心人物的地位與作用，此二人最為孫衣言個人所瞭解和推崇，以之為中心有利於組織永嘉學派的諸多人物。

由是可以看出，構建以陳、葉為核心的「乾淳諸老」群體，從而釐定鄉邦昔時文化盛景的框架，才是孫衣言不遺餘力地組織叢書編纂與出版的動機與出發點。

三、學脈梳理與學譜溯源

有學者說文化「是指從歷史沿襲下來的體現於象徵符號中的意義模式，是由象徵符號體系表達的傳承概念體系，人們以此達到溝通、延存和發展他們對生活的知識和態度。〔註94〕」從這種角度來看，孫衣言試圖喚醒的是一種對同時代鄉邦人士來說遙遠又模糊的文化記憶，更是一套基於歷史的傳承概念體系。但想要形成鄉人對鄉學的集體認同，還得落實到一系列切實的文獻工作至上。換而言之，孫衣言乃至其家族的大規模文獻整理與出版工作最終是為了實現對永嘉學脈的梳理，重構鄉人的文化記憶。

孫衣言的心血之作《甌海軼聞》是其對鄉邦學術源流一次系統性的建構，由於此書「述而不作」的形式，孫氏的鄉學規劃基本上是通過對於文獻資源的去取和切割來完成。此書所搜集的文獻資料是統一在構建永嘉學統的鮮明主線之下的，這一點在與《東嘉先哲錄》的比較中顯得尤為突出。《東嘉先哲錄》為明王朝佐所撰，是《甌海軼聞》問世前對溫州地區鄉賢人物較為豐贍周全的匯總該書對孫衣言啟發頗大，是以《平陽縣志》稱「瑞安孫太僕得《東嘉先哲錄》，即仿之，著《甌海軼聞》」〔註95〕，可見兩者在形式上的相似。但兩者對鄉賢的內容選擇和結構編排卻可謂大相徑庭：《東嘉先哲錄》是為各位鄉賢一一編撰小傳；《甌海軼聞》則從對鄉賢進行描述、介紹、評價的相關文字細加揀擇抉剔，匯而成書。不惟形式存異，二書雖均為弘揚鄉學鄉賢，目的卻各有側重，這也體現在二書的編排上。《東嘉先哲錄》為鄉先哲依次劃分為先達、程子門

〔註93〕（清）孫衣言：《黃岩新建二徐先生祠堂碑》，《遜學齋文續鈔》卷三，清光緒間刻本。

〔註94〕（美）格爾茨著，納日碧力戈等譯：《文化的解釋》，上海：上海人民出版社，1999 年，第 150 頁。

〔註95〕符璋等纂修：《（民國）平陽縣志》卷三《人物志》，《中國方志叢書·華中地方·第七二號》，臺北：成文出版社，1970 年，第 379 頁。

人、朱子門人、名儒、名臣、忠臣、孝子、氣節、詞章，其鄉賢群倫的引介傳
述是嚴格從屬於程朱理學的正統體系之下，永嘉學派的鄭、薛、陳、葉只得以
名儒身份屈居程朱門人之後，以「非主流」的身份入選〔註96〕。《甌海軼聞》雖
以人物為緯線，卻由「永嘉學術」的經線予以串聯，其下子題有學術總略、學
術之始、洛學之傳、經制之學、朱學之傳，宋以後則徑以元、明、清為目，其
後才是諸如名臣、宦業、封爵封蔭、科第、文苑、氏族等林林總總之內容，以
示窮盡地方文獻掌故之雄心。其中永嘉學術篇幅、選材、用心均最值矚目，而
經制之學佔有永嘉學術的大半篇幅。由是可見孫衣言所輯名為「軼聞」，固為文
獻匯總，實亦自賦以爬梳學術史之任。在學術史書寫中以宋作為源起與高潮，
對應了孫氏的永嘉盛世想像。經制之學的成型與發展則是孫衣言視野下永嘉學
術的主流，朱學之傳反倒以「非主流」的身份叨陪末座。

在以《甌海軼聞》為中心的永嘉學術史建構中，孫衣言對「正源」投入
了尤其多的精力。《甌海軼聞》之所以王十朋對於本鄉學風的評價作為開篇，
目的是明確「吾鄉」學術興盛期在時間上的起點，彰顯當時永嘉人才之盛。
雖然所取兩段看上去不過是概括描述永嘉士風漸行之況，其選材卻非隨意。
王十朋為南宋狀元，活動時間上介乎永嘉群賢之間，其言較具說服力。且王
氏於地方上一直頗有名望，不僅正史有傳，民間也有佳話流傳，借其說為首
篇，也易為讀者接受。更重要的是，王十朋雖不以學著稱，卻曾得到朱熹和
葉適的共同認可與稱讚。朱熹極稱王十朋「光明正大，疏暢洞達，無有隱蔽，
而見於事業文章者一皆如此」〔註97〕。葉適則稱王十朋「名節為世第一，士
無不趨下風者」〔註98〕。可見選擇王氏為心目中的鄉邦盛世理想奠基，同樣
是為了削弱朱學與永嘉學派之間的隔閡，拉近永嘉之學與所謂宋學主流之間
的距離。

孫衣言認為鄭伯熊是永嘉學派的實際開創者〔註99〕，這與他對胡瑗地位

〔註96〕 參見（明）王朝佐、鄭思恭、（清）童煜撰《東嘉先哲錄（外兩種）》，上海：
上海社會科學院出版社，2005 年。

〔註97〕 （宋）朱熹：《王梅溪文集序》，《朱子全書》，上海：上海古籍出版社，2002
年，第 3642 頁。

〔註98〕 （宋）葉適：《樂清縣學三賢祠堂記》，劉公純，王孝魚，李哲夫點校《葉適
集・水心文集》，北京：中華書局，2010 年，第 149 頁。

〔註99〕 參見《年譜》：「光緒十六年，衣言又成《大鄭公行年小紀》一卷，以為鄭文
肅伯熊為永嘉學問所自出。」（孫延釗：《孫衣言孫詒讓父子年譜》，上海：上
海社會科學院出版社，2003 年，第 241 頁）。

的高度推崇有關。前已提及，孫衣言對胡瑗深所服膺，有學者認為孫衣言的這種態度「除了考慮到安定之學『以經義治事』的經世特色與永嘉學術具有某種程度上的契合之外，還隱藏著在宋學系譜中重新定位永嘉之學的意圖」〔註100〕。確實，孫衣言試圖通過胡瑗這一宋代理學先驅的代表人物淡化永嘉之學與朱學正統的分歧和差異，把永嘉之學置諸宋學的學脈之中。但孫衣言推崇胡瑗，還有更深層次的原因。首先，他注意到了胡瑗在宋代學術史上的特殊性。

> 安定胡先生瑗當宋寶元、景祐間伊洛諸儒未作，首以聖人之道
> 為天下倡其教授蘇湖，以經義、治事分設科條。經義則擇其疏通有
> 器可任大事者，使之講明六經；治事則一人各治一事，又旁兼一事，
> 如治民、講武、水利、曆算之類，務於明體以達之用。〔註101〕

孫氏本人並不醉心「性命」之說，胡瑗注重實用的觀念對其更具吸引力。尤其正當重倡永嘉之際，胡瑗之學既屬宋學乃至儒學正宗，又與永嘉經世的理念暗相契合，所以為孫氏重視。就孫氏的時局觀而言，他既嘲諷追逐西學風尚之人為「功利浮淺之徒，又欲效為輪船火器，循所短攻所長，非所謂天下之至愚者耶」〔註102〕，又堅信「時屯須經綸，儒效匪章句」〔註103〕。他堅信胡瑗不僅可作為永嘉之學的源頭，還可以作為永嘉之學時效的模板。考慮到胡瑗位居宋初三先生，號稱宋學先驅，孫衣言跳過伊洛而直接牽畫胡瑗與永嘉學派的關係，有利於抬升永嘉諸儒的地位，使其與朱子之學相頡頏。

為了坐實永嘉學派與胡瑗之間的關係，孫衣言從學術譜系上著手，借用《宋元學案》的說法〔註104〕，認定「文肅鄭公初仕黃巖，請業於隱君子溫節徐先生庭筠，溫節實傳安定胡氏之學」，就此描畫出一條順暢且連續的線索，

〔註100〕鍾孫婷：《晚清時代思潮與地方史料輯錄——以孫衣言〈甌海軼聞〉為例》，吳兆路、（日）甲斐勝二、（韓）林俊相主編《中國學研究 第15輯》，濟南：濟南出版社，2012年10月，第129頁。按，作者此處斷句錯誤，誤解了孫衣言原意，詳見引文。

〔註101〕（清）孫衣言：《黃巖二徐先生祠堂碑》，《遜學齋文續鈔》卷三，清光緒間刻本。

〔註102〕（清）孫衣言：《張先生墓誌銘》，《遜學齋文鈔》卷五，清同治十二年（1873）刻本。

〔註103〕（清）孫衣言：《次韻酬龔詠樵太史》，《遜學齋詩續鈔》卷二，清光緒間刻本。

〔註104〕參見（明）黃宗羲、（清）全祖望：《宋元學案》卷一《安定學案》，北京：中華書局，1986年。

並由是得出結論：「蓋胡氏之學為有宋人才所由盛，鄭氏之學又吾溫人才所由盛也。」〔註105〕至此，也可稍窺孫衣言以鄭伯熊為永嘉學術之始的精細布局與良苦用心。為了突出鄭氏與安定之學的一脈相承，他甚至捨棄了周行己與鄭伯熊之間的師弟關係〔註106〕。儘管為了避免牽強攀附之嫌，孫衣言特地申言自己所言有自，「南豐劉塤起潛本文定論學之指，敘列永嘉諸儒淵源授受之緒，以鄭氏為本師」〔註107〕。但實際上，孫衣言在此又略去了劉塤對於永嘉學派「次第」即譜系的編排，此簡略的譜系表中周行己赫然居首，即所謂「周作於前，鄭承於後」，可見孫衣言對於文獻的精心選擇。至於鄭伯熊向徐庭筠請業之舉，據《宋史》，鄭伯熊任黃岩縣尉，確曾求教於徐庭筠，徐氏告之「富貴易得，名節難守。願安時處順，主張世道」〔註108〕。兩人的交往更接近於舊時訪求隱逸高賢的模式，而非所謂師徒授受。鄭伯熊的行為「既是自己心志的表達，更是具有象徵意義的表彰，紹興末年的洛學復振正有待於這樣的舉措來營造氛圍」〔註109〕，其現實的目的性遠大於在學術史上的意義。孫衣言曾為鄭伯熊搜羅佚文，編輯文集，對此也應有充分認識。由此也可更為清晰地看出他於述而不作中暗伏了自己個人的觀點和意圖。

在《甌海軼聞》首卷，孫衣言收集了世人對於永嘉之地學風的基本印象與學界士林對於永嘉學派全體或部分代表人物的評價。其核心是首先皆摘取先賢語錄謀求永嘉學統與宋學道統的殊途同歸，通過「元豐九先生」、「永嘉三先生」、「永嘉四先生」這樣的集體性稱謂來印證王十朋「異才輩出，往往甲於東南」的結論。類似集體稱謂的出現某種程度上證明了在特定的時間跨度和地緣範圍內某一領域人才的大量湧現，以避免把焦點過於集中在陳、葉等核心人物而使得作為整體的學派的存在失去依據。值得注意的是，孫衣言

〔註105〕（清）孫衣言：《〈甌海軼聞〉甲集自序》，《甌海軼聞》，上海：上海社會科學院出版社，2005 年 11 月，第 2 頁。

〔註106〕這條路徑選擇，並未為後世學界廣泛認同，許多學者還是願意沿著葉適的敘述邏輯，把周氏作為永嘉學術的啟蒙者，並強調「鄭景望私淑之，鄭門有陳葉諸子出，為永嘉學之一偉觀」。參見（日）宇野哲人著，馬福辰譯《中國近世儒學史》，臺北：中國文化大學出版社，1982 年，第 256 頁。

〔註107〕孫衣言：《〈甌海軼聞〉甲集自序》，《甌海軼聞》，上海：上海社會科學院出版社，2005 年，第 2 頁。

〔註108〕（元）脫脫撰，劉浦江標點：《宋史》，長春：吉林人民出版社，1995 年，第 9286 頁。

〔註109〕何俊：《事與心：浙學的精神維度》，北京：北京大學出版社，2013 年，第 26 頁。

借張九成之言證明永嘉學術的肇興屬於「聖學盛行」〔註110〕的一支，又數度引用朱熹《語類》以達到統合永嘉之學與朱學的目的。但其所引朱熹的評語實際上不過是「溫州多有人」〔註111〕之類的泛泛之談，甚至「永嘉語絮」〔註112〕這樣稍具貶義的意見。為提升永嘉之學的地位，把這支歷史記憶中的支流匯入所謂「主流」，《甌海軼聞》這部以文獻引錄為主要形式的著作不便直接論述考辨，只能通過材料的截取予以實現〔註113〕。如引陳孔碩語「江西之學多禪釋，永嘉之學多功利」〔註114〕，實為化用朱熹「江西之學只是禪，浙學卻專是功利」的著名論斷，作陳孔碩語，既能更直接地把永嘉之學從浙學中提取出來與江西之學相提並論，又略去了朱熹的分析內容：「禪學後來學者摸索一商，無可摸索，自會轉去；若功利，則學者習之，便可見效，此意甚可憂」〔註115〕。朱熹對「浙學」〔註116〕清晰可見的敵意在此被巧妙掩蓋，兩派被其視若歧途的學術思想，在這裡約化為學術風格上的差異，這也是此段評論引陳氏的化用，而不用朱熹原文。

　　為了使所引段落更能符合需要，孫衣言對於所引片段題名的擬定與提煉更加精心。如引用劉塤論浙學宗主：

　　　宋乾淳間浙學興，推東萊呂氏為宗，然前是已有周恭叔、鄭
　　景望、薛士龍出矣，繼是又有陳止齋出，有徐子宜、葉水心諸公

〔註110〕　（清）孫衣言編纂，張如元校箋：《甌海軼聞》，上海：上海社會科學院出版社，2005 年，第 4 頁。
〔註111〕　（清）孫衣言編纂，張如元校箋：《甌海軼聞》，第 4 頁。
〔註112〕　（清）孫衣言編纂，張如元校箋：《甌海軼聞》，第 5 頁。
〔註113〕　具體表現有：「曲解引文原意，將貶抑文字截取為帶有褒揚性質的標題」；「省略引文的上下文語境，斷章取義」等，參見鍾孫婷《晚清時代思潮與地方史料輯錄——以孫衣言〈甌海軼聞〉為例》，吳兆路、（日）甲斐勝二、（韓）林俊相主編《中國學研究　第 15 輯》，濟南：濟南出版社，2012 年 10 月，第 131 頁。
〔註114〕　（清）孫衣言編纂，張如元校箋：《甌海軼聞》，上海：上海社會科學院出版社，2005 年，第 7 頁。
〔註115〕　（宋）朱熹撰，（宋）黎靖德編：《朱子語類》，北京：中華書局，1986 年，第 2967 頁。
〔註116〕　對於朱熹所抨擊為「專是功利」的浙學具體所指為何，學界也有歧見。一說認為是指葉適（參見何俊《事與心：浙學的精神維度》，北京：北京大學出版社，2013 年 1 月，第 137 頁）；一說認為是指陳亮（參見（美）田浩著，姜長蘇譯《功利主義儒家——陳亮對朱熹的挑戰》，南京：江蘇人民出版社，2012 年，第 51 頁）。兩說俱有擁躉。可見為永嘉之學爭取「浙學」的代表權，也是孫衣言面臨的任務。

出。〔註117〕

　　孫衣言為此段文字擬題「永嘉亦浙學之宗」，力證永嘉學術在更大的地緣與血緣脈絡中所具有的影響力。然考之原文，可見劉氏原意並非如此。此處之「宗」，並不是指學術史層面的淵源流傳，而更傾向於浙江這一地理界域內發祥時間的早晚。在引文之後，劉塤把陳亮列入了陳、葉等人之列，更以陳亮為言事功的第一人，劉氏為該段的原定題名即為「龍川功名之士」，其重心何在，不難看出。以孫衣言對所見材料的取捨標準，捨棄這種模糊浙學代表權的論述，也就是自然之舉了。

　　由此可知，在梳理學術譜系之前，他優先完成的兩大任務，一是樹立永嘉之學作為獨立學派、而非浙學一支的地位；一是淡化永嘉之學與朱子之學的對立，以謀求理學之士的認同。

　　為了在開宗明義之際，同時凸顯永嘉學術各個側面的學術特徵，孫衣言在《甌海軼聞》「學術總略」一門裏放入了「經制新學」「智謀之士」「史記之學」「功利詞章之學」「文體」等前人論述，試圖將這些不同角度甚至不同層次的內容融為一爐，最後方圖窮匕見地提出永嘉學派的基本框架與譜系。在「學術總略」的最後部分，孫衣言試圖統括前述對永嘉之學的定位與描述，並一舉囊括永嘉諸賢，為他此後對各個代表人物學術特點和地位的推揚作準備。在此他依然完全依賴《宋元學案》的表述收束首卷，既可見晚清學術史領域《宋元學案》的權威性地位，亦可見此時孫衣言也並沒有找到更為清晰且為世所公認的永嘉學術譜系。

　　對於永嘉學術的根源，南宋以後即眾說紛紜〔註118〕。對於出於不同立場、不同角度的各種觀點，孫衣言採取黃、全之言，上溯至王開祖、丁昌期，以證永嘉學派淵源悠久。巧妙地切換了永嘉的地域概念與永嘉學派的學緣概念，以王開祖為永嘉「學術之始」〔註119〕，輔之以陳謙之說王開祖為「永嘉理學開山祖」。同屬此類的還有林石與丁昌期。這三人並不在孫衣言的永嘉經制之學譜系之內，卻為其提供了深厚的根基，使得永嘉學派這一盛行於南宋的學術流派

〔註117〕（清）孫衣言編纂，張如元校箋：《甌海軼聞》，上海：上海社會科學院出版社，2005 年，第 5 頁。

〔註118〕詳見陸敏珍《宋代永嘉學派的建構》第七章《葉適：永嘉學派的構與建》，杭州：浙江大學出版社，2013 年，第 17～18 頁。

〔註119〕（清）孫衣言編纂，張如元校箋：《甌海軼聞》，上海：上海社會科學院出版社，2005 年，第 14 頁。

有了一位在北宋「伊洛未出」之際即可「與安定（胡瑗）、泰山（孫復）相應」〔註120〕的遠祖。可見孫衣言在有意調和永嘉之學與程朱之學的同時，也刻意保持著永嘉之學在廣義宋學中獨樹一幟的地位。這種若即若離的關係始終在孫氏的建構過程中若隱若現。於是在「學術之始」卷後，孫氏特意強調周行己、許景衡、劉安節、劉安上等是繼承伊洛學統的，為「經制之學」爭取正統地位。

在梳理永嘉之學的統系時，孫衣言還是以鄭伯熊為第一人。在晚年，孫衣言統溯一生學術觀之時，曾有詩如下：

> 人生七十古來稀，諸老乾淳要嗣徽。經術止齋通物務，（永嘉經制之學開於鄭文肅，至文節陳公集其大成，通之知古，最有裨於實用，余常以此為後進勸。）文章正則妙嘲譏。（水心嘗戒學者為文不可罵人，然水心即不免此。）豈無師友如它日，（文節謂吾鄉最重師友。）亦有名家或庶幾。後起即今多俊妙，永嘉學者未風微。〔註121〕

詩中點明了孫衣言永嘉學派觀的三個關節點與核心人物：鄭伯熊、陳傅良、葉適。其中陳、葉是孫衣言投入精力與感情最多的鄉賢，如前所述，對陳、葉文集的研讀校正貫穿孫衣言的一生。對於鄭伯熊，孫衣言向以其為「永嘉學問所自出」，而以所謂鄭氏「請業於臨海徐高士」〔註122〕為永嘉之學的實際起點，乃至以鄭氏兄弟「考經制以通世用」為永嘉之學注重經制的學風成型奠定了基礎。孫衣言筆下，薛季宣、陳傅良、葉適均是沿著鄭伯熊開創的路徑前行。故而孫氏親撰《大鄭公行年小紀》，以考訂年譜的形式鞏固鄭氏的定位：「鄭文肅公在宋南渡時為吾鄉大儒，薛文憲、陳文節、蔡文懿諸公皆其弟子，實為永嘉學問所自出」〔註123〕。相對於開山祖王開祖等，孫氏永嘉學派譜系中的鄭伯熊上可以傳徐庭筠為代表的胡瑗之學，下可為陳、蔡等的直系師承，符合永嘉之學即不違正統又別具特色的定位，是更為合適的宗師角色。需要指出的是，在宋人眼中，鄭伯熊的師承並無定論，在葉適構建永

〔註120〕（清）孫衣言編纂，張如元校箋：《甌海軼聞》，上海：上海社會科學院出版社，2005 年，第 16 頁。

〔註121〕（清）孫衣言：《光緒甲申予行年七十矣，少時羸弱，幸老猶頑健，然追念平生，亦多有可歎愕者，輒以杜公句為引首成詩二十章，粗述鄙懷，兼示同志》，《遜學齋詩續鈔》卷四，清光緒間刻本。

〔註122〕（清）孫衣言：《項氏二先生墓表》，《遜學齋文續鈔》卷四，清光緒間刻本。

〔註123〕（清）孫衣言：《大鄭公行年小紀》，《遜學齋文鈔》卷十二，清同治十二年（1873）刻本。

嘉學派時，以鄭伯熊為「洛學衰歇時，該區域接續學統之人」〔註124〕。在孫衣言這裡，周行己等已經足以承擔「傳承洛學」之任，鄭伯熊可以作為「經制之學」的創始人身份承先啟後。

四、學統與文統的交錯

如前文一再強調的，孫衣言在當時以文名著稱，對鄉賢著作的推崇也很大程度上以文學造詣為標榜，取向仍是作為詩文專家對文學水平及風格的好惡，如其對周行己的欣賞是因「恭叔銘墓之文，平實雅正，極似永叔，詩則有意於杜老，蓋不獨開永嘉學派之先，其文章亦卓然陳、葉先聲矣」〔註125〕。對葉適的推崇更是毫不諱言是出自於對其文章的欣賞〔註126〕。在他眼中，永嘉學派常常與永嘉「文派」相混淆，用文風的相近或相通來印證以地緣為劃分依據的可行性。所以孫氏兄弟對鄉賢的宣揚，往往以年譜編纂與文集研讀雙管齊下。年譜編纂自然是供讀者大致瞭解生平，文集的研讀、出版與評價則是通過孫衣言的權威身份證明號稱「事功」的永嘉學派在文學上也卓有成就且渾然一體。以葉適為例，孫衣言對其的推崇幾近吹捧，將其與唐宋名家相提並論〔註127〕。

其實本孫衣言之為文，宗於桐城，被目為「意近而勢遠，氣直而筆曲，詞淺而旨深，反覆馳騁，以曲盡事理」，又謂其「文綜貫性之全，融洽漢宋門戶，浸淫於經史百家，磨礱於世故，欲因文見道，有以維繫世道人心，不屑為詹詹小言，而持論正大，語語自性真流出。」〔註128〕因其取好如此，孫衣言

〔註124〕 有關鄭伯熊在南宋與永嘉學術史上的地位，以及葉適對於鄭伯熊的定位，參見陸敏珍《宋代永嘉學派的建構》第四章《道學衰歇與接續「統紀」》，杭州：浙江大學出版社，2013 年 8 月，第 168～198 頁。

〔註125〕 孫延釗：《孫衣言孫詒讓父子年譜》，上海：上海社會科學院出版社，2003 年，第 78 頁。

〔註126〕 參見《年譜》「光緒十一年九月，衣言偶於郁逢慶《書畫題跋記》見葉正則《牡丹詩箚》。延釗謹案：今刻《永嘉叢書》本《水心集》，據厲鶚《宋詩紀事》五十四，採《珊瑚網錄》，此詩入《補遺》。為書其後曰『予生平極愛水心文，而苦不得見其手跡，今得此跋，可以想見約略，亦足以稍慰平生企慕之意也。』」（孫延釗：《孫衣言孫詒讓父子年譜》，上海：上海社會科學院出版社，2003 年，第 216 頁）。

〔註127〕 如《跋黎刻水心先生文集》：「水心先生之文，在南宋時最為世所推服，幾與歐陽、蘇氏比併，而其門人編定之本，至明時即為人所竄亂，文字之獲得，於後誠難矣哉。」（（清）孫衣言：《遜學齋文鈔》卷九，清同治十二年（1873）刻本。）

〔註128〕 劉聲木撰：《桐城文學淵源考》，合肥：黃山書社，1989 年，第 254 頁。

對於葉適的議論之作尤多留心，也是因為議論之文往往最可體現義理和學者對當世的關心。

　　永嘉學派以「事功」為眾所知，其內容自不止文章工夫。孫衣言既要以品評文章造詣為切入，又不能僅限於此。孫衣言對葉適如此看重，原因並不僅限於葉適的名聲最盛，以及對葉適為文的由衷喜愛，很大程度上也因為葉適在永嘉學派建構上的地位。他試圖從葉適的議論之文中找到貫穿為文之法與為學之道的線索，並進一步把個體的鄉賢嵌入到以宋代為高光點的鄉賢體系之中。即如其自言：「予嘗由水心之言考諸鄉先輩之遺書」，葉適是其觀察與重塑宋時永嘉諸賢乃至勾畫乾淳盛世的關節點。

　　「乾淳之治」一直是孫衣言理想中的鄉邦模型。所謂的盛世想像，往往隱含著時人對現世某一弊端的不滿，需要通過構想「烏托邦」予以修正，孫衣言亦不外於是。乾淳之治不同於歷史上的其他治世：當是時，學界卓有成績的士人們享有比較高的政治話語權，並有機會將自己的學術理念措諸實用，觀點各異的士人階層得以憑藉「乾淳諸儒」的整體性身份沉澱為文化記憶。對於在金錢會事件中腹背受敵、遭受打擊的孫衣言來說，他所向往的乾淳盛世，可以為儒生尤其是「吾鄉」儒生提供發揮才華、施展抱負的舞臺，可以保障與自己同調的科舉士紳獲取話語權。故而乾淳並非單純的時間段概念，是「士人們在記憶中所作的有意選擇」〔註129〕。在孫氏個人篤嗜的文學方面，乾淳之時又有乾淳「太學體」之目，其中引領文風者正有陳傅良、葉適等人。在有學者指出：「『乾淳諸老』則是一個具有重要象徵性的指稱」，它象徵著士人「有著共同的基本特徵，有著共同的追求」，又在政見、在具體的處事以及學術上，表現出「和而不同的特徵」〔註130〕。故此，作為時代背景的「乾淳」對於生於晚清、宦途受挫的孫衣言來說具有很強的心理比附與象徵意義。借助於乾淳諸老這一集體概念，孫衣言希望能夠進一步團結鄉邦士人，所謂「豈無師友如它日」，恢復「吾鄉最重師友」的乾淳傳統。

　　基於此，他對陳傅良、葉適這兩位重點對象的描述也是鑲嵌在乾淳盛世的圖景之上的。

〔註129〕陸敏珍：《宋代永嘉學派的建構》，杭州：浙江大學出版社，2013 年，第 212 頁。

〔註130〕何俊：《南宋儒學建構》，上海：上海人民出版社，2013 年，第 109、114 頁。

竊嘗論吾鄉儒術之盛，無過於南宋乾淳之際，而其文章尤美
者，曰水心葉氏、止齋陳氏。陳氏之學最深於經而其發之為文，則
子長、永叔之流也。水心之學，最深於史，而其發之為文則賈生、
蘇氏之流矣。讀其書而知其意者尤尠矣。至於由止齋而知可以為子
長、永叔，由水心而知可以為賈生、二蘇，又豈可人人而語之哉。
吾鄉鄉曲之士習於所見，驟語之以韓、歐陽、李、杜氏，未免畏甚
難也。引之以止齋、水心之為學，將有欣然從之者矣。驟語之以水
心、止齋猶未免畏其難也，引之以近時作者如先生（筆者按：即張
振夔）之為文，則必有奮起追之者矣。夫文章之妙，具於人心，而
其精深變化之故，皆可以學而能也。……故予於先生之詩尤盡心
焉，而復申其說，以為之序，使鄉之人取先生之文讀之而知其可以
漸致於韓、歐陽、李、杜，則乾淳諸儒之盛，其將可以復見乎是，
在勉之而已。〔註131〕

如是之言透露了孫衣言恢復鄉學脈絡的基本思路：由南宋群賢而至近賢，
由文獻整理而至文集研究，由為文而至為學。所以濃墨重彩地鋪設乾淳盛景，
其最終目的是啟發鄉人復興鄉學的熱情，亦是為其鄉學復興的願景提供一個
起點。前文曾提到，孫衣言苦心孤詣所號召倡導的永嘉之學是一個界限不甚
清晰的概念，它的容量不止學術史意義上的內容。它不僅是指向所謂「經制
之學」，還融匯了孫氏自己所篤好與擅長的永嘉之文。他以欣賞與發揚的態度
看待一度被攻擊的永嘉「詞章之學」，把重視文字表達看作永嘉學派一大優勢
與特色，並且巧妙地切換儒術與文章的意涵。

作為孫氏眼中永嘉學派最為重要的人物，陳傅良、葉適的形象在孫衣言
的建構中貫穿著伏線，即有意交織文脈與學脈這兩條學術理路。正如上述引
文，孫衣言由乾淳之際的「吾鄉儒術」一躍而闊論葉、陳之為文可比肩司馬、
歐陽、賈誼、二蘇，就其比較對象而言，可見孫氏對吾鄉乾淳諸儒的定位不
僅是成功的儒生或者士紳，而是兼具作藝為文與經世致用的典範。於是一方
面申明陳葉均非文章家：「陳氏之學最深於經，水心之學最深於史」；另一方
面，卻引導鄉曲之士由學習陳、葉之文而步趨其學之堂奧。

孫氏之所以如此強調「永嘉之學」與「永嘉之文」的關係，還有一個原

〔註131〕（清）孫衣言：《介庵文集序》，《遜學齋文鈔》卷八，清同治十二年（1873）
刻本。

因。即如引文中所言：「夫文章之妙，具於人心，而其精深變化之故，皆可以學而能也。」就推廣的難度而言，侈談學術興鄉甚至救世遠不如學其為文之法更能得到共鳴與響應。於是乎孫衣言眼中的乾淳諸老，比之他人，有多了一份帶有地域色彩的「重文」風格，並達到「文」以促學的高度。此傾向在孫衣言為鄉人王德馨《雪蕉齋詩抄》所作序中可見一斑：

> 吾鄉乾淳諸老，文詞之美，冠乎浙河東西，如忠簡許公、文憲薛公、文節陳公、文懿蔡公，無不博極群書，又以科第仕宦，多見一時賢士大夫，故其所作，類皆瑰瑋奇麗，抗乎古人。其後四靈、八俊，接踵代興，惟務抒寫性靈，遂為晚宋江湖一派，而其苦思精詣，亦有人所不能及者。此永嘉之學所以獨為永嘉之文也。元明以來，作者寥寥。至本朝二百餘年，則幾乎聲響滅熄矣。水心嘗云：「士人來，不過言破題工拙，場務利害而已。」此其所以不能方貴前賢也歟！〔註132〕

被孫氏地域化後的乾淳諸老個性更加鮮明，倚仗地緣的親近劃定界限，在文風上徑與後起的四靈八俊等詩文之士相踵接，甚而以此作為「永嘉之學所以獨為永嘉之文」的明證。

孫衣言的「永嘉之學」學統是與程朱道統不相違拗的，他主動地把文統的賡續融入永嘉學統的範疇，以調和兩者之間的衝突。如前所言，永嘉之學被帶有嘲諷意義的指作「詞章之學」，朱熹即視世人熱衷文學為舍本逐末的歧途：「孟軻氏沒，聖學失傳。天下之士背本趨末，不求知道養德以充其內，而汲汲乎徒以文章為事業。」〔註133〕好文章者奉為正宗的韓愈、歐陽修、蘇軾，在朱熹眼裏也都屬於割裂文統與道統〔註134〕。但即使朱熹，也不否認道統與文統之間存在合一性，他反對韓、歐、蘇等人的出發點正是兩者的一體性：「文與道是本末關係，道統之所在就是文統之所在」〔註135〕。朱子之道在漢

〔註132〕 文集失收，轉引自孫延釗《孫衣言孫詒讓父子年譜》，上海：上海社會科學院出版社，2003年，第240頁。

〔註133〕 （宋）朱熹：《讀唐志》，朱傑人、嚴佐之、劉永翔主編：《朱子全書》，上海：上海古籍出版社，2002年，第3374頁。

〔註134〕 如朱熹曾指斥蘇軾：「今東坡之言曰，『吾所謂文，必與道俱。』則是文自文，而道自道，待作文時，旋去討個道來入放裏面。此是它大病處。」（（宋）朱熹《朱子語類》，北京：中華書局，1986年，第2997頁）。

〔註135〕 張健：《知識與抒情：宋代詩學研究》，北京：北京大學出版社，2015年，第327頁。

學復興的清代也不乏擁躉，被視作文學家的方苞、姚鼐向來以宋學的衛道者自居，並不以作文之道為局囿〔註136〕。被很多史家視作桐城一脈的孫衣言對此的處理也是某種程度上借鑒了方、姚等人的做法，同時也中和了韓、柳、歐、蘇「文以載道」的思路。他在漢宋之爭中擁護宋學，心向程朱之道；在行文實踐上又處處傚仿歐、蘇。所以，他嘗試以文學家的權威身份來申述陳、葉乃至永嘉學派在道統上的正當性。

光緒九年（1883），孫衣言曾發願編纂《永嘉古文詞略》，把永嘉之文分為四門十二類。有論著之文：議論，序跋；告語之文：詔令，奏疏，書序，祭祝；記載之文：傳狀，碑誌，記敘；詞章之文：辭賦，箴銘頌讚，駢儷雜文。分門別類，可謂詳贍，並從行文技巧切入，對各門類予以概說。其中「議論之文」門最可見孫衣言之用心。

> 議論之文，所謂義理之文也。學自明義理始，文以明義理為先，故學為文者，當自議論始。……吾鄉宋時諸先生，為議論之文者，莫粹於文節陳公，莫雄於文定葉公，其次則忠文王公，說理最為平實，而文稍遜焉。文節、文定，皆博極群書，而尤熟於一朝之掌故與當世之利病，宜其文之獨絕。學者有得於文節，則可為歐、曾；有得於文定，則可為蘇氏父子。故今之所錄，二家為多。古人所為一書，則必自見其意，以明一書之大旨。……吾鄉先輩亦以陳、葉二公為最，而陳尤粹美。子固目錄諸序，蓋無以過也。〔註137〕

文章不過是步入永嘉之學堂室的門檻，孫衣言想要證明的是葉陳議論之文關乎義理，切諸正統，更重要的是可措於實用。這在他對葉陳時文的態度中表現得最為明晰。對於盛極一時，卻被認為無影響於後世的永嘉時文，孫衣言慨然有言「因文節、文定之文，以進之於文節、文定之所以為學；又欲因文節、文定之時文，以進之於文節、文定之所以為文」〔註138〕。永嘉之文是永嘉之學的基礎，永嘉時文又是永嘉之文的前提。這一邏輯為孫氏高談推廣永嘉文法提供了依據。同前引《介庵文集序》一樣，他為鄉後學子弟所設立

〔註136〕陳平原：《從文人之文到學者之文：明清散文研究》，北京：生活・讀書・新知三聯書店，2004 年，第 213 頁。

〔註137〕文集失收，轉引自孫延釗《孫衣言孫詒讓父子年譜》，上海：上海社會科學院出版社，2003 年，第 205 頁。

〔註138〕（清）孫衣言：《永嘉先生時文序》，《遜學齋文鈔》，清同治十二年（1873）刻本。

的終極學習目標，依然是被其目為文宗的歐蘇等人。在孫衣言看來，歐蘇與朱子的矛盾是可以消弭的，通過永嘉學派既可以接近程朱為代表的道統，又可以實現歐蘇為代表的文統，從而實現道統與文統的合一。

　　孫衣言以議論之文力證陳葉之文有義理可循，繼而又用陳葉等碑誌之作證明他們行文自有嚴格的規矩軌範，以詆斥永嘉學派徒尚雄辯文辭之說。孫衣言從永嘉學派淵源身上追尋蛛絲馬蹟，如稱周行己之文即以雄辯著稱，而其學脈又受教於程子，是以維護陳、葉等永嘉地域內後學的正統性。同時周行己的比附對象尚為蘇軾、王安石，陳、葉的比較目標已置換為班固、司馬遷為代表的官方認可的歷史敘事。對於陳、葉以降諸人如戴栩等，孫衣言也是以是否「有法」為依據，來選擇是否將其收羅入永嘉的脈絡之內。

> 疊山《文章軌範》分二類：曰大膽，曰小心，所謂小心者，法之密也，所謂大膽者，神明乎法之外也。作墓誌尤貴大膽，然亦不離小心。陳葉二公之文，葉是大膽，陳是小心，然陳公時取文外曲致，則未嘗拘拘於小心。水心大篇文字，縱橫駘宕，無所不可，而其提扶照應，一絲不走，何嘗不是小心。〔註139〕

　　孫衣言頗為巧妙地化用謝枋得《文章軌範》「凡為文，初要膽大終要心小」〔註140〕的觀點，把謝氏見解中階段性的漸進關係替換為平行關係，對葉陳的個人風格進行了分配，從而引出「葉是大膽，陳是小心」的判斷，也把陳、葉並行不悖地容括在永嘉文學之爐。雖然出於建立學派體系的需要，在對葉、陳做了不同的分工側重，孫氏同樣也在避免陳葉二人塑造的單一化。故而在二公個人的文風特點上，孫氏也不盡同意以「小心」「大膽」敝之，他試圖提煉出兩者的和而不同、殊途同歸。於是孫衣言借助例證，來說明陳葉在運筆處各有特色，但精髓上卻可以暗相契合，並搬出周行己這位他眼中永嘉學術肇始性的人物，來暗示地緣性文脈甚至學脈的存在。

　　在《甌海軼聞》經制之學的收束部分，孫衣言以「止齋之傳」「水心之傳」引領永嘉學術的餘波與流傳，以見這兩人在孫氏永嘉之學譜系中的特殊位置。這一部分中，文脈與學脈的並行不但保持，而且呈現出外延擴張的趨勢。儘管全都收羅在「經制之學」的門類下，但對於波峰之後的永嘉之學，孫衣言

〔註139〕　文集失收，轉引自孫延釗《孫衣言孫詒讓父子年譜》，上海：上海社會科學院出版社，2003年，第206～207頁。

〔註140〕　（宋）謝枋得：《文章軌範》，卷一，文淵閣《四庫全書》本。

對材料的選擇更加混雜，甚至有不加揀擇之譏。孫氏所羅列的諸人既有善詩善書、治史續史者，又有知兵能吏乃至屬行孝悌者〔註141〕，其選材標準的模糊與泛化遠甚於前人。文統與學統以外，道德、政績甚至言論都成為這些「經制之學」繼承者們的個人特色。可見，孫衣言不甚清晰的學派框架不足以支撐其學派建構，僅僅依靠文獻的陳列也無法解釋永嘉之學的流變理路。儘管如此，對文統與學統扭結還是保證了孫衣言在陳、葉等重點人物乃至整個永嘉學派歷史地位的權威話語權，並在其推動下呈現出從個人權威向家族權威轉化的趨勢。

第三節　鄉學家學化

一、鄉賢接續與家族繼承

孫衣言兄弟對陳葉諸人生平及其作品的研究，目的是以個人為結點織就永嘉學派的網絡。但是孫氏對於永嘉學術的脈絡並非僅限營造一個遙遠的「黃金時代」，而是著力把永嘉學派的精神與近世的名人相嫁接，以求為溫州學術勾勒出一條清晰的主線。同時也試圖把家族元素融入其中，把鄉學與家學有機結合起來，即所謂把「精神形態鑲嵌在廣泛的、以宗族血緣紐帶為核心的社會結構中」〔註142〕。這種模式在清代並不鮮見，所謂蘇州學派、揚州學派等以地緣為界限的學術派別都或多或少地帶有血緣的痕跡。

有學者認為，所謂家學，可視作「某個家族世代相傳的學術研究傳統」〔註143〕。作為後起的家族，瑞安孫氏要獲得繼承與發揚鄉學的話語權，並把它作為家學予以傳承，僅靠在金錢會事件前後飽受質疑的科舉身份依然是相對單薄的。長期且系統的文獻工作固然使業界與鄉里對孫氏的專業度產生了一定的認同感，但如何跨越宋至清的學術史「空白」，依然是擺在孫氏面前的一大課題。鑒於孫衣言兄弟並不具備蘇州惠氏、常州莊氏等可以名正言順接續的學術「香火」，他們試圖以梳理鄉學學脈為契機，豐富自己的家族背景。

〔註141〕參見（清）孫衣言《甌海軼聞》卷九至卷十二，上海：上海社會科學院出版社，2005年，第269～386頁。

〔註142〕（美）本傑明·艾爾曼著，趙剛譯：《經學、政治和宗族　中華帝國晚期常州今文學派研究》，南京：江蘇人民出版社，1998年，第4頁。

〔註143〕陳居淵：《焦循儒學思想與易學研究》，濟南：齊魯書社，2000年，第70頁。

其中的關鍵即為宋代永嘉之學尋找一位隔代的繼承人。對於家族史都非常模糊的孫氏家族而言，最可以借題發揮的人物即近世鄉賢孫希旦。

孫希旦（1736～1785），字紹周、一字敬軒，浙江瑞安人。乾隆四十三年（1778）進士第三名探花，授翰林院編修，故常被後輩稱為「孫編修」。孫衣言兄弟對於孫希旦的親近不是單純的對同鄉名人的攀附，也不僅是後起家族借助地方文化名人的聲名以自壯，而是很大程度上從學術史角度進行考慮，隱含了糅合學緣與血緣關係，甚至糅鄉學於家學的雄心。一方面，孫希旦對於經學尤其《周禮》的研究，在清代自成一家；另一方面，對於孫希旦學術貢獻的推揚與總結可以為下一步的建構夯實基礎，為其以永嘉之學串聯鄉邦文化提供了標的。是以，孫希旦為孫衣言家族的家族史建構與學術史建構提供了一個結合點。

孫希旦對於孫衣言等人來說雖仍時代未遠，卻因為「年未及中壽，官不過翰林，其書未能盡具，而其學亦未有所施」〔註144〕，名聲未得充分申揚。於是孫衣言、孫鏘鳴以遺書整理與生平梳理入手，去發掘這位鄉賢。孫希旦遺稿整理起於《禮記集解》，由孫鏘鳴得自於孫希旦曾孫孫裕昆，並由孫鏘鳴主持付梓，期間經過了孫鏘鳴仕途命運各種起伏輾轉，經多年始成。〔註145〕在校刊《禮記集解》之後，孫衣言、鏘鳴兄弟計劃刻印孫希旦全集。〔註146〕計劃萌發於咸豐十年（1860），所以孫衣言自云「家居多暇」。而此時的出版行為不同於金錢會事件後的大規模文化活動，主要是宦海偷閒之際謀求家族的進一步發展，以壯大孫氏家族在地方上的聲名，也借機強化自己家族與孫希旦家族之間若有若無的聯繫。儘管也以「後生學者」自任，但其更欲傚仿的是阮元籌刻《十三經注疏》的先例，即借主持刻印書籍而謀得地方士紳的參與及支持，以「附列刊者姓氏」的形式予以回饋及表彰〔註147〕。結合孫氏昆仲當時在地方上的境遇，團結與拉攏地方士紳的目的不言而喻。以文化活動為旗幟則更能吸引經濟富足但科舉上欠缺成就的士紳家族投入其間，而避免壟斷地方文化權威的目的過於明顯。正鑒於此，孫氏兄弟此時對於孫希旦

〔註144〕（清）孫衣言：《敬軒先生行狀》，《遜學齋文鈔》卷六，清同治三年（1877）本。

〔註145〕按，孫希旦《禮記集解》由孫鏘鳴於咸豐三年得自孫裕昆，咸豐十年開雕，同治七年方刻印完成，參見（清）孫鏘鳴《〈禮記集解〉序》（《孫鏘鳴集》，上海：上海社會科學院出版社，2003年，第22頁）。

〔註146〕轉引自孫延釗《孫衣言孫詒讓父子年譜》，上海：上海社會科學院出版社，2003年，第42頁。

〔註147〕轉引自孫延釗《孫衣言孫詒讓父子年譜》，第42頁。

的關注與推崇多側重於其學術上的成就，即「先生《三禮》之學，通之諸經而無弗協也」〔註148〕，並把他置諸調和漢宋的地位「先生之言《禮》，其於名物制度考索精詳，可以補漢儒所未及，而其深明先王製作之意，以即乎人心之所安，則又漢儒所不逮也」〔註149〕。

　　直至金錢會事後，孫氏兄弟調整家族經營策略，孫希旦的特殊性得到孫衣言的愈加重視。他始以孫希旦為近代重倡永嘉之學導夫先聲的領袖人物，試圖通過這位近賢搭建與永嘉群儒之間的橋樑。通過學術為紐帶串聯鄉賢，也可以一定程度上避免妄攀同族之譏。同治十年，孫衣言為孫希旦撰寫行狀，由此衍發，形成孫衣言對從南宋諸儒到孫希旦的永嘉群賢體系的概括：

> 　　昔水心葉氏言吾鄉之學，自周恭叔首聞程呂遺言，鄭景望出明見天理，篤信固守，而後知今人之心可即古人之心。故永嘉之學必兢省以御物慾者，周作於前，鄭承於後也。薛士隆憤發昭曠，獨究體統。陳君舉尤號精密，而後知古人之治可措於今人之治。故永嘉之學必彌綸以通世變者。薛經其始，陳緯其終也。予嘗由水心之言考諸鄉先輩之遺書。蓋吾鄉儒術之興雖肇於東山、浮沚，而能卓然自成為永嘉之學，以鼎立於新安、東陽間，雖百世後不能強為軒輊者，必推乾熙諸儒。至葉文修、陳潛室師事朱子，以傳新安之學，元儒史伯璿實其緒餘，以迄於明之黃文簡淮、張吉士文選，而項參政喬、王副使叔杲當姚江方熾之時，不能無雜於陸學，而永嘉先生之風微矣。先生之生在南宋六百年後，當學術衰熄之時，獨能奮其孤蹤，仰追逸軌間，嘗綜其生平，論之其敦內行、厲名節，非水心所謂兢省以御物慾者歟？明庶物、知古今，非水心所謂彌綸以通世變者歟？百年論定如先生者可謂行方景望、學媲艮齋矣。……至於吾鄉之人亦鮮能志先生之志，行先生之行者，永嘉先輩之學其將誰屬矣乎，豈其遂替矣乎。〔註150〕

〔註148〕（清）孫鏘鳴：《跋〈尚書顧命解〉》《孫鏘鳴集》，上海：上海社會科學院出版社，2003年，第124頁。

〔註149〕（清）孫衣言：《敬軒先生行狀》，《遜學齋文鈔》卷六，清同治三年（1877）本。

〔註150〕（清）孫衣言：《敬軒先生行狀》，《遜學齋文鈔》卷六，清同治三年（1877）本。王宇《永嘉學派與溫州區域文化》（北京：社會科學文獻出版社，2007年）以此為孫希旦語，誤。

以記錄孫希旦言行為契機，孫衣言得以對前期進行的文獻工作作出一個總結，也初步展示了自己印象中對永嘉群賢的定位與分工。雖名為孫希旦之行狀，他的視角是牢牢聚焦於「吾鄉」之上，地緣關係的存在似乎為孫希旦包括他自己提供了比學緣關係更合理的繼承權，以及隨之而來的喚醒這段群體文化記憶〔註151〕的話語權。當然，他的結論很大程度上是基於前人尤其是葉適的梳理與建構。如學者指出，葉適不僅是永嘉學派的所謂代表人物，也是永嘉學派「實際上的締造者與建設者」〔註152〕，他所勾畫的永嘉學脈為服膺其為文、為人、為學的孫衣言所篤信。這段文字即借用葉適名篇《溫州新修學記》〔註153〕的邏輯概覽宋時永嘉學派之盛，並做了一定程度的約化，目的是呈現出更清晰且無間斷的永嘉學脈。同時也可以證明，葉適所建構的永嘉學派譜系是孫衣言觀察所謂鄉先輩的入口。孫衣言注意到葉適對永嘉學派的建構實際上也是對「永嘉地方文化的精神氣質」〔註154〕的建構。所以沿著葉適的思路，他把永嘉之學的興起與沒落框在地理意義上的永嘉之內，以元明永嘉學者從學於朱陸來證明永嘉學術的「衰熄」。其隱義暗示了能否形成和接續自成特色的鄉學是他判斷永嘉學術盛衰的標準，也是以終結這段所謂的「沒落期」的使命自任。

此並非孤例，在為時人張振夔、林大椿等作序時，他也聲稱假使鄉人均能經由孫希旦、張振夔、林大椿等致心於陳傅良、葉適，則步武永嘉諸賢也指日可待，「其為乾淳之盛，無難耳」〔註155〕。而在此數人之間，又以項霽、

〔註151〕 這裡的文化記憶更接近阿斯曼的文化記憶理論，它「關注的是過去中的某些焦點」，「通過對自身歷史的回憶、對起著鞏固根基作用的回憶形象的現時化，群體確認自己的身份認同」。在歷時性或者存續時間上強於更具個人化和現場感的所謂「交流記憶」，屬於一種「長時記憶」。但是對比阿斯曼的「文化記憶」，孫衣言所面臨的工作具有更強的世俗性，而非摻雜著過多「神聖」甚至宗教的成分，這也決定他的文化記憶活動與家族的活動有更多契合的空間。參見（德）揚・阿斯曼（Jan Assmann）著，金壽福、黃曉晨譯《文化記憶：早期高級文化中的文字、回憶和政治身份》（北京：北京大學出版社，2015年），金壽福《評述揚・阿斯曼的文化記憶理論》（陳新、彭剛主編《文化記憶與歷史主義》，杭州：浙江大學出版社，2014年，第26～62頁）。

〔註152〕 參見陸敏珍《宋代永嘉學派的建構》第七章《葉適：永嘉學派的構與建》，杭州：浙江大學出版社，2013年，第289～318頁。

〔註153〕 （宋）葉適：《葉適集・水心文集》，北京：中華書局，2010年，第178頁。

〔註154〕 陸敏珍：《宋代永嘉學派的建構》，杭州：浙江大學出版社，2013年，第297頁。

〔註155〕 （清）孫衣言：《林恒軒詩序》，《遜學齋文鈔》卷八，清同治十二年（1873）刻本。

項傅霖兄弟與永嘉諸賢的關係最為孫衣言盛讚。孫希旦雖同為孫姓,與孫衣言家族是否誼屬同宗實存疑問,二項為孫氏兄弟親舅父,親緣關係更毋庸置疑。而在學緣上,二項對孫氏兄弟又有啟蒙之功。於是孫衣言明為褒揚項氏:「今日永嘉之學之復振,雖謂由項氏二先生開之,可也」〔註156〕,同時也隱含了自己擁有接過二項之旗幟、復振永嘉之學的資格。

對於採用此法的動機,孫衣言曾自言:「驟語之以水心、止齋,猶未免畏其難也,引之以近時作者如先生之為文,則必有奮起追之者矣。」〔註157〕先賢生於數百年前,遺跡杳渺,文字之傳固然可以通過大量的文獻工作接續,與時下之人心理距離還是非常遙遠。借由離世不久的近時作者作嚮導,更能增強鄉人對於先賢的親近感,使讀者在文化心理上可以遙追古人之遺蹤。

學界對於孫希旦是否真如孫衣言所述「奮其孤蹤,仰追逸軌間」、步趨六百年前的永嘉學者,疑問尚存。有學者認為相較於永嘉學派,明清之際浙東學術注重經史之傳的風氣對孫希旦影響更大〔註158〕。是以孫衣言也需要花費篇幅去驗證孫希旦與葉適所言永嘉學派學風的相通之處,即用所謂「彌綸以通世變、兢省以御物慾」的標籤去套用孫希旦的學術與仕宦活動。不難看出,「敦內行、厲名節、明庶物、知古今」的泛化表述對於學術史梳理來說顯得較為潦草且概括,缺乏說服力。但對於構建地方性的文化記憶來說,卻有開創先河的奠基意義。以餘名尚在的孫希旦作為近期集體記憶,嫁接遙遠的「文化記憶」——永嘉學派,為永嘉學派重新出現在大眾視野內作鋪墊。

以被認為理所應當的地緣框架,雜糅似有似無的親緣關係,學緣、地緣、血緣的線索扭結在一起,賦予了孫衣言家族接過永嘉學術旗幟的正當性和責任感。

由於孫衣言後來的大量工作使其影響力大增,其對孫希旦的定位也在很大程度上為後人所繼承:

> (希旦)於書無所不讀,天文、地輿、律呂、勾股、卜筮之類

〔註156〕(清)孫衣言:《項氏二先生墓表》,《遜學齋文續鈔》卷三,清光緒間刻本。
〔註157〕(清)孫衣言:《介庵文集序》,《遜學齋文鈔》卷八,清同治十二年(1873)刻本。
〔註158〕曾軍:《義理與考據——清中期〈禮記〉詮釋的兩種策略》,長沙:嶽麓書社,2009年,第155頁。

靡不研究，尤尊信程朱《語錄》，期於實踐，未嘗侈騰口說，每曰：
「學道而近名，可恥之甚」。〔註159〕

孫希旦於三《禮》專治《小戴》，為《集解》五十卷，疏通鄭、
孔之窒，補苴宋、元所無。名物制度，考索詳矣。〔註160〕

但值得注意的是，儘管或多或少因承了孫衣言的結論，這幾種敘述都並未將孫希旦與宋代永嘉諸儒加以牽扯。即使基本以孫衣言撰《行狀》為基礎的《清儒學案》「孫希旦」條也對孫希旦與永嘉學派的關係隻字未提〔註161〕。可見雖然仍有學者受孫衣言引導而採信孫希旦與永嘉之學的傳承關係〔註162〕，但一般仍認為這種聯繫的存在太過牽強，缺乏更有力的證據〔註163〕。因為彼時孫氏家族的家學形象已經獲得很大範圍內的認可，不再需要孫希旦作為存亡續斷的標誌人物了。

二、鄉學權威形象的形成

由南宋群賢而至近賢，由文獻整理而至文集研究，由為文而至為學，金錢會後的數十年內，孫衣言致力於對鄉學鄉賢的重新發掘。雖然由於種種原因，孫衣言在學術史上的建構難稱完善，並且很大程度上有意無意混糅了永嘉文脈和學脈，孫氏本人也終不以儒生經師之名著稱。如是之法在各種思潮爭鳴齊放的晚清也在一定範圍激起有限的水花。結合孫衣言對外來思想的牴

〔註159〕瑞安縣修志委員會：《（民國）瑞安縣志稿・人物門・孫希旦傳》，民國35年（1946）鉛印本。

〔註160〕宋慈抱：《甌海軼聞續編自敘》，宋維遠編《瑞安市志》，北京：中華書局，2003年，第1763頁。

〔註161〕參見徐世昌《清儒學案》卷一百七《鶴皋學案》，北京：中華書局，2008年，第4257頁。

〔註162〕如羅福惠、許小青、袁詠紅《長江流域學術文化的近代演進》（武漢：武漢出版社，2007年，第65頁）等。

〔註163〕除此以外，這幾種敘述的重點也各有差異。後兩者為官方史傳與民間學者的代表，他們仍側重於孫希旦的名物考訂學問，傾向於將他置諸漢學家之列。其中《清史稿》雖提及孫希旦重實體，恥於「學道而以為名」，亦不過是學者定位的一般敘述，未將其學其行相融合。當然，這也與《清史稿》編纂工程量浩繁，無暇展開有關。尤值注意的是，《瑞安縣志稿》的編纂有不少與孫氏淵源頗深的民國學者（包括孫延釗在內）的參與，許多對於清代學術的見解帶有濃重的孫氏家族的痕跡。此段文字基本因循孫衣言對於孫希旦好學博覽、能守宋學、重視實踐、不好虛言的判斷，卻也捨棄了對其與永嘉學派之間關係的挖掘。

觸情緒〔註164〕，他堅信古人之法可致用於今，他的復興鄉學是嚴格拒斥與慕西的時尚相迎合的。缺陷鮮明且存在很大因襲成分的學術史建構，與相對小眾的受眾人群，孫衣言重倡永嘉的輻射深度與廣度均較為有限，其自設的由復興永嘉之學而推而廣之甚至矯正時弊的終極理想，在追逐西風新潮的當時也只能停留於想像。

但是，憑藉多年的努力推廣，孫衣言還是取得了一定的成果，並大幅提升了永嘉學派的知名度。在多年搜集文獻的努力下，許多散佚的永嘉文獻重歸完璧並被收入《永嘉叢書》。孫氏文獻工作的發展，凡永嘉人士之作，隻字片紙、斷簡殘篇甚至書畫碑刻也都成為孫氏收藏的目標。而晚年致仕歸鄉的孫衣言坐享閑暇又有雄厚財力，對於已頗漸規模的鄉邦文獻收藏，他在自得之餘更有了走訪鄉人藏品、同時擴充自己收藏品類的興致。以光緒五年（1779）為例，孫衣言重金收得明代瑞安畫家任道遜所作、並有任氏自題詩句的山水墨蹟四巨幅，重裝藏之。又求購任道遜所畫《八一圖》及其自書《八一道人傳》《八一自娛說》十數幅，因雙方談價不契，終未成交。〔註165〕同年七月，孫衣言訪得明詩畫名家何白五十二歲所為《書譜》臨本長卷。八月，又訪見永嘉葉氏所藏《黃文簡公歸永嘉送行詩》墨蹟長卷。十月，衣言讀傳錄楊景衡《張公如亨墓誌銘》，並書於其後餘曰：「此採自吾邑盧浦張氏譜，如亨名煥，蓋以掾屬入官，今《郡邑志·選舉》無其名，《福建通志》明職官政和知縣亦無其名，蓋《志》之疏也。」〔註166〕十二月，孫衣言從永嘉王氏錄得明王瓚《遊江心寺試卷》副本，書其後曰：「文定留心理學，不以詩名。此卷可存者少，卷末所云陸鎮卿名潤，國儀與文定同名。白通守名垣，皆見《郡志·職官》，而得此知其表德，則殘書亦可貴也。」〔註167〕

對於以功成名就之姿居於鄉里的孫衣言而言，這些活動既是晚年的自娛之舉，也是證明與鞏固自己在鄉邦文化繼承領域內的權威性地位。此時孫氏不再停留在對葉適其文其人的研究與揄揚，而是主動將個人經歷與命運與葉

〔註164〕 參見本書第一章。

〔註165〕 孫延釗：《孫衣言孫詒讓父子年譜》，上海：上海社會科學院出版社，2003年，第176頁。

〔註166〕 孫延釗：《孫衣言孫詒讓父子年譜》，上海：上海社會科學院出版社，第179頁。

〔註167〕 孫延釗：《孫衣言孫詒讓父子年譜》，上海：上海社會科學院出版社，第180頁。

適進行比附。孫衣言七十壽辰之際為詩自壽，回溯自己一生遭際，曾有如下之作：

> 人生七十古來稀，文物乾淳我孰歸。本論萬言能憤切，開禧三箚更嗟唏。道謀兵食成貧弱，大義張韓有是非。天意人為都未測，秣陵同拂五湖衣。（吾鄉葉文定公《上孝宗箚子》云：「今日之患兵以多而弱，財以多而貧」。予謂今之大患亦猶是也。予常慕水心為文，平生科第仕官亦略相似，而退居皆自建康則尤相似者。）〔註168〕

孫衣言對葉適的比附不僅僅是對鄉先輩的崇拜，而是對在鄉邦範圍內文化話語權的自信。時近晚年的孫衣言以多年身體力行的文獻工作和重倡永嘉活動作為文化資本，得以從慕水心而比水心。由此也可看出以文著名並非其本意，只是政治上未能有更大的空間，不得不拂衣江湖。孫氏不僅自比葉適，甚至以權威身份褒揚後輩為葉適文章學問的繼承者。如其喜孫鏘鳴之婿楊晨，寄詩「水心文法筦窗得」為勖。楊氏也成為孫氏模式的傚仿者，作為台人，搜括鄉籍，編輯《台州藝文略》《台州金石略》《臨海異物略》，因以涉獵方志，纂修《定興縣志》《臨海縣志》，又有《徵訪台州遺書約》，匯刻《台州叢書後集》。由是可見孫氏的鄉賢推廣模式的輻射力並不只使永嘉之學和永嘉學派的地位重新被重視，還為身份學識類似的士紳提供了一條獲取文化話語權的路徑。

不惟在以溫州地域為界限的小圈子內，在當時學界內，晚年孫衣言也具備了成為「當代葉適」的資格。永嘉學術也成為學者與孫氏來往交流的一個中心議題。歸安陸心源即專門來書論永嘉學派，孫氏則在討論之餘，以舅父項氏遺書目一帙寄答，屬覓求之，藉此形成交往。

經過多年的苦心經營，截止孫衣言晚年，其在永嘉之學領域內的權威得到了當世鄉內外士人的普遍承認，在同治十三年（1874）八月壽辰之際盡顯無疑。

以孫衣言遊宦多年的資歷，在其花甲壽慶之際，自然會得到政壇、學界、鄉邦等各條線索上的權威名人送出的賀詞祝文。而眾多以不同身份出面為孫衣言作壽序者也都不約而同地把孫氏與永嘉之學的關係作為其「名儒」身份的重要證據。

〔註168〕（清）孫衣言：《光緒甲申予行年七十矣，少時羸弱，幸老猶頑健，然追念平生，亦多有可歡愕者，輒以杜公句為引首成詩二十章，粗述鄙懷，兼示同志》，《遜學齋詩續鈔》卷四，清光緒間刻本。

時任兩江總督李宗羲亦出曾國藩幕，他的《壽序》是對孫衣言所梳理的永嘉脈絡的總結和承認。其對孫衣言學術工作予以肯定的前提是認可永嘉學派在溫州地域範圍內的鄉學正統地位，是以也就認可了孫衣言對鄉學正統的繼承權：

> 「永嘉之學出於伊川、考亭，淵源最正。⋯⋯琴西孫君，生永嘉諸儒之鄉，以修明緒言為己任，自其幼時，已有慕於宗人敬軒先生，敬軒之學，溯伊川、考亭而沿波於永嘉者也。⋯⋯宗羲嘗謂君疏簡樂易，而臺省有大議，引誼侃侃，不少回屈。論政以禮教風俗為先，而略於簿書期會之末。調輯兵民，興利除害，似薛士龍；通知古今，練達政要，似陳君舉；其議論博辯，深切事情，則導源於水心，而彌近昌黎。昔錢警石先生序君文曰：『吾浙之學，猶有永嘉，真脈乃在瑞安。』誠知言哉！君既振興鄉先生之學於舉世不為之日，宜乎知之者希。而遭逢清時，恢張儒效，勳名德業日進無疆，上以酬主知，下以洽民望，後之讀永嘉學派者，將不疑儒術為迂疏，而知修齊治平之一貫也，斯則宗羲壽君之意也。」〔註169〕

李宗羲肯定孫衣言在鄉學意義上的承前啟後地位，並不僅僅從學緣、地緣考慮，同時默認了孫衣言對孫希旦的血緣繼承關係。除此以外，如同孫衣言對葉適的自我比照，李宗羲也把孫衣言在政績文風上的特點與永嘉學派的諸位先賢一一比對。通過這番鏡照，孫衣言成了兼具薛季宣、陳傅良、葉適遺風的當代永嘉後學代表，承載著在地方範圍內「上以酬主知，下以洽民望」的使命。

李宗羲身為上官，對孫衣言這位將近晚年的同事下屬推崇備至，但所言比較提綱挈領，與孫衣言多有非官方往來者敘述則更為細緻具體。曾在孫衣言江寧布政使任上供職金陵書局的唐仁壽〔註170〕，在為孫衣言所奏《壽序》中，更系統地羅列了永嘉學統，沿著《明儒學案》歸納的理路回溯了永嘉學派學統，也重申孫衣言對鄉前輩精神的承續，本無甚發明。但他本著孫衣言對鄉學有資於世的判斷，昇華了孫衣言倡永嘉之學的現實意義：「非徒成己而

〔註169〕 轉引自孫延釗：《孫衣言孫詒讓父子年譜》，上海：上海社會科學院出版社，2003年，第121頁。

〔註170〕 朱芳圃：《孫詒讓年譜》，《晚清名儒年譜13》，北京：北京圖書館出版社，2006年12月，第498頁。

已，當有以措之家國天下而裕如者」〔註171〕。在本地人看來，地緣紐帶賦予了孫衣言實踐「永嘉之學」的充分理由，所以他在京及地方任上的種種作為，就被提煉出了超越一般能吏敘述的內核，而孫衣言對鄉邦文獻與學術的熱心也構成了「出其所學以匡世」印象的證據。

與這些多少流於泛泛的頌揚相比，份屬門人的黃體芳出於對孫衣言與孫氏家族更深入的瞭解。李序之作將近二十年後，黃氏為垂老的孫衣言作過另一篇壽序，文中除了襲用李宗羲、唐仁壽等人的敘述手法，又以新一輩鄉後學的角色改造了孫衣言的形象。

> 蓋吾鄉自周浮沚、許忠簡諸先生，以宋元豐間北遊事伊川，傳其學以歸，厥後紹熙、慶元之際，陳木鍾、葉文修之倫復為考亭高第弟子。其間以經制名家、卓然自為永嘉之學者，實自薛文憲公始。文節陳公，文定葉公，遞相賡續，益廓而昌之，世所稱乾淳諸先生之三公者，其渠率也。顧當其時，朱子頗譏其偏重事功，國朝全謝山氏修定學案，乃始盛推尊之，然至今論者卒亦不能無疑義也。
>
> ……比年吾鄉儒風士習勝於往時，人知向學，蓋皆吾師倡導之力。師之仲子仲容刑部，閎覽潛研，以恢陳、薛諸先生未竟之緒。後進英特，聞風景從，朋興而未已，將馴致於乾淳之盛，此殆其時也。……我永嘉先生之為學，固如是也。本之不講，而徼幸於不可必之事功，詳於禦外，而略於治內，勇於邊異，而怯於復常，重利害而輕是非，進功名而退廉恥，斯則文憲所謂忽略根本，舛先後之序而卻施之者。卒至事功不成，學術將裂，徒使論者襲朱子之說以議其後，非惟乾淳諸先生所必不許，亦豈吾師匡迪後學之意哉！〔註172〕

黃體芳科舉成名稍晚於孫衣言，成為瑞安黃氏崛起的關鍵人物。孫黃兩家的代表人物相識甚早，也常常強調他們之間的良好關係。黃體芳對孫氏以及瑞安文化環境的瞭解程度遠過於李宗羲等人，緊緊把握鄉邦傳承的線索，黃氏力圖串起的不僅是永嘉諸儒到孫衣言的鄉邦學術史譜系，更暗含著借孫

〔註171〕轉引自孫延釗：《孫衣言孫詒讓父子年譜》，上海：上海社會科學院出版社，2003 年，第 122 頁。

〔註172〕（清）黃體芳：《孫遜學先生七十有九壽序》，俞天舒編《黃體芳集》，上海：上海社會科學院出版社，第 176～177 頁。

衣言這個活著的歷史文化符號開啟鄉邦文化的新時代。他把孫衣言視作開鄉邦一代風氣的人物，而非僅是發掘與重建歷史的人物。在這一過程中，黃體芳並不僅是孫氏故事的記錄者與評論者，還通過扮演鄉人、門人的角色獲得了參與權，以旁觀者的視角目睹了「比年吾鄉儒風士習勝於往時，人知向學，蓋皆吾師倡導之力」。這種報導式的現場感使第三人稱的壽序或傳記融入了自傳成分，成為參與甚至領導構建鄉人「新的文化記憶」〔註173〕的依據。

黃體芳反對提倡永嘉學派者片面聚焦於「事功」標籤，並把這一傾向置諸孫衣言引導的永嘉之學推廣活動。除了將自己置諸重倡永嘉的脈絡，把孫衣言的文化形象放在地方文化史的流變中，黃體芳還巧妙地利用血緣在大眾心中的天然性，把孫詒讓也作為共同介入這一活動的同儕加以引介。此時孫詒讓已經放棄科考，把精力主要投入到鄉邦公共事務中，黃體芳是言可以說是以家族名義對孫詒讓文化權威的承認。在某種程度上說，黃體芳是早期支持與暗示孫氏家族「鄉學家學化」進程合理性的士人代表，而這一進程的啟動者當然還是孫衣言及孫氏家族本身。而孫氏家族之所以成為士民一致認同的文化家族，也在很大程度上歸功於此。

三、鄉學延續與變通

在傳統社會中，家學的存在在士紳間是近乎自然而然的默認存在。故而有前輩學者認為：「東漢以後學術文化，其重心不在政治中心之首都，而分散於各地之名都大邑。是一地方之大族盛門乃為學術文化之所寄託。中原經五胡之亂，而學術文化尚能保持不墜者，固有地方大族之力，而漢族之學術文化變為地方化及家門化矣。故論學術，只有家學之可言，而學術文化與大族盛門常不可分離也。」〔註174〕

孫衣言家族缺乏家學積澱，難以直接從血緣上建立學緣淵源與底蘊。這種情況在孫氏兄弟科舉成名之後得到了改變，一門走出兩位進士讓孫氏迅速崛起鄉邦。在科舉統治教育的時代，科舉上的成功不僅給了孫氏介入地方政治核心的機會，也讓他們有了乘科舉東風製造文化家族的可能性。於是他們從歷史中尋找「繼往」的線索，通過暗示與乾隆時期的孫希旦之間的親緣關

〔註173〕（美）詹斯·布洛克邁爾《定位自我：自傳式記憶、文化記憶和亞裔美國人的經歷》，《國際社會科學雜誌（中文版）》，2012年第4期，47～60頁。

〔註174〕陳寅恪：《崔浩與寇謙之》，《金明館叢稿初編》，北京：生活·讀書·新知三聯書店，2011年，第147～148頁。

係獲得承續家學與鄉學的雙重資格。

在選擇調整家族發展策略之後，孫衣言兄弟更有了開創家學、塑造文化家族的意圖和需要。隨著孫衣言兄弟在搜羅文獻、梳理鄉學方面的成就得到了學界、鄉邦人士的普遍認可，孫衣言紹續鄉學、啟於鄉邦的角色在其晚年逐漸沉澱與凝固。孫衣言兄弟及孫詒讓等子輩有了進一步融合鄉學與家學的資格與權威。

除此以外，孫詒讓本人的學術素養與興趣也構成了孫衣言塑造文化家族的主觀條件。而如學者所言「博學之士往往於庭戶之中沉潛經史，讓思想騰躍於相對封閉的私人空間。這種政治文化生態，恰恰成為鍛造『家族學術文化鏈』的特殊環境。」〔註175〕而當孫衣言系統發掘鄉邦文獻時，也在有意把鄉賢鄉學的推廣轉換成家族工程。

由於忙於案牘、分身乏術，同時也為了培養孫詒讓對鄉邦文獻的瞭解，推動鄉學家學化，孫衣言把大量搜集、整理乃至校刊鄉邦文獻的任務交由孫詒讓處理。同治八年（1869），孫詒讓搜集佚篇，校定溫州地方「地志第一古本」〔註176〕——宋代鄭緝之所著《永嘉郡記》。自此以後，孫詒讓除了奉父命校檢鄉邦古籍，同時也主動搜羅。但其徵訪遺集的理念又在孫衣言的基礎上做出了修正，這種區別在孫詒讓《徵訪溫州遺書約》中體現的最為明顯。

> 吾鄉文獻，二百年來散佚殆盡，無論宋元舊籍，百不存一；即前明及國初諸老所著，亦大半無傳。其幸存者，多係舊槧秘抄，單本孤行，最易湮墜。更數百載，恐益無從採緝，甚可惜也。茲欲廣為搜羅，以鉤沉補逸。凡遇先哲著述，片紙隻字罔不收拾。諸家倘有儲藏，不論時代遠近，卷帙多寡，均祈惠示。俾得抄存副本，甄其精要，校梓以廣流傳。〔註177〕

孫衣言搜括古籍遺書，在以地緣為基本框架上，突出了以宋時永嘉諸儒為中心與主線的特徵。孫詒讓徵訪文獻，仍然緊扣著溫州地域的鄉邦認同，承襲其父奠基的地方文獻權威，把對於鄉邦文獻的收集轉化為世代相傳的家族工程。這種現象並不鮮見，類似胡氏《金華叢書》、丁氏《武林掌故叢編》

〔註175〕羅時進、陳燕妮：《清代江南文化家族的特徵及其對文學的影響》，《江蘇社會科學》，2009 年第 2 期，第 155～160 頁。

〔註176〕（清）孫詒讓：《永嘉郡記集本敘》，《籀廎述林》，2010 年 4 月，北京：中華書局，第 133 頁。

〔註177〕（清）孫詒讓：《徵訪溫州遺書約（附遜學齋藏鄉哲遺書目錄）》，清光緒間刻本。

等叢書的文獻徵集與編纂工作，都和孫氏的取徑異曲同工。其目的是在鄉邦文獻與文化傳承上蓋上家族標籤，把地方記憶與家族記憶扭結在一起。

但不同於其父，孫詒讓對於文獻的搜羅淡化了學緣上的偏好，以版本為去取標準，以「鉤沉補逸」為目的，意圖憑藉兩世經營的家族之財力物力及經驗完成鄉邦文獻收集、錄副、校讎乃至刊行的流水線。作為這一工程的第一步，孫詒讓對於選擇各類文獻的標準一一予以說明。其中置於首要的即對地方志整理予以規劃，孫氏對文獻的大量佔有以及家族性搜輯文獻的技術訓練為他們鞏固了鄉邦文獻中心的地位，他們也一直有志於纂修地方志，直接參與甚至壟斷地方歷史記憶的書寫權。這一思路貫穿孫氏家族的發展脈絡，從孫衣言兄弟到他們孫輩的孫延釗、孫延畛都或多或少地從事過某種形式的方志編修〔註178〕。

深厚的文獻功底和家族傳統給孫詒讓以充分的自信對包括帶有濃重官方壟斷性的地方志在內的地方文獻設類求書，並對官修志書給與不加掩飾的批評。

> 近代地志，多由官修。監定出於俗吏，編集付之文士。開局斂費，克期成書，於古志義例及郡邑掌故全不考校，故每一重修，必增無數訛謬。蓋舊志之誤者，彼既不能考正；而編刻潦草，則舊志所不誤者，或輾轉改易，以歸於誤俗士不能鑒別，因其書後出，以為必當精備勝前，轉相珍貴，而鄙舊志為已陳之芻狗，不亦顛乎！吾鄉宋元舊經，既已無存，近日通行各志，惟道光《樂清志》、咸豐《永嘉志稿》尚為淵雅。次則乾隆《平陽志》、嘉慶《瑞安志》，亦略有根據，然均不免誤舛。餘若康熙、乾隆兩府志，雍正《泰順志》、《玉環志》，並訛謬百出，俗陋可嗤，不足備土訓之典，非得舊志校核，無從是正。敝齋所藏，惟有明王季宣《萬曆府志》，斠異訂訛，頗多宏益。此外，前明及國初各舊志，多未得見。諸家所藏，倘有志乘舊帙在通行各本之前者，無論全缺，均希惠示傳抄，以裨考證。〔註179〕

孫詒讓對舊志的不滿於此可見一斑，他認為官修志書不足為信，甚至在質量上「訛謬百出，俗陋可嗤」，也就是否定了官修志書的權威性。孫詒讓做出如是態度明確、言辭激烈的判斷築基於他的三重身份。身為鄉人從感性上對「吾鄉」地志散亂錯訛的悲憤；身為學者從專業角度一一羅列品評地志的

〔註178〕 周田田：《瑞安孫氏家族的修志傳承》，《溫州職業技術學院學報》，2015 年第 15 卷第 4 期，第 14～17 頁。

〔註179〕 （清）孫詒讓：《徵訪溫州遺書約（附遜學齋藏鄉哲遺書目錄）》，清光緒間刻本。

優劣；而隱藏其後的是身為文獻傳世的家族成員，以「藏先哲遺書將二百種」為資本，對其他試圖在文化事業上建立聲望的士紳發起號召。

在積累了一定的眼界和知識後，孫詒讓也開始逐漸代父為新刻鄉賢遺集作序跋，並於其間流露出其對永嘉諸儒的見解。如光緒十二年（1886）十二月，孫詒讓為《永嘉叢書》本《橫塘集》作跋，肯定了許景衡開風氣之先的意義。而於諸儒之中，孫詒讓有意突出許氏的地位在於「厥後永嘉學者，後先輩出，多於忠簡為後進，或奉手受業其門……永嘉之學幾墜而復振，於忠簡誠有賴哉」﹝註180﹞。考慮到同時期孫衣言的實績與名望為鄉邦內外逐漸達成一致認可，孫詒讓這樣的敘述多少有了一些比照意味。

光緒三年（1877），孫詒讓著成《溫州經籍志》。在這部彙集了溫州地區文獻的書志著作中，孫詒讓表現出遠較其父更為細緻詳盡與真實的鄉賢觀與永嘉學派觀。對於永嘉學派的發展軌跡，孫詒讓不糾結於排列譜系，更傾向於究其人其學其文做出評述，如薛季宣例：

　　　艮齋之學，精博為永嘉諸儒之冠，故此集敘記諸作，綜貫經文，

　　卓然名家。奏箚書牘，暢達時務，尤徵經世之略。惟詩歌間有率易

　　之作，非其至者耳！﹝註181﹞

較之孫衣言以引述代評論的主要方式，孫詒讓更傾向於自陳見解。他對永嘉人物學術文章的評點更為具體化也更具針對性，而非為構建學人群體與學術譜系服務。同治九年（1870），孫衣言囑孫詒讓參合薛季宣《艮齋浪語集》諸本，「精校付刊，復錄其異同，為《箚記》□卷」﹝註182﹞。故而孫詒讓對於薛季宣有比較深刻獨到的認識，和較高的評價，跟其父以陳葉為中心的建構有所區別。當然，孫詒讓對葉適也是推崇備至，不僅與孫衣言同調，極稱葉適「文章之妙」﹝註183﹞，詞「簡淡雅素」﹝註184﹞，詩「蚤以精

﹝註180﹞（清）孫詒讓撰，潘猛補校補：《溫州經籍志》，上海：上海社會科學院出版社，2005 年，第 810 頁。

﹝註181﹞（清）孫詒讓撰，潘猛補校補：《溫州經籍志》，上海：上海社會科學院出版社，2005 年，第 867 頁。

﹝註182﹞（清）孫詒讓撰，潘猛補校補：《溫州經籍志》，上海：上海社會科學院出版社，2005 年，第 867 頁。

﹝註183﹞（清）孫詒讓撰，潘猛補校補：《溫州經籍志》，上海：上海社會科學院出版社，2005 年，第 908 頁。

﹝註184﹞（清）孫詒讓撰，潘猛補校補：《溫州經籍志》，上海：上海社會科學院出版社，2005 年，第 907 頁。

嚴」〔註185〕。同時，他也為葉適的政治主張辯白〔註186〕，與孫衣言致力於探究文統與學統的離合側重又有所不同。

即使對孫衣言的永嘉建構並未全然承繼，在時人甚至知名學人眼中，孫氏父子的鄉學重倡還是愈趨一體化。以章太炎的歸納最廣流傳，並被鄉邦學人一再引用，作為公論：

> 譜稱太僕嘗論清儒漢、宋門戶之弊，以為永嘉經制兼綜厥長，足以通其區畛；及徵君治官禮，欲以經術措諸時用，亦本其先人之訓也。宋世永嘉諸賢，與新安、金溪、金華並峙。其後三家皆有傳人，訖元、明未替，而永嘉黯然不彰。近世如亭林、梓亭及北方顏、李諸公，廓除高論，務以修己治人為的，蓋往往與永嘉同風，顧弗能盡見其書。太僕父子生七百年後，獨相繼表彰之，專著則有《永嘉叢書》之刻，佚篇則有《永嘉集》之纂，括囊大義，辨帙源流，則拾南雷、謝山之遺，以成《永嘉學案》二十卷。撮錄凡目，則《溫州經籍志》為一郡藝文淵海，自是鄭、薛、陳、葉與先後作者之遺緒，斬而復續，嗚呼，盛矣。〔註187〕

此文之作已在民國二十二年（1933），此時不僅孫衣言早已作古，孫詒讓也已離世多年。文中對於鄉學傳承與孫氏家學形成的一體化表述實際上是建立在孫延釗為父祖所作年譜之上的歷史敘述。實際上，章氏已經意識到孫詒讓與孫衣言為學傾向的差異，也清楚《溫州經籍志》與《永嘉叢書》等書的不同。所以章氏筆下的孫氏父子乃至孫氏家學的順暢傳續，某種程度上也是在契合當時主流觀念尤其孫延釗等後人認可的歷史記憶認知，這在本書第五章會有更為詳細的說明和解釋。

〔註185〕（清）孫詒讓撰，潘猛補校補：《溫州經籍志》，上海：上海社會科學院出版社，2005 年，第 908 頁。

〔註186〕（清）孫詒讓撰，潘猛補校補：《溫州經籍志》，上海：上海社會科學院出版社，2005 年，第 907 頁。

〔註187〕章炳麟：《〈孫逊學先生年譜〉序》，章太炎、劉師培等著，徐亮工編校《中國近三百年學術史論》，上海：上海古籍出版社，2006 年，第 98～99 頁。與孫延釗《孫衣言孫詒讓父子年譜》引本（上海：上海社會科學院出版社，2003 年，第 1 頁）有文字差異。